学数学丛书

学数学

第2卷

中国科学技术大学出版社

图书在版编目(CIP)数据

学数学.第2卷/李潜主编.—合肥:中国科学技术大学出版社,2015.6(2019.7重印)
(学数学丛书)
ISBN 978-7-312-03767-2

Ⅰ.学… Ⅱ.李… Ⅲ.数学课—学前教育—教学参考资料 Ⅳ.G613.4

中国版本图书馆CIP数据核字(2015)第116530号

出版 中国科学技术大学出版社
安徽省合肥市金寨路96号,230026
http://press.ustc.edu.cn
https://zgkxjsdxcbs.tmall.com
印刷 合肥市宏基印刷有限公司
发行 中国科学技术大学出版社
经销 全国新华书店
开本 787 mm×1092 mm 1/16
印张 13.5
字数 295千
版次 2015年6月第1版
印次 2019年7月第2次印刷
印数 4501—7500册
定价 30.00元

序

自今年开始,《学数学》以《学数学丛书》的形式,改由中国科学技术大学出版社出版发行.改变出版发行形式后,依然是每个季度出版一册,却可以借助出版社的发行平台和途径,拓宽市场,提升发行量,使得更多的读者获益,也可降低图书成本,实是多赢之举.这一步走得好,它将会使《学数学》办得更好、走得更远、前景更明亮!

《学数学》曾是一份深受读者喜爱的刊物,它来自于数学人,为数学人服务,受数学人支持.《学数学》没有专职编辑人员,几位在职中学教师和一位在读博士研究生,自己组稿,自己编辑,自己联系印刷,还要自办发行,十分辛苦,却又无钱可赚.然而它却办得有声有色,颇具品位.这是一种什么样的精神,一种什么样的境界!这里面除了对数学的热爱,对事业的追求和对工作的高度责任感之外,还能有什么别的解释?

《学数学丛书》以普及中等数学知识为己任,服务于广大的中学数学教师,以及关心和热爱中等数学的其他人群.它面向中学数学教学,却不局限于中学数学教学,它不讨论教材教法,却鼓励对延伸出的中等数学问题作深入的讨论.它的版面生动活泼,报道国内外中学数学界的各种活动,及时发表有关资料.它的内容生动有趣,使人感觉时读时新.李克强总理号召全民阅读,他说:"书籍和阅读是文明传承的重要载体".《学数学丛书》为全民阅读提供了一份优秀的读物.

数学之于国民经济的重要性不言而喻.对于我们这样一个经济总量已达全球第二的大国而言,提升经济的知识含量,改变经济增长方式,实现经济发展转轨,已经是摆在眼前的任务.拿出更多更好的原创性产品,是中国经济发展的必由之路.任何一项原创性产品的研发和生产都离不开数学!更何况需要持续不断地推出新产品,持续不断地更新换代,没有一代接一代的科学人的持续不断的努力,何以为继？为了国家,为了民族,我们需要锻造出一批批科学人才,一批批能够坐得住冷板凳、心无旁骛、一心只爱钻研的人,其中包括那些一心痴迷数学的人才.

《学数学丛书》愿为这一目标尽心尽力.

苏 淳

目　　录

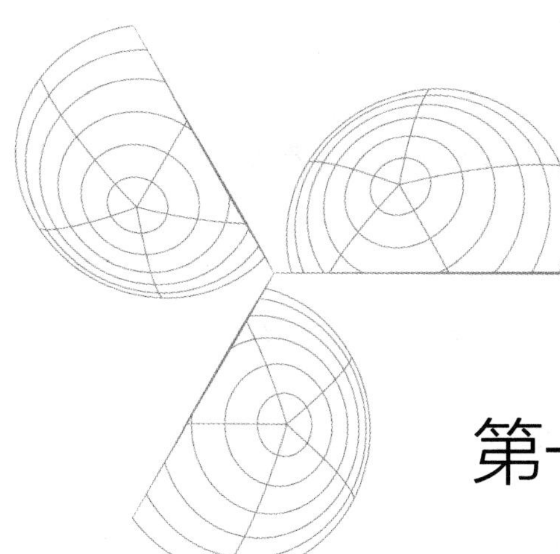

第一篇　名家讲堂

做第三届“学数学”邀请赛（春季赛）的试题

完整多项式

做第三届“学数学”邀请赛（春季赛）的试题

今年的题颇为新颖．我做了一下，有些体会，有些地方与参考答案不同，写在下面，供读者参考．

1．已知数列$\{a_n\}$满足 $a_0=3,a_1=9$，

$$a_n=4a_{n-1}-3a_{n-2}-4n+2\ (n\geqslant 2).\qquad ①$$

试求出所有的非负整数 n，使得 a_n 能被 9 整除．

解析　本题的关键是定出$\{a_n\}$的通项公式．

令 $a_n=b_n+n^2$，则 $b_0=3,b_1=8$，

$$b_n=4b_{n-1}-3b_{n-2}-6\ (n\geqslant 2).\qquad ②$$

再令 $b_n=c_n+3n$，则 $c_0=3,c_1=5$，

$$c_n=4c_{n-1}-3c_{n-2}\ \ (n\geqslant 2).\qquad ③$$

$\{c_n\}$的特征方程为

$$\lambda^2-4\lambda+3=0,$$

特征根为 $\lambda=1$、3，所以

$$c_n=u\cdot 3^n+v\cdot 1,$$

其中，u、v 是待定系数．由 $c_0=3,c_1=5$ 得

$$3=u+v,\quad 5=3u+v.$$

所以 $u=1,v=2,c_n=3^n+2,b_n=3^n+3n+2$，

$$a_n=3^n+n^2+3n+2.$$

当 $n\geqslant 2$ 时，$9\mid 3^n$，所以 $9\mid a_n\Leftrightarrow 9\mid n^2+3n+2$，即 $9\mid(n+1)(n+2)$．因为 $n+1$ 和 $n+2$ 互质，所以 $9\mid a_n\Leftrightarrow 9\mid n+1$ 或 $9\mid n+2$．于是本题结论是 $n=1,9k+7,9k+8\ (k=0,1,\cdots)$．

在递推公式为式③时，用熟知的方法便得到$\{c_n\}$的通项公式．而在递推公式为式①时，需用 $a_n-f(n)$代替 a_n，其中 $f(n)$是 n 的二次（比 $-4n+2$ 高 1 次）多项式，系数待定．上面的做法是分两部，先去掉 $-4n$，再去掉常数（式②中的 -6）．这样，可以心算，不一定用待定系数．

2．对正整数 n，用 $\varphi(n)$表示不超过 n 且与 n 互素的正整数的个数，$f(n)$表示大于 n 且与 n 不互素的最小正整数．若 $f(n)=m$ 且 $\varphi(m)=n$，则称正整数对(n,m)为“友好对”．

试求所有“友好对”．

解析　设(n,m)为友好对，p 为 n 的最小素因数，$n=ap$，a 为正整数，则

$$m = f(n) = n + p = (a+1)p.$$

因为 $p,2p,\cdots,ap,(a+1)p$ 均不与 m 互质,所以

$$n = \varphi(m) \leqslant (n+p)-(a+1) = (a+1)(p-1),$$

即

$$ap \leqslant (a+1)(p-1),$$

化简得

$$a \leqslant p-1 < p.$$

但 p 是 n 的最小素因数,a 是 n 的因数,所以 $a=1,n=p,m=n+p=2p$. 而 $\varphi(m)=\varphi(2p)=n=p$,所以,$p=2$(否则 $\varphi(2p)=p-1$),$n=2,m=4$.

本题不难,其中 n 的最小素因数,在整除问题中经常用到,是一种常用技巧. 此外设 $n=ap$ 比设 $n+p=ap$ 要好,前者有 $a=1$ 或 $a \geqslant p$ 可以利用.

3. 已知$\triangle ABC$ 的外心为 O,外接圆为圆 Γ,射线 AO、BO、CO 分别与圆 Γ 交于点 D、E、F,X 为$\triangle ABC$ 内一点,射线 AX、BX、CX 分别与圆 Γ 交于点 A_1、B_1、C_1,射线 DX、EX、FX 分别与圆 Γ 交于点 D_1、E_1、F_1.

证明:三条直线 A_1D_1、B_1E_1、C_1F_1 共点.

解析　设 A_1D_1 与 OX 相交于点 K. 如果 K 是一个定点(只与 X 有关),与 A 的位置无关,那么在 A 变为 B(或 C 时),相应的 A_1D_1 变为 B_1E_1(或 C_1F_1),而 B_1E_1(或 C_1F_1)仍过点 K. 因而 A_1D_1、B_1E_1、C_1F_1 三线共点.

为了证明 K 为定点,我用解析几何.

如图 1,设 O 为原点,X 的坐标为$(a,0)$,$\odot O$ 的方程为 $x^2+y^2=1$,$A(\cos\alpha,\sin\alpha)$,则 $D(-\cos\alpha,-\sin\alpha)$.

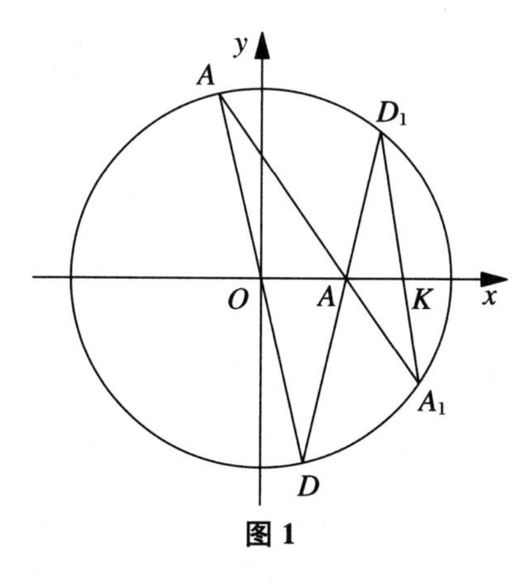

图 1

AX 的方程为

$$y = \frac{a-\cos\alpha}{-\sin\alpha}(x-a),$$

即

$$(a-\cos\alpha)(x-a)+y\sin\alpha = 0.$$

DX 的方程为

$$(a+\cos\alpha)(x-a)-y\sin\alpha=0.$$

AX、DX 合成一个二次曲线

$$((a-\cos\alpha)(x-a)+y\sin\alpha)((a+\cos\alpha)(x-a)-y\sin\alpha)=0.$$

直线 AD、A_1D_1 在二次曲线束

$$((a-\cos\alpha)(x-a)+y\sin\alpha)((a+\cos\alpha)(x-a)-y\sin\alpha)+\lambda(x^2+y^2-1)=0 \quad ①$$

中,它与 x 轴的交点为 $O(0,0)$、$K(k,0)$,所以二次方程

$$(a-\cos\alpha)(x-a)(a+\cos\alpha)(x-a)+\lambda(x^2-1)=0 \quad ②$$

的两个根为 0、k,从而式②的常数项为 0,即

$$\lambda=a^2(a-\cos\alpha)(a+\cos\alpha),$$

而式②的一次项系数除以二次项系数的相反数,即另一根

$$k=\frac{2a(a+\cos\alpha)(a-\cos\alpha)}{\lambda+(a-\cos\alpha)(a+\cos\alpha)}=\frac{2a}{1+a^2}.$$

k 与 α 无关,即 K 为一定点,所以 A_1D_1、B_1E_1、C_1F_1 均过点 $K\left(\frac{2a}{1+a^2},0\right)$.

解题的主要技巧在二次曲线束①,计算并不复杂.

又解 先考虑如下的问题.

如图 2,在△ABC 中,AD、BE、CF 为高,H 为垂心,M 为 BC 中点,直线 MH 交 EF 于 K. 已知 $BC=a$,$MH=m$,求 MK.

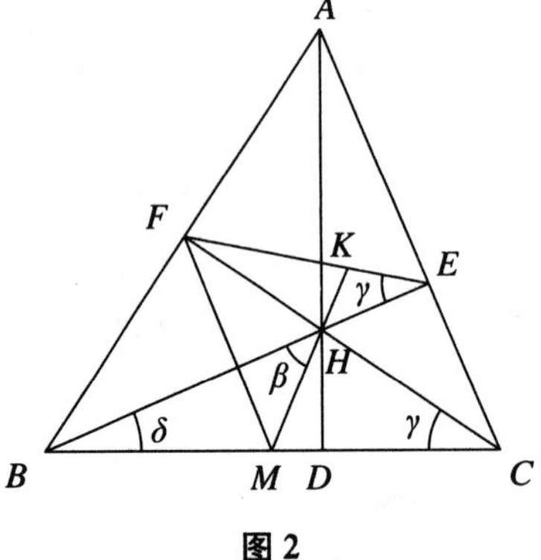

图 2

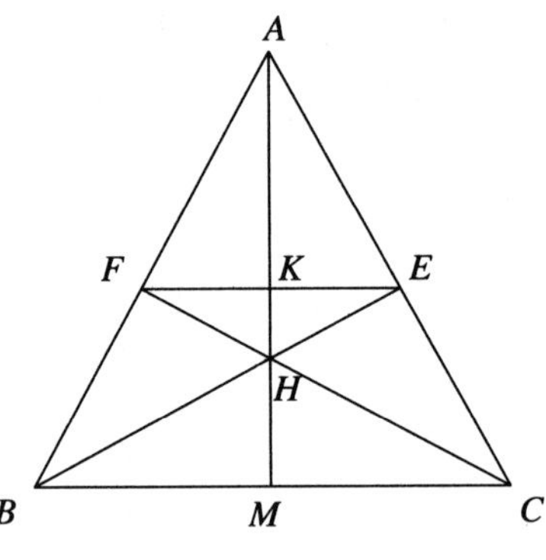

图 3

HK 是多少?先用一个特殊情况算一算. 如图 3,△ABC 是等腰三角形,$AB=AC$. 易知此时 B、C、E、F 共圆,圆心为 M,半径 $\rho=\frac{a}{2}$,

$$\frac{KH}{HM}=\frac{EH}{BH}=\frac{EH\cdot BH}{BH^2}=\frac{\rho^2-m^2}{\rho^2+m^2},$$

所以

$$\frac{MK}{HM}=\frac{2\rho^2}{\rho^2+m^2},$$

即

$$MK = \frac{2\rho m}{\rho^2 + m^2}. \qquad ③$$

一般情况的结论也应当是式③. 于是,“求 MH”变为“证明式③成立”.

在$\triangle MKF$中,由正弦定理,得

$$\frac{MK}{\sin\angle MFK} = \frac{MF}{\sin\angle HKF}.$$

因为

$$\angle MFK = \angle BFK - \angle BFM = 180^\circ - \angle ACB - \angle ABC = \angle BAC,$$

所以

$$MK = \frac{\rho\sin A}{\sin(\beta+\gamma)}.$$

于是式③等价于 $2\rho m\sin(\beta+\gamma) = (\rho^2+m^2)\sin A$.

因为 $m\sin\beta = \rho\sin\delta$, $2\rho\sin\gamma = BH\sin\angle BHC = BH\sin A$,所以

$$\begin{aligned} 2\rho m\sin(\beta+\gamma) &= 2\rho m(\sin\beta\cos\gamma + \cos\beta\sin\gamma) \\ &= 2\rho^2\sin\delta\cos\gamma + m\cdot BH\cos\beta\sin A \\ &= 2\rho^2\sin B\sin C + \frac{\sin A}{2}(BH^2 + m^2 - \rho^2). \end{aligned}$$

于是,式③等价于

$$2\rho^2\sin B\cos C = \frac{\sin A}{2}(3\rho^2 + m^2 - BH^2).$$

因为

$$\begin{aligned} 3\rho^2 + m^2 - BH^2 &= 3\rho^2 - (BD^2 - MD^2) = 3\rho^2 - \rho(\rho + 2MD) \\ &= 2\rho(\rho - MD) = 2\rho\cdot DC, \end{aligned}$$

所以

$$\frac{\sin A}{2}(3\rho^2 + m^2 - BH^2) = \rho\sin A\cdot DC = \rho\sin A\cdot AC\cos C = 2\rho^2\sin B\cos C,$$

即式③成立.

回到原先的问题,我们实际上证明了图 1 中,OK(即 MK)为定长,K 为定点,从而 A_1D_1、B_1E_1、C_1F_1 共点.

上面的运算如果能更简单一些更好.

发现两个问题之间有联系,甚至就是同一个问题,颇为有趣.

4. 某次运动会有来自 5 个城市的运动员参加比赛,每个城市都派出若干名运动员参加一共 49 个项目的比赛,每人只参加一个项目. 对其中任何一个城市代表队,每个项目都至少有一人参加比赛. 证明:可以从中找到 9 个同性别的运动员,他(她)们分别来自 3 个不同的城市,参加 3 个不同项目的比赛.

解析 题意有点模糊,每个项目实际上男女均可参加(即既有男子 1500 米,也有女子 1500 米).

作一个 5×49 的方格表,5 行表示 5 个城市,49 列表示 49 个项目. 因为对任一城市,每个项目均有人参加,我们可设恰有 1 人参加(多于 1 人时只保留 1 人),并且在这人为男时,将相应方格涂蓝;在这人为女时,将相应方格涂红.

要证明有 3 行 3 列,它们交成的 9 个方格同色.

考虑前 3 行,每列 3 格有 $2^3=8$ 种涂色法,因为 $49>6\times8$,所以必有 7 列的涂法完全相同. 不妨设前 7 列涂法完全相同.

如果这 3 行 7 列全红或全蓝,那么结论已经成立.

不妨设这 7 列的前两行红,第 3 行蓝. 若第 4 行的前 7 列有 3 个红格,结论已经成立. 设第 4 行前 7 列的红格不超过 2 个. 同样,设第 5 行前 7 列的红格不超过 2 个. 这时 4、5 两行有不少于 $7-2-2=3$ 列全蓝,它们与第三行组成合乎要求的 9 个方格.

这类问题当然要用抽屉原理. $49=6\times2^3+1$ 启示我们得出 3×7 的如上表格.

5. 某国有 n 个城市,任意两个城市之间或者有一条直通道路,或者没有直通道路. 如果这 n 个城市中的任意一个城市均可通过它们之间的直通道路通往另外任一城市,则称这些道路构成一个"连通网". 设 n 个城市可构成的有奇数条道路的连通网的个数为 $g_1(n)$,有偶数条道路的连通网的个数为 $g_0(n)$. 例如,当 $n=3$ 时,可构成的连通网共有如图 4 所示的 4 个,故 $g_1(3)=1$,$g_0(3)=3$.

证明:$|g_1(n)-g_0(n)|=(n-1)!$.

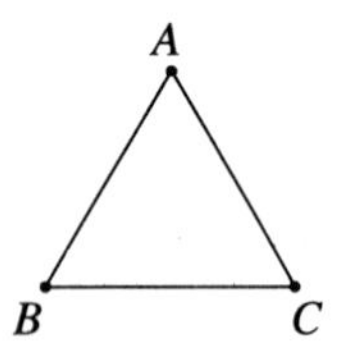

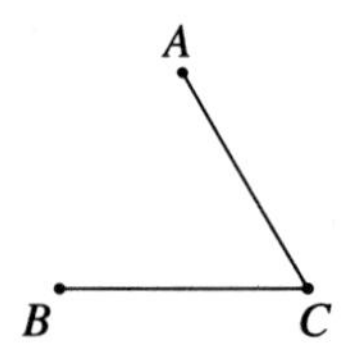

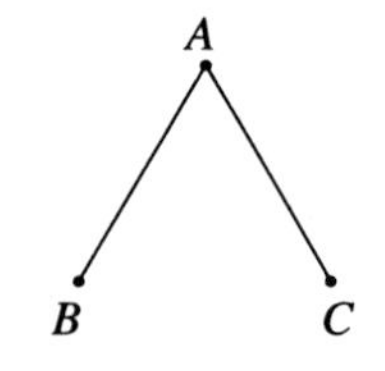

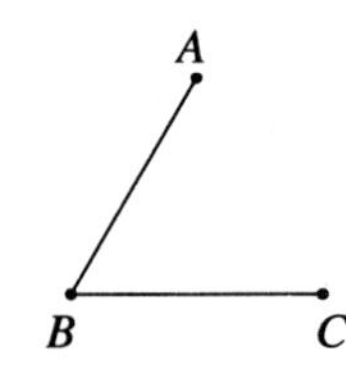

图 4

本题的参考答案做得很好,毋庸赘言.

6. 证明:(1) 存在无穷多个有理数 $\frac{q}{p}$ (p、$q\in\mathbf{Z}$,$p>0$,$(p,q)=1$),使得

$$\left|\frac{q}{p}-\frac{\sqrt{5}-1}{2}\right|<\frac{1}{p^2};$$

(2) 对任意有理数 $\frac{q}{p}$ (p、$q\in\mathbf{Z}$,$p>0$,$(p,q)=1$),均有

$$\left|\frac{q}{p}-\frac{\sqrt{5}-1}{2}\right|>\frac{1}{\sqrt{5}+1}\cdot\frac{1}{p^2}.$$

解析 (1) 更一般地,对任一无理数 α,均有无穷多个有理数 $\frac{q}{p}$ (p、$q\in\mathbf{Z}$,$p>0$,$(p,q)=1$),使得

$$\left|\frac{q}{p}-\alpha\right|<\frac{1}{p^2}.$$

这可用连分数去证. 例如见拙著《初等数论的知识与问题》(哈尔滨工业大学出版社2011 年版) 第 79 页.

(2) 当 $q \leqslant 0$ 时,

$$\left|\frac{q}{p}-\frac{\sqrt{5}-1}{2}\right| \geqslant \frac{\sqrt{5}-1}{2}=\frac{2}{\sqrt{5}+1}>\frac{1}{\sqrt{5}+1} \cdot \frac{1}{p^{2}}.$$

当 $q \geqslant p$ 时,

$$\left|\frac{q}{p}-\frac{\sqrt{5}-1}{2}\right| \geqslant 1-\frac{\sqrt{5}-1}{2}=\frac{3-\sqrt{5}}{2}>\frac{\sqrt{5}-1}{4}=\frac{1}{\sqrt{5}+1} \geqslant \frac{1}{\sqrt{5}+1} \cdot \frac{1}{p^{2}}.$$

以下设 $0<q<p$.

$$\begin{aligned}\left|\frac{q}{p}-\frac{\sqrt{5}-1}{2}\right| &= \left|\frac{q}{p}-\frac{2}{\sqrt{5}+1}\right|=\frac{|(\sqrt{5}+1) q-2 p|}{(\sqrt{5}+1) p}=\frac{|(2 p-q)-\sqrt{5} q|}{(\sqrt{5}+1) p} \\ &= \frac{\left|(2 p-q)^{2}-5 q^{2}\right|}{(\sqrt{5}+1) p \cdot|(2 p-q)+\sqrt{5} q|}.\end{aligned} \quad ①$$

因为$\frac{q}{p}$是有理数,不等于无理数$\frac{\sqrt{5}-1}{2}$,所以$|(2p-q)^2-5q^2| \neq 0$,而$(2p-q)^2-5q^2=4(p^2-pq-q^2)$被 4 整除,所以

$$\left|(2 p-q)^{2}-5 q^{2}\right| \geqslant 4. \quad ②$$

又

$$|(2 p-q)+\sqrt{5} q|=2 p+(\sqrt{5}-1) q<2 p+2 q<4 p. \quad ③$$

所以由式①~③,得

$$\left|\frac{q}{p}-\frac{\sqrt{5}-1}{2}\right|>\frac{4}{(\sqrt{5}+1) p \cdot 4 p}=\frac{1}{\sqrt{5}+1} \cdot \frac{1}{p^{2}}.$$

有理数$\frac{q}{p}$不等于无理数$\frac{\sqrt{5}-1}{2}$,从而得式②,这一步乃是关键. 又瞄准结果先得出$\frac{1}{\sqrt{5}+1}$较为简单.

单 墫

完整多项式

设 $n(n \geqslant 3)$是给定的自然数,记 $A=\{1,2,\cdots,n\}$,又给定多项式 $f(x)$,其系数都是小于 n 的自然数,按下述规则对 A 中的数依次染色:如果某一次染色的数是 i,则下一次染色的数是 $f(i)$,其中的数按模 n 理解(即大于 n 的数换成模 n 的正余数).如果可适当选取第一次染色的数,按上述规则经过 n 次染色后,A 中的所有数都被染色,则称多项式 $f(x)$是关于模 n 的完整多项式,此时,A 中的数按染色的先后顺序排成的序列称为完整序列.

比如,对给定的正整数 $n(n \geqslant 3)$,$f(x)=x+1$ 是关于模 n 的完整多项式,其完整序列为

$$1,2,\cdots,n.$$

进一步发现,对任何正整数 b,若$(b,n)=1$,则 $f(x)=x+b$ 是关于模 n 的完整多项式.

实际上,i 为首项的染色序列为

$$i,i+b,i+2b,\cdots,i+(n-1)b,$$

又$(b,n)=1$,所以 $i,i+b,i+2b,\cdots,i+(n-1)b$ 构成模 n 的完系,从而 $f(x)=x+b$ 是关于模 n 的完整多项式.

我们的问题是:对给定的正整数 $n(n \geqslant 3)$,能否求出所有关于模 n 的完整多项式 $f(x)$?

这是一个容量相当大的问题,本文介绍我们的一些初步结果.

问题 1 是否存在正整数 n,使 $f(x)=2x$ 是关于模 n 的完整多项式?

我们先看一些特例.当 $n=3$ 时,所有染色数列如下:

a_1	a_2	a_3	a_4	a_5	a_6	a_7	a_8	…	未染色
1	2	1	2	1	2	1	2	…	3
2	1	2	1	2	1	2	1	…	3
3	3	3	3	3	3	3	3	…	3 以外

所以,$n=3$ 不合乎要求.

当 $n=4$ 时,染色数列如下:

a_1	a_2	a_3	a_4	a_5	a_6	a_7	a_8	…	未染色
1	2	4	4	4	4	4	4	…	3(奇)
2	4	4	4	4	4	4	4	…	1(奇)
3	2	4	4	4	4	4	4	…	1(奇)
4	4	4	4	4	4	4	4	…	1(奇)

所以，$n=4$ 不合乎要求.

这两个特例，染色序列没有共同规律，我们再多考察两个特例.

当 $n=5$ 时，染色数列如下：

a_1	a_2	a_3	a_4	a_5	a_6	a_7	a_8	…	未染
1	2	4	3	1	2	4	3	…	5
2	4	3	1	2	4	3	1	…	5
3	1	2	4	3	1	2	4	…	5
4	3	1	2	4	3	1	2	…	5
5	5	5	5	5	5	5	5	…	5 以外

当 $n=6$ 时，染色数列如下：

a_1	a_2	a_3	a_4	a_5	a_6	a_7	a_8	…	未染
1	2	4	2	4	2	4	2	…	3(奇)
2	4	2	4	2	4	2	4	…	3(奇)
3	6	6	6	6	6	6	6	…	1(奇)
4	2	4	2	4	2	4	2		1(奇)
5	4	2	4	2	4	2	4	…	1(奇)
6	6	6	6	6	6	6	6	…	1(奇)

所以，$n=5$、6 不合乎要求.

观察以上的染色数列，发现它们并没有统一规律.但当 n 为奇数($n=3$ 和 5)时，染色数列中都有一个关键元素(最大数 n)：要么染色数列中不含数 n(此时其他数构成一个循环圈)；要么染色数列中全为 n(此时数 n 单独构成一个循环圈).

而当 n 为偶数 4、6 时，染色数列中的关键元素比较隐蔽，但若将染色数列的第一项与后面的项分开观察，则可发现此时的关键元素是“偶数”：染色数列从第二项起都是偶数，从而被染色的数至多第一个数为奇数.

将上述关键元素迁移到一般情况中，便可得到一般问题的答案.我们证明，任何正整数 n 都不合乎要求.

实际上，考察任意一个正整数 n，有如下两种情况：

(1)当 n 为奇数时，设第一次染色的数是 $i(1\leqslant i\leqslant n)$.

(i)若 $i=n$，那么，根据规则，下一个染色的数是 $2n\equiv n\pmod n$，从而后面染色的数都是 n，其他数都无法被染色；

(ii)若 $1\leqslant i<n$，此时，我们证明 n 不被染色.

实际上,根据规则,第二次染色的数是 $f(i)=2i$ 或 $2i-n$.

若 $f(i)=n$,则 $2i=n$ 或者 $2i-n=n$,于是,n 为偶数,或者 $n=i$,都与假设矛盾,所以 $f(i)\neq n$.

如此下去,数 n 永远无法被染色,从而 n 不合乎要求.

(2)当 n 为偶数时,设第一次染色的数是 $j(1\leqslant j\leqslant n)$.

显然,第二次染色的数是 $f(j)=2j$ 或 $2j-n$.

因为 n 为偶数,所以 $2j$、$2j-n$ 都是偶数,所以 $f(j)$为偶数.

如此下去,被染色的数最多除第一个外都是偶数.

又 $n\geqslant 3$,从而奇数 1、3 都在 $1,2,\cdots,n$ 中,从而至少有一个奇数永远无法被染色,所以 n 不合乎要求.

综上所述,不存在正整数 n,使 $f(x)=2x$ 是关于模 n 的完整多项式.

将上述问题推广,便得到下面的定理.

定理 1 对任何正整数 $n(n\geqslant 3)$,不存在正整数 k,使 $f(x)=kx$ 是关于模 n 的完整多项式.

证明 考察任意一个多项式 $f(x)=kx$,及任意一个正整数 n,有如下两种情况.

(1)$(k,n)=1$,此时,若第一次染色的数是 n,那么,根据规则,后面染色的数只能是 n,其他数都无法被染色;若第一次染色的数是 $i(1\leqslant i<n)$,则第二次染色的数 $f(i)\equiv ki(\bmod n)$.

若 $f(i)=n$,则 $n\mid ki$,但$(k,n)=1$,所以 $n\mid i$,矛盾.

所以 $f(i)\neq n$,即 $1\leqslant f(i)<n$.如此下去,数 n 永远无法被染色.

(2)$(k,n)\neq 1$,此时,设第一次染色的数是 $j(1\leqslant j\leqslant n)$,则第二次染色的数为 $f(j)\equiv kj(\bmod n)$,于是,$n\mid kj-f(j)$.

设$(k,n)=d>1$,则 $d\mid k$,且 $d\mid n$.又 $n\mid kj-f(j)$,所以 $d\mid kj-f(j)$,所以 $d\mid f(j)$,所以$(f(j),n)\neq 1$.

如此下去,被染色的数最多除第一个外,其余的数都与 n 不互质,从而数 1、$n-1$ 中至少有一个永远无法被染色.

综上所述,对任何正整数 n,都不存在正整数 k,使 $f(x)=kx$ 是关于模 n 的完整多项式.

定理 1 表明,不存在正比例函数型的完整多项式.那么,对于一次函数型的完整多项式,除上述提到的 $f(x)=x+b$(其中$(b,n)=1$)外还有哪些呢?由此我们提出如下的问题.

问题 2 求所有的正整数 k、b、$n(k\geqslant 2,n\geqslant 3)$,使 $f(x)=kx+b$ 是关于模 n 的完整多项式.

对此,我们曾猜想,关于模 n 的完整多项式 $f(x)=kx+b$ 不存在,但这一猜想是错误

的,比如,我们有如下反例:

当 $n=9$ 时,$f(x)=7x+2$ 是关于模 9 的完整多项式,相应的完整序列为

$$1,9,2,7,6,8,4,3,5.$$

这表明,$(k,b,n)=(7,2,9)$是一组合乎条件的解.

显然,要求出所有合乎条件的(k,b,n),其难度是相当大的,但我们有如下的猜想.

猜想 1 设 $n=p_1^{\alpha_1}p_2^{\alpha_2}\cdots p_r^{\alpha_r}$,若 $4\nmid n$,则当且仅当 $k=t\cdot p_1p_2\cdots p_r+1(t\in\mathbf{N})$时,$f(x)=kx+1$ 是关于模 n 的完整多项式.

若 $4\mid n$,则当且仅当 $k=2t\cdot p_1p_2\cdots p_r+1(t\in\mathbf{N})$时,$f(x)=kx+1$ 是关于模 n 的完整多项式.

希望读者能证明或否定这一猜想.

此外,我们有如下的定理.

定理 2 不存在正整数 n,使多项式 $f(x)=2x+1$ 是关于模 n 的完整多项式.

证明 当 n 为奇数时,若第一次染色的数是 $n-1$,那么,根据规则,后面染色的数都只能是 $n-1$.

若第一次染色的数是 $i(i\neq n-1)$,因为第二次染色的数 $f(i)=2i+1$ 或 $f(i)=2i+1-n$.

若 $f(i)=n-1$,则 $2i+1=n-1$ 或者 $2i+1-n=n-1$,于是,n 为偶数,或者 $i=n-1$,都矛盾,所以 $f(i)\neq n-1$.

如此下去,数 $n-1$ 永远无法被染色.

当 n 为偶数时,设第一次染色的数是 $i(1\leqslant i\leqslant n)$,则根据规则,第二次染色的数$f(i)=2i+1$ 或 $f(i)=2i+1-n$.

因为 n 为偶数,所以 $f(i)$为奇数.

如此下去,被染色的数除第一个外都是奇数,从而数 2、4 中至少有一个永远无法被染色.

以上我们讨论的都是一次函数型完整多项式,那么是否存在二次函数型完整多项式?答案是肯定的,比如,我们发现有如下一些简单的二次函数型完整多项式:

$f(x)=x^2+1$ 是关于模 2 的完整多项式,其完整序列为:1,2.

$f(x)=x^2+1$ 是关于模 3 的完整多项式,其完整序列为:3,1,2.

$f(x)=x^2+2$ 是关于模 3 的完整多项式,其完整序列为:1,3,2.

$f(x)=2x^2+1$ 是关于模 3 的完整多项式,其完整序列为:2,3,1.

$f(x)=2x^2+2$ 是关于模 3 的完整多项式,其完整序列为:3,2,1.

由此我们又可提出如下的猜想.

猜想 2 对任何正整数 r,都存在正整数 n,使 $f(x)$是关于模 n 的 r 次函数型的完整多

项式.

如果我们规定染色序列的首项为1,那么又有如下的问题:

设 $n(n\geqslant 3)$是给定的自然数,多项式 $f(x)$的系数都是小于 n 的自然数,记 $A=\{1,2,\cdots,n\}$,按下述规则对 A 中的数依次染色:第一次将"1"染色,此后,如果某一次染色的数是 i,则下一次染色的数是 $f(i)$,其中的数按模 n 理解(即大于 n 的数换成模 n 的正余数).如果经过 n 次染色后,A 中的所有数都被染色,则称多项式 $f(x)$是关于模 n 的严格完整多项式,此时,A 中的数按染色的先后顺序排成的序列称为严格完整序列.

考虑其最简单的情形——一次严格完整多项式,便得到如下的问题.

问题3 试求出正整数 a、n,使 $f(x)=ax+1$ 是关于模 n 的严格完整多项式.

本题是一个容量很大的问题,没有彻底解决,以下是我们的初步结论.

首先,$(a,n)=(1,n)$显然合乎条件.

此外,当 $a\neq 1$ 时,前 n 次依次染色的数分别为

$$1,a+1,a^2+a+1=\frac{a^3-1}{a-1},\cdots,\frac{a^n-1}{a-1},$$

于是,$f(x)=ax+1$ 是关于模 n 的严格完整多项式,等价于

$$1,\frac{a^2-1}{a-1},\frac{a^3-1}{a-1},\cdots,\frac{a^n-1}{a-1}$$

构成模 n 的完系,即对任何 $1\leqslant i<j\leqslant n$,$\frac{a^i-1}{a-1}$、$\frac{a^j-1}{a-1}$关于模 n 不同余.

显然,$\frac{a^i-1}{a-1}\equiv\frac{a^j-1}{a-1}\pmod n$,等价于 $a^i-1\equiv a^j-1\pmod{(a-1)n}$,即

$$a^i\equiv a^j\pmod{(a-1)n},$$

由此可见,$f(x)=ax+1$ 是关于模 n 的严格完整多项式的充分必要条件是:$a,a^2,a^3,\cdots,a^n$关于模$(a-1)n$ 互不同余.

特别地,当$(a-1,n)=1$时,$f(x)=ax+1$ 是关于模 n 的严格完整多项式,等价于 $a,a^2,a^3,\cdots,a^n$构成模n 的完系.

比如,$n=9$ 时,取 $a=7$,此时$(a-1,n)=(6,9)\neq 1$,虽然 $7,7^2,7^3,\cdots,7^9$不构成模 9 的完系,但 $7,7^2,7^3,\cdots,7^9$模 54($(a-1)n=6\times 9=54$)互不同余,余数分别为

$$7,49,19,25,13,37,43,31,1,$$

所以 $f(x)=7x+1$ 是关于模 9 的严格完整多项式.相应的严格完整序列为

$$1,8,3,4,2,6,7,5,9.$$

所以$(a,n)=(7,9)$是一组合乎条件的解.

此外,容易发现$(a,n)=(5,16)$也是一组合乎条件的解,即 $f(x)=5x+1$ 是模 16 的严格完整多项式.

实际上,虽然$(a-1,n)=(4,16)\neq 1$,此时 $5,5^2,5^3,\cdots,5^{16}$不构成模 16 的完系,但 $5,5^2,$

$5^3,\cdots,5^{16}$ 模 64（$(a-1)n=4\cdot16=54$）互不同余，余数分别为

$$5,25,61,49,53,9,45,33,37,56,29,17,21,41,13,1,$$

所以 $f(x)=5x+1$ 是关于模 16 的严格完整多项式，相应的严格完整序列为

$$1,6,15,12,13,2,11,8,9,14,7,4,5,10,3,16.$$

现在的问题是，如何由 $a,a^2,a^3,\cdots,a^n$ 关于模 $(a-1)n$ 互不同余求出所有合乎要求的数对 (a,n)，希望读者能有所发现.

注意到当 $n=9$ 时，$f(x)=7x+1$、$f(x)=7x+2$ 都是关于模 9 的严格完整多项式，我们自然会问，哪些正整数 b，使 $f(x)=7x+b$ 是关于模 9 的严格完整多项式？

直接验证可知，所有合乎条件的 $b\equiv1$、2、4、5、7、8(mod 9).

实际上，当 $b=1$、2、4、5、7、8 时，$f(x)=7x+b$ 关于模 9 的严格完整序列分别为

$$1,8,3,4,2,6,7,5,9(b=1);$$
$$1,9,2,7,6,8,4,3,5(b=2);$$
$$1,2,9,4,5,3,7,8,6(b=4);$$
$$1,3,8,7,9,5,4,6,2(b=5);$$
$$1,5,6,4,8,9,7,2,3(b=7);$$
$$1,6,5,7,3,2,4,9,8(b=8).$$

而 $b=3$、6、9 时，$f(x)=7x+b$ 关于模 9 的染色序列分别为

$$1,1,1,\cdots(b=3);$$
$$1,4,7,1,4,7,\cdots(b=6);$$
$$1,7,4,1,7,4,\cdots(b=9).$$

它们显然都不是完整序列.

再注意到 $b=1$、2、4、5、7、8 时，都有 $(b,9)=1$，由此又得到如下的猜想.

猜想 3 如果 $f(x)=ax+1$ 是关于模 n 的严格完整多项式，则当 $(b,n)=1$ 时，$f(x)=ax+b$ 也是关于模 n 的严格完整多项式，反之亦然.

我们再用一个例子来验证此猜想.

我们已经知道 $f(x)=5x+1$ 是模 16 的严格完整多项式，相应的严格完整序列为

$$1,6,15,12,13,2,11,8,9,14,7,4,5,10,3,16.$$

又当 $b=3$、5、7、9、11、13、15 时，有 $(b,16)=1$，可以直接验证，此时 $f(x)=5x+b$ 都是关于模 16 的严格完整多项式.

实际上，当 $b=3$ 时，$f(x)=5x+3$ 关于模 16 的严格完整序列为

$$1,8,11,10,5,12,15,14,9,16,3,2,13,4,7,6.$$

当 $b=5$ 时，$f(x)=5x+5$ 关于模 16 的严格完整序列为

$$1,10,7,8,13,6,3,4,9,2,15,16,5,14,11,12,$$

当 $b=7$ 时，$f(x)=5x+7$ 关于模 16 的严格完整序列为

$$1,12,3,6,5,16,7,10,9,4,11,14,13,8,15,2.$$

当 $b=9$ 时，$f(x)=5x+9$ 关于模 16 的严格完整序列为

$$1,14,15,4,13,10,11,16,9,6,7,12,5,2,3,8.$$

当 $b=11$ 时，$f(x)=5x+11$ 关于模 16 的严格完整序列为

$$1,16,11,2,5,4,15,6,9,8,3,10,13,12,7,14.$$

当 $b=13$ 时，$f(x)=5x+13$ 关于模 16 的严格完整序列为

$$1,2,7,16,13,14,3,12,9,10,15,8,5,6,11,4.$$

当 $b=15$ 时，$f(x)=5x+15$ 关于模 16 的严格完整序列为

$$1,4,3,14,5,8,7,2,9,12,11,6,13,16,15,10.$$

所以此时的猜想也成立.

最后，我们指出，虽然严格完整多项式一定是完整多项式，但反之不然. 比如，$f(x)=2x^2+1$ 是关于模 3 的完整多项式，其完整序列为：2,3,1，但它不是关于模 3 的严格完整多项式，因为以 1 为首项的染色序列为 1,3,1,3,…，它不是完整序列.

冯跃峰

广东省深圳高级中学

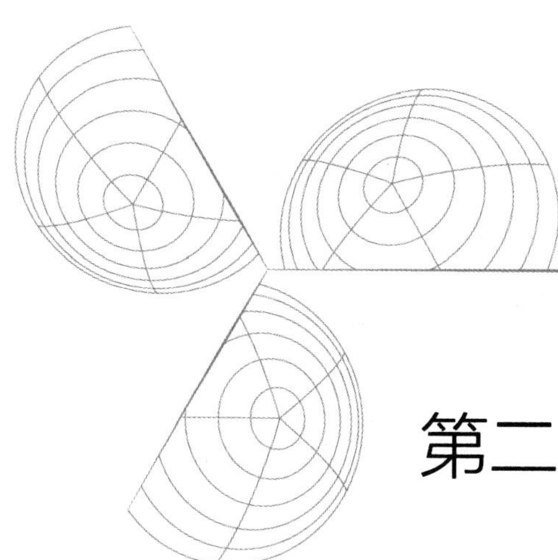

第二篇　命题与解题

从一道北大金秋营不等式问题谈起

2014年北京大学数学科学学院举办的中学生数学金秋营中有如下试题.

例1 设 a_i、b_i、$c_i\in\mathbf{R}$，$i=1,2,3,4$，且满足

$$\sum_{i=1}^{4}a_i^2=1,\quad\sum_{i=1}^{4}b_i^2=1,\quad\sum_{i=1}^{4}c_i^2=1,$$

$$\sum_{i=1}^{4}a_ib_i=0,\quad\sum_{i=1}^{4}c_ib_i=0,\quad\sum_{i=1}^{4}a_ic_i=0.$$

求证：

$$a_1^2+b_1^2+c_1^2\leqslant 1.$$

这道题对于掌握过一些大学知识的高中生来讲不难，本文试图从这道试题出发，介绍更为一般的数学知识.我们首先来看一种基于线性代数的证明.

证明 考虑矩阵 $\boldsymbol{A}=(a_{i,j})_{1\leqslant i,j\leqslant 4}$，其中 $a_{1j}=a_j$，$a_{2j}=b_j$，$a_{3j}=c_j$，$1\leqslant j\leqslant 4$，$a_{41}=1$，$a_{4j}=0$.则

$$0\leqslant(\det\boldsymbol{A})^2=\det(\boldsymbol{A}\boldsymbol{A}^{\mathrm{T}})=1-(a_1^2+b_1^2+c_1^2).$$

将矩阵求行列式后，这一证明完全可以抹掉线性代数的痕迹，得到“天书”般的证明.

$$0\leqslant(a_2b_3c_4-a_2c_3b_4+b_2c_3a_4-b_2a_3c_4+c_2a_3b_4-c_2b_3a_4)^2=1-(a_1^2+b_1^2+c_1^2).$$

当然对于不熟悉线性代数的读者而言，上述证明也仅限于“欣赏”.

下面介绍的证明有几何背景.

证明 将欲证命题改写一下，设 $\boldsymbol{a}=(a_1,a_2,a_3,a_4)$，$\boldsymbol{b}=(b_1,b_2,b_3,b_4)$，$\boldsymbol{c}=(c_1,c_2,c_3,c_4)$，$\boldsymbol{d}=(1,0,0,0)$.那么原命题等价于当 $|\boldsymbol{a}|=1$，$|\boldsymbol{b}|=1$，$|\boldsymbol{c}|=1$，$|\boldsymbol{d}|=1$，$\boldsymbol{a}\cdot\boldsymbol{b}=0$，$\boldsymbol{c}\cdot\boldsymbol{b}=0$，$\boldsymbol{a}\cdot\boldsymbol{c}=0$ 时，证明

$$(\boldsymbol{a}\cdot\boldsymbol{d})^2+(\boldsymbol{b}\cdot\boldsymbol{d})^2+(\boldsymbol{c}\cdot\boldsymbol{d})^2\leqslant\boldsymbol{d}\cdot\boldsymbol{d}.$$

从几何的角度看，譬如对于内积 $\boldsymbol{a}\cdot\boldsymbol{d}=|\boldsymbol{a}||\boldsymbol{d}|\cos\alpha$，其中 α 是向量 $\boldsymbol{a}$ 与 $\boldsymbol{d}$ 之间的夹角.因为 d 是单位向量，因此 $\boldsymbol{a}\cdot\boldsymbol{d}$ 为向量 $\boldsymbol{a}$ 在单位向量 $\boldsymbol{d}$ 方向上投影的长度，这一长度有刚才提到的几何意义，不会因为坐标轴做旋转变换而改变，类似的 $\boldsymbol{b}\cdot\boldsymbol{d}$、$\boldsymbol{c}\cdot\boldsymbol{d}$、$\boldsymbol{d}\cdot\boldsymbol{d}$ 也有这样的性质.所以我们可以适当地旋转坐标轴，使得 $\boldsymbol{a}$、$\boldsymbol{b}$、$\boldsymbol{c}$ 在新的坐标轴下的坐标分别为 $(1,0,0,0)$、$(0,1,0,0)$、$(0,0,1,0)$，设此时 $\boldsymbol{d}$ 的坐标为 (x,y,z,w)，则 $x^2+y^2+z^2+w^2=1$.原命题等价于 $x^2+y^2+z^2\leqslant 1$，这是显然的.

能用向量法证明的竞赛题很多，后面我们会继续讨论. 让我们回到原来的问题. 上述证明默认了一些事实，还需要一些几何上的观察. 下面再来介绍一种分析上的证明，其实质也可看作将之前的证明严格化.

证明 为方便起见，我们分别用 a、b、c、d 代替$\boldsymbol{a}$、$\boldsymbol{b}$、$\boldsymbol{c}$、$\boldsymbol{d}$，$\boldsymbol{a}\cdot\boldsymbol{d}$等简记为$(a,d)$等.

$$\begin{aligned}0&\leqslant|d-(d,a)a-(d,b)b-(d,c)c|^2\\&=(d,d)+(d,a)^2(a,a)+(d,b)^2(b,b)+(d,c)^2(c,c)\\&\quad-2(d,a)^2-2(d,b)^2-2(d,c)^2\\&=(d,d)-(d,a)^2-(d,b)^2-(d,c)^2,\end{aligned}$$

移项后即知命题成立.

由我们给出的证明知如果 a、b、c、d 是三维向量，那么命题中的不等式实际成为了等式.

用上面完全一样的方法我们可以证明下面的问题.

例 2 (1) 已知 n 元实数组 $a=(a_1,a_2,\cdots,a_n)$，$b=(b_1,b_2,\cdots,b_n)$，$c=(c_1,c_2,\cdots,c_n)$满足

$$\begin{cases}a_1^2+a_2^2+\cdots+a_n^2=1,\\b_1^2+b_2^2+\cdots+b_n^2=1,\\c_1^2+c_2^2+\cdots+c_n^2=1,\\b_1c_1+b_2c_2+\cdots+b_nc_n=0.\end{cases}$$

求证：

$$(b_1a_1+b_2a_2+\cdots+b_na_n)^2+(a_1c_1+a_2c_2+\cdots+a_nc_n)^2\leqslant1.$$

（2008 年 IMO 中国国家队培训题）

(2) 已知 $a=(a_1,a_2,\cdots,a_n)$，$b=(b_1,b_2,\cdots,b_n)\in\mathbf{R}^n$，满足

$$\sum_{i=1}^n a_i^2=\sum_{i=1}^n b_i^2=1,\quad\sum_{i=1}^n a_ib_i=0,$$

求证：

$$\left(\sum_{i=1}^n a_i\right)^2+\left(\sum_{i=1}^n b_i\right)^2\leqslant n.$$

（2007 年罗马尼亚数学奥林匹克）

证明 对于(1)，由

$$0\leqslant|a-(a,b)b-(a,c)c|^2$$

展开即得

$$(a,b)^2+(a,c)^2\leqslant1.$$

对于(2)，设 $c=(1,1,\cdots,1)$，类似地由

$$0\leqslant|c-(a,c)a-(b,c)b|^2$$

展开即知命题成立.

用这一方法可以编出许多道类似的试题,随着维数的增加,用其他方法就变得越发难以直接证明.

注意到上述证明中我们仅仅用到了欧氏空间的一些简单的内积性质,抽象出来我们可定义所谓的内积空间.

$\mathbf{R}$ 上的线性空间 X[1] 中的一个双线性函数[2] $(\cdot,\cdot):X\times X\to\mathbf{R}$ 称为是一个内积,若它满足:

(1) $(x,y)=(y,x)$, $\forall x$、$y\in X$(对称性);

(2) $(x,x)\geqslant 0$, $\forall x\in X$; $(x,x)=0$ 当且仅当 $x=0$(正定性).

我们记 $|x|=\sqrt{(x,x)}$.

具有内积的空间称为内积空间.

对于 $\mathbf{C}$ 上的线性空间,其若为内积空间,我们需将第一条改为 $(x,y)=\overline{(y,x)}$, $\forall x$、$y\in X$.

欧氏空间 $\mathbf{R}^n$ 显然是内积空间,另外平方可积函数[3]也构成内积空间,其内积定义为

$$(u,v)=\int_{\mathbf{R}}u(x)v(x)\mathrm{d}x,$$

其中 u、$v\in L^2(\mathbf{R})$.

从而下面关于内积空间的结论对于欧氏空间 $\mathbf{R}^n$ 以及平方可积空间 L^2 都成立.

我们之前的证明可以毫无难度地用来证明如下结论.

定理 1(Bessel 不等式) 设 X 是一个内积空间,如果 e_i 是单位向量(即 $(e_i,e_i)=1$,且 $(e_i,e_j)=0$)[4],对任意 $x\in X$ 有

$$\sum|(x,e_i)|^2\leqslant\|x\|^2.$$

事实上,我们有

$$\|x\|^2-\sum|(x,e_i)|^2=\left\|x-\sum(x,e_i)e_i\right\|^2.$$

上述等式的几何意义是较为明显的.进一步,这里的下标 i 还可以改为指标集 A.等号成立当且仅当 e_i 构成 X 的一组基,也即

$$\forall x\in X,\quad x=\sum(x,e_i)e_i,$$

此时称为 Parseval 等式.值得指出的是 Parseval 等式在 Fourier 分析等领域有广泛应用.

欧氏空间 $\mathbf{R}^n$ 中 $e_1=(1,0,\cdots,0),\cdots,e_n=(0,\cdots,0,1)$ 构成 $\mathbf{R}^n$ 的一组基,因此 Bessel 不

---

1 线性空间的定义可见附录.

2 即满足 $(x,ay_1+by_2)=a(x,y_1)+b(x,y_2)$, $(ax_1+bx_2,y)=a(x_1,y)+b(x_2,y)$,其中 x、x_1、x_2、y、y_1、$y_2\in X$, a、$b\in\mathbf{R}$.

3 即 $\int_{\mathbf{R}}f^2\mathrm{d}x<+\infty$,记作 $f\in L^2(\mathbf{R})$.

4 这样的 e_i 称为正交规范集.

等式变为 Parseval 等式. 可以看出我们之前给出的证明有着较为深刻的背景和更为一般化的结论.

下面考察与我们这题相关的一个问题.

例 3 对于 $\mathbf{R}^m$ 中的向量 y 与 $x_1,\cdots,x_n$，且 x_i 是线性无关的[1]. 求 $(\lambda_1,\cdots,\lambda_n)\in\mathbf{R}^n$ 使得

$$\min_{(\alpha_1,\cdots,\alpha_n)\in\mathbf{R}^n}\left\|y-\sum_{i=1}^n\alpha_i x_i\right\|x=\left\|x-\sum_{i=1}^n\lambda_i x_i\right\|.$$

从几何上看，我们只需求 y 在 x_i 张成的子空间上的正交投影，通俗地说设 $x_0=\sum_{i=1}^n\lambda_i x_i$，则此时有[2]

$$(x-x_0,x_j)=0\Leftrightarrow\sum_{i=1}^n\lambda_i(x_i,x_j)=(x,x_j).$$

由此可以解得所欲求的 λ_i.

例 3 与工业等应用领域中会遇到的最小二乘法[3]相关. 在应用领域中，未知量之间常常会满足线性关系

$$y^j=\lambda_1 x_1^j+\cdots+\lambda_n x_n^j,$$

而通过测量我们可以知道 $y^j,x_1^j,\cdots,x_n^j$ 的值，由此我们想反解出 λ_i 的值. 由于在实际应用中测量的误差不可避免，因此测得的 x_i^j、y^j 不满足严格的线性关系，我们只能退而求其次，在测量 m 次后（通常需要 $m>n$），根据测量信息得到某种程度上最佳的 λ_i，这就化归到了我们的例.

例 3 的结论可以推广到完备的内积空间中（完备的具体定义略，如 $\mathbf{R}^m$、L^2 空间等），并有一些不平凡的应用，如下例可供熟悉数学分析的读者思考.

例 4 求 $(a_0,a_1,a_2)\in\mathbf{R}^3$，使得

$$\int_0^1|\mathrm{e}^t-a_0-a_1t-a_2t^2|^2\mathrm{d}t$$

取最小值.

我们再列出一些内积空间中的性质.

例 5 在内积空间中也有 Cauchy - Schwarz 不等式，即

$$(x,y)\leqslant\|x\|\|y\|.$$

证明 由内积的定义

---

1 线性无关的定义见附录.

2 可以证明这是 λ_i 需满足的充分必要条件，这里略，感兴趣的读者可参考常用的泛函分析教材，或尝试自己给出论断的证明.

3 现在一般都认为最小二乘法是由高斯为解决天文观察中的问题在 1809 年提出的，实际上法国科学家勒让德于 1806 年就独立发现了“最小二乘法”，但被大家所忽略. 两人曾为谁最早创立最小二乘法原理而发生过争执.

$$\| x+\lambda y \|^2 = (x,x)+\lambda^2(y,y)+2\lambda(x,y) \geqslant 0,$$

将上式看作是关于 λ 的二次函数，当 $\lambda = -\dfrac{(x,y)}{(y,y)}$ 时取最小值，代入化简后即得 Cauchy-Schwarz 不等式(也可对二次函数直接求判别式后立得).

我们还能这样证明如下.

证明 若 x、y 中有一个是零向量时，命题显然成立. 否则只需证 $|x|=|y|=1$ 的情形. 此时由

$$0 \leqslant \| x-y \|^2 = (x,x)+(y,y)-2(x,y) = 2-2(x,y),$$

即知 Cauchy-Schwarz 不等式成立.

由于 $\mathbf{R}^n$、$L^2(\mathbf{R})$ 为内积空间，因此我们立得

$$\forall a_i、b_i \in \mathbf{R}, \quad \left(\sum_{i=1}^n a_i b_i\right)^2 \leqslant \sum_{i=1}^n a_i^2 \sum_{i=1}^n b_i^2,$$

$$\forall f、g \in L^2(\mathbf{R}), \quad \left(\int fg\,\mathrm{d}x\right)^2 \leqslant \int f^2 \mathrm{d}x \int g^2 \mathrm{d}x.$$

利用 Cauchy-Schwarz 不等式可以证明，类似于欧氏空间，在内积空间中三角不等式成立，即

$$\| x+y \| \leqslant \| x \| + \| y \|.$$

事实上，

$$\begin{aligned}(x+y,x+y) &= (x,x)+(y,y)+2(x,y)\\ &\leqslant (x,x)+(y,y)+2\| x \| \, \| y \|\\ &= (\| x \| + \| y \|)^2.\end{aligned}$$

此外，内积空间中比较常用的还有所谓的平行四边形等式：

$$\| x+y \|^2 + \| x-y \|^2 = 2(\| x \|^2 + \| y \|^2).$$

实际上，由平行四边形等式，我们可用 $|x|$、$|y|$ 反解出 (x,y)，

$$(x,y) = \frac{1}{4}(\| x+y \|^2 - \| x-y \|^2).$$

最后我们提出一个值得探讨的问题结束本文.

问题 对于三元组 (x,y,z)，能否定义类似于内积空间的运算 (x,y)？

附录 线性空间

$\mathbf{R}$ 上的线性空间由一个集合 V 和两个运算构成：

向量加法(+)：$V\times V \to V$ 记作 $v+w$.

标量乘法(×)：$\mathbf{R}\times V \to V$ 记作 av，$a\in\mathbf{R}$，$v\in V$.

符合下列公理(a、$b\in\mathbf{R}$，u、v、$w\in V$)：

(1)向量加法结合律：$u+(v+w)=(u+v)+w$；

(2)向量加法交换律：$v+w=w+v$；

(3)向量加法的单位元：V 里存在零元素 $\theta\in V$ 满足 $\forall v\in V, v+\theta=v$；

(4)向量加法的逆元素：$\forall v\in V, \exists w\in V$，使得 $v+w=\theta$；

(5)标量乘法分配于向量加法上：$a(v+w)=av+aw$；

(6)标量乘法分配于加法上：$(a+b)v=av+bv$；

(7)标量乘法一致于标量的乘法：$a(bv)=(ab)v$；

(8)标量乘法有单位元：$1v=v$.

线性空间的元素又称为向量，因而线性空间又称为向量空间.

向量 $x_1,\cdots,x_n$ 称为是线性无关的，若

$$\sum_{i=1}^{n}\lambda_i x_i = 0$$

可推出 $\lambda_i=0$.

韩京俊

北京大学数学科学学院

圆锥曲线参数方程的应用

知 识 点

圆$(x-a)^2+(y-b)^2=r^2$ 的参数方程是$\begin{cases}x=a+r\cos\varphi,\\ y=b+r\sin\varphi.\end{cases}$

椭圆$\frac{x^2}{a^2}+\frac{y^2}{b^2}=1$ 的参数方程是$\begin{cases}x=a\cos\varphi,\\ y=b\sin\varphi.\end{cases}$

双曲线$\frac{x^2}{a^2}-\frac{y^2}{b^2}=1$ 的参数方程是$\begin{cases}x=a\sec\varphi,\\ y=b\tan\varphi.\end{cases}$

抛物线 $y^2=2px$ 的参数方程是$\begin{cases}x=2pt^2,\\ y=2pt.\end{cases}$

例 题 选 讲

例 1 在抛物线 $y^2=2x$ 上求一点 C,使得对任意过点 $P(3,-\sqrt{2})$的直线与该抛物线的两个交点 A、B,都有$\overrightarrow{CA}\cdot\overrightarrow{CB}=0$. （2006 年辽宁省高中数学竞赛）

解 设三点 A、B、C 的坐标分别为 $A(2s^2,2s)$、$B(2t^2,2t)$、$C(2r^2,2r)$,则$\overrightarrow{CA}=(2s^2-2r^2,2s-2r)$,$\overrightarrow{CB}=(2t^2-2r^2,2t-2r)$,于是,

$$\overrightarrow{CA}\cdot\overrightarrow{CB}=(2s^2-2r^2)(2t^2-2r^2)+(2s-2r)(2t-2r)=0.$$

因为 $s\neq r$,$t\neq r$,所以

$$(s+r)(t+r)+1=0,$$

即

$$st+r(s+t)+r^2+1=0. \quad ①$$

点 $P(3,-\sqrt{2})$在直线 AB 上,所以$\frac{2t+\sqrt{2}}{2s+\sqrt{2}}=\frac{2t^2-3}{2s^2-3}$,整理得

$$st+\frac{\sqrt{2}}{2}(s+t)+\frac{3}{2}=0. \quad ②$$

比较式①、式②,得

$$r=\frac{\sqrt{2}}{2},\quad r^2+1=\frac{3}{2}.$$

所以点 C 的坐标为$(1,\sqrt{2})$.

例 2 设等边三角形 ABC 的内切圆半径为 2,圆心为 I. 若点 P 满足 $PI=1$,则$\triangle APB$ 与$\triangle APC$ 的面积之比的最大值为____________. (2014 年全国高中数学联赛)

解 设正三角形边长为 a,则 $a=2\sqrt{3}r=4\sqrt{3}$,以等边三角形 ABC 的内切圆圆心为原点,平行于 BC 的直线为 x 轴,建立直角坐标系,则 $A(0,4)$、$B(-2\sqrt{3},-2)$、$C(2\sqrt{3},-2)$,点 P 的轨迹方程为 $x^2+y^2=1$,设 $P(\cos\theta,\sin\theta)$,则

$$
\begin{aligned}
S_{\triangle APB}&=\frac{1}{2}\left\|\begin{matrix}0 & 4 & 1\\ -2\sqrt{3} & -2 & 1\\ \cos\theta & \sin\theta & 1\end{matrix}\right\|\\
&=|3\cos\theta-\sqrt{3}\cos\theta+4\sqrt{3}|\\
&=3\cos\theta-\sqrt{3}\cos\theta+4\sqrt{3},
\end{aligned}
$$

同理,

$$S_{\triangle APC}=|3\cos\theta+\sqrt{3}\sin\theta-4\sqrt{3}|=4\sqrt{3}-3\cos\theta-\sqrt{3}\sin\theta,$$

所以

$$\frac{S_{\triangle APB}}{S_{\triangle APC}}=\frac{4\sqrt{3}+3\cos\theta-\sqrt{3}\sin\theta}{4\sqrt{3}-3\cos\theta-\sqrt{3}\sin\theta}=\frac{4+\sqrt{3}\cos\theta-\sin\theta}{4-\sqrt{3}\cos\theta-\sin\theta}.$$

记 $f=\dfrac{4+\sqrt{3}\cos\theta-\sin\theta}{4-\sqrt{3}\cos\theta-\sin\theta}$,则

$$\sqrt{3}(f+1)\cos\theta+(f-1)\sin\theta=4(f-1),$$

由柯西不等式得

$$
\begin{aligned}
16(f-1)^2&=(\sqrt{3}(f+1)\cos\theta+(f-1)\sin\theta)^2\\
&\leqslant(\sqrt{3}(f+1))^2+(f-1)^2)(\cos^2\theta+\sin^2\theta),
\end{aligned}
$$

即

$$5(f-1)^2\leqslant(f+1)^2,$$

解得$\dfrac{3-\sqrt{5}}{2}\leqslant f\leqslant\dfrac{3+\sqrt{5}}{2}$,所以$\triangle APB$ 与$\triangle APC$ 的面积之比的最大值为$\dfrac{3+\sqrt{5}}{2}$.

例 3 在平面直角坐标系 xOy 中,以原点 O 为圆心,分别以 a、$b(a>b>0)$为半径作两个圆.点 Q 是大圆半径 OP 与小圆的交点,过点 P 作 $PN\perp Ox$,垂足为 N.过点 Q 作 $QM\perp PN$,垂足为 M.记当半径 OP 绕点 O 旋转时点 M 的轨迹为曲线 E.

(1)求曲线 E 的方程;

(2)设 A、B、C 为曲线 E 上的三点,且满足$\overrightarrow{OA}+\overrightarrow{OB}+\overrightarrow{OC}=0$,求$\triangle ABC$ 的面积.

(2011 年河南省高中数学竞赛)

解 (1)设点 M 的坐标是(x,y),取$\angle xOP=\varphi$(φ 为参数),则$\begin{cases}x=a\cos\varphi,\\ y=b\sin\varphi.\end{cases}$

消去参数 φ,得$\frac{x^2}{a^2}+\frac{y^2}{b^2}=1(a>b>0)$,此即曲线 E 的方程.

(2)设 A、B、C 的坐标依次为$A(x_1,y_1)$、$B(x_2,y_2)$、$C(x_3,y_3)$,由(1)可设 A、B、C 的坐标依次为$A(a\cos\alpha,b\sin\alpha)$、$B(a\cos\beta,b\sin\beta)$、$C(a\cos\gamma,b\sin\gamma)$,由已知条件$\overrightarrow{OA}+\overrightarrow{OB}+\overrightarrow{OC}=0$,得

$$\begin{cases}a\cos\alpha+a\cos\beta+a\cos\gamma=0,\\ b\sin\alpha+b\sin\beta+b\sin\gamma=0.\end{cases}$$

即

$$\begin{cases}\cos\alpha+\cos\beta+\cos\gamma=0,\\ \sin\alpha+\sin\beta+\sin\gamma=0.\end{cases}$$

消去 γ 得 $\cos(\beta-\alpha)=-\frac{1}{2}$,所以 $\sin(\beta-\alpha)=\pm\frac{\sqrt{3}}{2}$,

$$\begin{aligned}S_{\triangle AOB}&=\frac{1}{2}\mid x_1y_2-x_2y_1\mid\\&=\frac{1}{2}\mid ab\cos\alpha\sin\beta-ab\cos\beta\sin\alpha\mid\\&=\frac{1}{2}ab\mid\sin(\beta-\alpha)\mid\\&=\frac{\sqrt{3}}{4}ab,\end{aligned}$$

同理,$S_{\triangle BOC}=S_{\triangle COA}=\frac{\sqrt{3}}{4}ab$,所以 $S_{\triangle ABC}=S_{\triangle AOB}+S_{\triangle BOC}+S_{\triangle COA}=\frac{3\sqrt{3}}{4}ab$.

例 4 已知过椭圆 C 上一点 P 且与对称轴平行的直线分别交椭圆 C 的两条准线于点 T_1、T_2,它们分别与同侧焦点 F_1、F_2的连线交于点 Q. 求证:P、F_1、Q、F_2四点共圆.

(2005 年河北省高中数学竞赛)

解 如图 1,设椭圆 C 的方程是$\frac{x^2}{a^2}+\frac{y^2}{b^2}=1(a>b>0)$,则它的两个焦点为 $F_1(-c,0)$、$F_2(c,0)$.

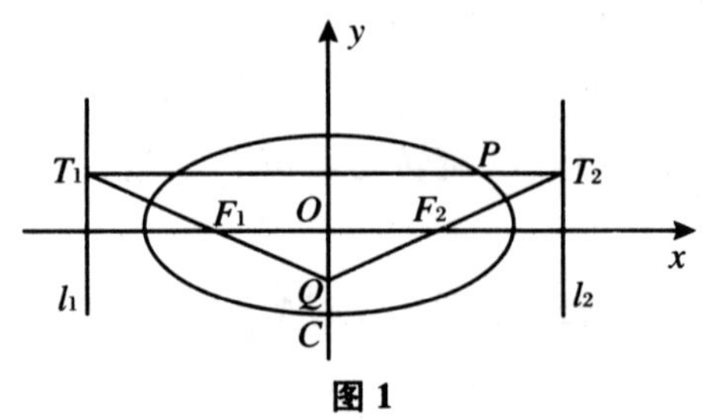

图 1

设 $P(a\cos\alpha,b\sin\alpha)$，则 $T_2\left(\frac{a^2}{c},b\sin\alpha\right)$. 由对称性，点 Q 在 y 轴上. 设 $Q(0,-d)$，则

$$\frac{d}{c}=\frac{d+b\sin\alpha}{\frac{a^2}{c}},$$

解得 $d=\frac{c^2}{b}\sin\alpha$.

令$\triangle F_1F_2Q$ 的外接圆圆心为$D(0,f)$，则 $DF_1=DF_2=DQ$，即

$$(f+d)^2=f^2+c^2,$$

所以

$$f=\frac{b^2-c^2\sin\alpha}{2b\sin\alpha}.$$

下面证明 $DP=DF_1$，即证明$(f-b\sin\alpha)^2+(a\cos\alpha)^2=f^2+c^2$.

整理得$-2bf\sin\alpha+a^2\cos^2\alpha+b^2\sin^2\alpha=c^2$，将 f 代入，得

$$-(b^2-c^2\sin^2\alpha)+a^2\cos^2\alpha+b^2\sin^2\alpha=c^2,$$

此即 $a^2-b^2=c^2$，所以 P、F_1、Q、F_2四点共圆.

例 5 如图 2，已知 A、B 是椭圆$\frac{x^2}{a^2}+\frac{y^2}{b^2}=1(a>b>0)$的左、右顶点，$P$、$Q$ 是该椭圆上不同于顶点的两点，且直线 AP 与 QB、PB 与 AQ 分别交于点M、N.

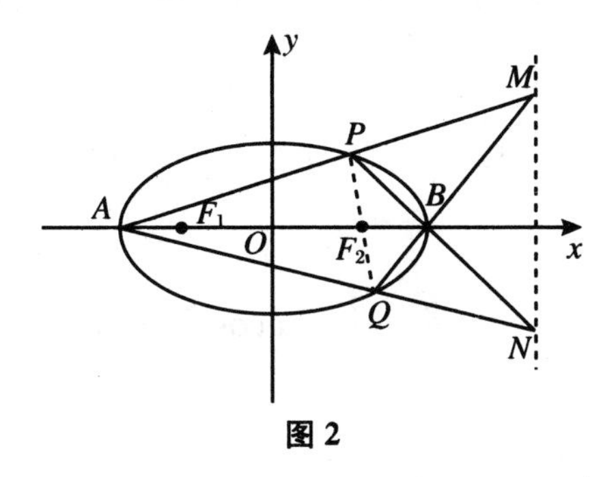

图 2

(1)求证：$MN\perp AB$；

(2)若弦 PQ 过椭圆的右焦点F_2，求直线 MN 的方程. （2012 年贵州省高中数学竞赛）

解 (1)设 $P(a\cos\alpha,b\sin\alpha)$、$Q(a\cos\beta,b\sin\beta)$，由 $A(-a,0)$、$B(a,0)$，得直线 AP 的方程是

$$a(1+\cos\alpha)y=b\sin\alpha(x+a), \qquad ①$$

直线 BQ 的方程是

$$a(-1+\cos\beta)y=b\sin\beta(x-a), \qquad ②$$

联立式①、式②，消去 y，得

$$\sin\alpha(-1+\cos\beta)(x+a)=\sin\beta(1+\cos\alpha)(x-a)$$

$\Leftrightarrow(\sin\alpha(-1+\cos\beta)-\sin\beta(1+\cos\alpha))x=a(\sin\alpha(1-\cos\beta)-\sin\beta(1+\cos\alpha))$

$\Leftrightarrow(\sin(\alpha-\beta)-\sin\alpha-\sin\beta)x=a(\sin\alpha-\sin\beta-\sin(\alpha+\beta))$

$\Leftrightarrow\cos\frac{\alpha-\beta}{2}\left(\sin\frac{\alpha-\beta}{2}-\sin\frac{\alpha+\beta}{2}\right)x=a\cos\frac{\alpha+\beta}{2}\left(\sin\frac{\alpha-\beta}{2}-\sin\frac{\alpha+\beta}{2}\right)$

$\Leftrightarrow x_M=\dfrac{a\cos\frac{\alpha+\beta}{2}}{\cos\frac{\alpha-\beta}{2}}$

(因为 P、Q 不同于顶点,所以 $\sin\frac{\alpha-\beta}{2}-\sin\frac{\alpha+\beta}{2}=-2\cos\frac{\alpha}{2}\sin\frac{\beta}{2}\neq0$).

同理,$x_N=\dfrac{a\cos\frac{\alpha+\beta}{2}}{\cos\frac{\alpha-\beta}{2}}$,所以 $x_M=x_N$,即 $MN\perp AB$.

(2) 注意到

$$\overrightarrow{F_2P}=(a\cos\alpha-c,b\sin\alpha),\overrightarrow{F_2Q}=(a\cos\beta-c,b\sin\beta),$$

由 P、F_2、Q 三点共线,得到$\overrightarrow{F_2P}$与$\overrightarrow{F_2Q}$共线,所以

$$\sin\beta(a\cos\alpha-c)=\sin\alpha(a\cos\beta-c),$$

所以

$$a\sin(\alpha-\beta)=c(\sin\alpha-\sin\beta),$$

即

$$a\sin\frac{\alpha-\beta}{2}\cos\frac{\alpha-\beta}{2}=c\sin\frac{\alpha-\beta}{2}\cos\frac{\alpha+\beta}{2},$$

所以

$$a\cos\frac{\alpha-\beta}{2}=c\cos\frac{\alpha+\beta}{2},$$

于是

$$x_M=x_N=\frac{a\cos\frac{\alpha+\beta}{2}}{\cos\frac{\alpha-\beta}{2}}=\frac{a^2}{c}.$$

因此,直线 MN 的方程是 $x=\frac{a^2}{c}$,它是椭圆的右准线.

例 6 如图 3,椭圆 $\Gamma:\frac{x^2}{4}+y^2=1$. $A(-2,0)$、$B(0,-1)$是椭圆 Γ 上的两点,直线 $l_1:x=-2$,$l_2:y=-1$. $P(x_0,y_0)(x_0>0,y_0>0)$是 Γ 上的一个动点,l_3是过点 P 且与Γ 相切的直线,C、D、E 分别是直线 l_1 与 l_2、l_2与 l_3、l_3与 l_1的交点,求证:三条直线 AD、BE、CP 共点.

(2014 年全国高中数学联赛 B 卷)

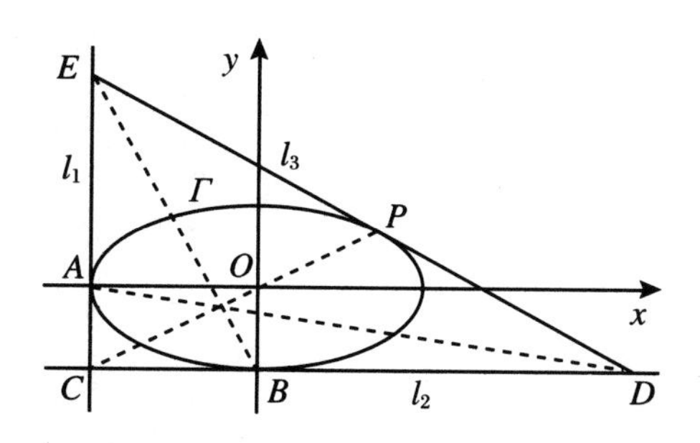

图 3

我们证明命题的一般形式：如图 4，若$\triangle A_1A_2A_3$的三边 A_1A_2、A_2A_3、A_3A_1（或其延长线）与椭圆 Γ：$\dfrac{x^2}{a^2}+\dfrac{y^2}{b^2}=1(a>b>0)$分别相切于 T_1、T_2、T_3，则 A_1T_2、A_2T_3、A_3T_1三线共点.

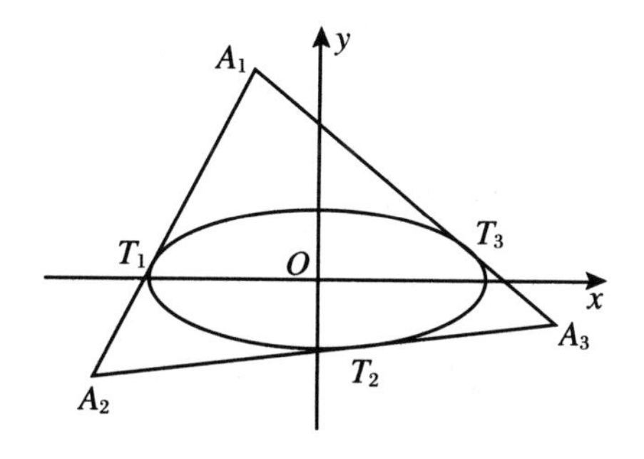

图 4

证明　因为椭圆 Γ 的方程是$\dfrac{x^2}{a^2}+\dfrac{y^2}{b^2}=1(a>b>0)$，所以设 $T_i(a\cos\alpha_i,b\sin\alpha_i)$ $(i=1,2,3)$，其中 $\alpha_i-\alpha_j\neq k\pi$，$(i\neq j,i、j=1,2,3)$，$k\in\mathbf{Z}$.则

$$A_1A_2:\frac{x\cos\alpha_1}{a}+\frac{y\sin\alpha_1}{b}=1, \quad ①$$

$$A_2A_3:\frac{x\cos\alpha_2}{a}+\frac{y\sin\alpha_2}{b}=1, \quad ②$$

$$A_3A_1:\frac{x\cos\alpha_3}{a}+\frac{y\sin\alpha_3}{b}=1. \quad ③$$

由式①、式③得

$$A_1\left(\frac{a\cos\frac{\alpha_1+\alpha_3}{2}}{\cos\frac{\alpha_1-\alpha_3}{2}},\frac{b\sin\frac{\alpha_1+\alpha_3}{2}}{\cos\frac{\alpha_1-\alpha_3}{2}}\right),$$

同理

$$A_2\left(\frac{a\cos\frac{\alpha_1+\alpha_2}{2}}{\cos\frac{\alpha_1-\alpha_2}{2}},\frac{b\sin\frac{\alpha_1+\alpha_2}{2}}{\cos\frac{\alpha_1-\alpha_2}{2}}\right),\quad A_3\left(\frac{a\cos\frac{\alpha_2+\alpha_3}{2}}{\cos\frac{\alpha_2-\alpha_3}{2}},\frac{b\sin\frac{\alpha_2+\alpha_3}{2}}{\cos\frac{\alpha_2-\alpha_3}{2}}\right).$$

故

$$\begin{aligned}|A_1T_1|^2&=\left(\frac{a\cos\frac{\alpha_1+\alpha_3}{2}}{\cos\frac{\alpha_1-\alpha_3}{2}}-a\cos\alpha_1\right)^2+\left(\frac{b\sin\frac{\alpha_1+\alpha_3}{2}}{\cos\frac{\alpha_1-\alpha_3}{2}}-b\sin\alpha_1\right)^2\\&=\frac{1}{\cos^2\frac{\alpha_1-\alpha_3}{2}}\left(a^2\left(\cos\frac{\alpha_1+\alpha_3}{2}-\cos\frac{\alpha_1-\alpha_3}{2}\cos\alpha_1\right)^2\right.\\&\qquad\left.+b^2\left(\sin\frac{\alpha_1+\alpha_3}{2}-\cos\frac{\alpha_1-\alpha_3}{2}\sin\alpha_1\right)^2\right)\\&=\frac{1}{\cos^2\frac{\alpha_1-\alpha_3}{2}}\left(a^2\left(\sin\frac{\alpha_1-\alpha_3}{2}\sin\alpha_1\right)^2+b^2\left(\sin\frac{\alpha_1-\alpha_3}{2}\cos\alpha_1\right)^2\right)\\&=\tan^2\frac{\alpha_1-\alpha_3}{2}(a^2\sin^2\alpha_1+b^2\cos^2\alpha_1).\end{aligned}$$

所以

$$|A_1T_1|=\left|\tan\frac{\alpha_1-\alpha_3}{2}\right|\sqrt{a^2\sin^2\alpha_1+b^2\cos^2\alpha_1},$$

同理,

$$|A_2T_1|=\left|\tan\frac{\alpha_1-\alpha_2}{2}\right|\sqrt{a^2\sin^2\alpha_1+b^2\cos^2\alpha_1},$$

于是,

$$\frac{|A_1T_1|}{|T_1A_2|}=\left|\frac{\tan\frac{\alpha_1-\alpha_3}{2}}{\tan\frac{\alpha_1-\alpha_2}{2}}\right|,$$

同理,

$$\frac{|A_2T_2|}{|T_2A_3|}=\left|\frac{\tan\frac{\alpha_1-\alpha_2}{2}}{\tan\frac{\alpha_3-\alpha_2}{2}}\right|,\quad \frac{|A_3T_3|}{|T_3A_1|}=\left|\frac{\tan\frac{\alpha_2-\alpha_3}{2}}{\tan\frac{\alpha_1-\alpha_3}{2}}\right|.$$

于是,

$$\frac{|A_1T_1|}{|T_1A_2|}\cdot\frac{|A_2T_2|}{|T_2A_3|}\cdot\frac{|A_3T_3|}{|T_3A_1|}=1,$$

由塞瓦定理的逆定理,知 A_1T_2、A_2T_3、A_3T_1 三线共点.

例 7 如图 5,在一条直线 l 的一侧画一个半圆 Γ,分别过半圆 Γ 上两点 C、D 作 Γ 的切

线与 l 交于点 B、A，且使 Γ 的圆心在 AB 上，AC 与 BD 交于点 E，过 E 作 $EF\perp l$ 于点 F. 求证：EF 平分 $\angle CFD$.

（第 35 届 IMO 预选题）

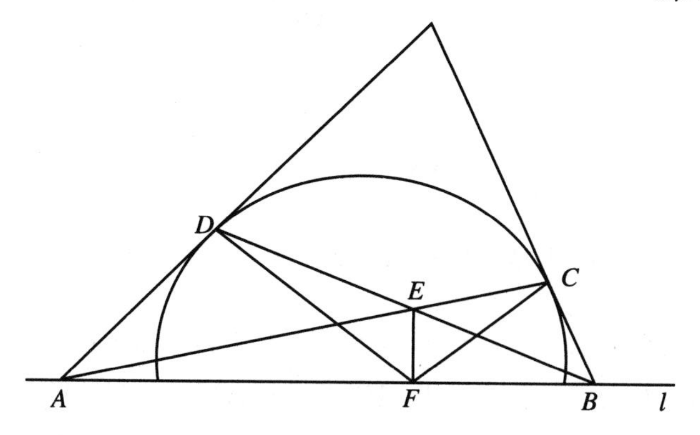

图 5

解 设圆 Γ 的方程是 $x^2+y^2=1$，点 $C(\cos\alpha,\sin\alpha)$、$D(\cos\beta,\sin\beta)$，则切线 BC、AD 的方程依次为 $x\cos\alpha+y\sin\alpha=1$、$x\cos\beta+y\sin\beta=1$，于是 $A\left(\frac{1}{\cos\beta},0\right)$、$B\left(\frac{1}{\cos\alpha},0\right)$，于是直线 AC 的方程为

$$y=-\frac{\sin\alpha}{\frac{1}{\cos\beta}-\cos\alpha}\left(x-\frac{1}{\cos\beta}\right),$$

即

$$x\cos\beta\sin\alpha+(1-\cos\alpha\cos\beta)y-\sin\alpha=0, \tag{①}$$

同理，直线 BD 的方程是

$$x\cos\alpha\sin\beta+(1-\cos\alpha\cos\beta)y-\sin\beta=0. \tag{②}$$

求得直线 AC 与 BD 交点的横坐标为

$$x_E=\frac{\sin\alpha-\sin\beta}{\sin\alpha\cos\beta-\cos\alpha\sin\beta}=\frac{\cos\frac{\alpha+\beta}{2}}{\cos\frac{\alpha-\beta}{2}},$$

所以 F 的坐标为 $\left(\frac{\cos\frac{\alpha+\beta}{2}}{\cos\frac{\alpha-\beta}{2}},0\right)$. 直线 CF 的斜率为

$$k_{CF}=\frac{\sin\alpha}{\cos\alpha-\frac{\cos\frac{\alpha+\beta}{2}}{\cos\frac{\alpha-\beta}{2}}}=\frac{\sin\alpha\cos\frac{\alpha-\beta}{2}}{\cos\alpha\cos\frac{\alpha-\beta}{2}-\cos\frac{\alpha+\beta}{2}}$$

$$=\frac{\sin\alpha\cos\frac{\alpha-\beta}{2}}{\cos\alpha\cos\frac{\alpha-\beta}{2}-\cos\left(\alpha-\frac{\alpha-\beta}{2}\right)}$$

$$=-\frac{\sin\alpha\cos\frac{\alpha-\beta}{2}}{\sin\alpha\sin\frac{\alpha-\beta}{2}}=-\cot\frac{\alpha-\beta}{2},$$

同理可得 $k_{DF}=\cot\frac{\alpha-\beta}{2}$,所以 EF 平分$\angle CFD$.

例 8 如图 6,P 是半圆$\odot O$:$x^2+y^2=1(y\geqslant 0)$上位于 x 轴上方的任意一点,A、B 是直径的两个端点,以 AB 为一边作正方形 $ABCD$,PC、PD 分别与 AB 交于 E、F,求证:BE、EF、FA 成等比数列. (2010 年江苏省高中数学竞赛)

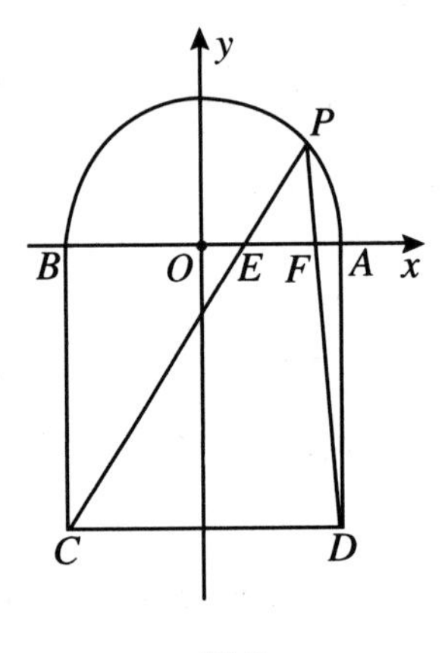

图 6

证明 易知 $C(-1,-2)$、$D(1,-2)$,设 $P(\cos\alpha,\sin\alpha)$、$E(x_1,0)$、$F(x_2,0)$.

由 P、E、C 三点共线,得

$$\frac{\sin\alpha+2}{\cos\alpha+1}=\frac{2}{x_1+1},$$

从而

$$x_1=\frac{2(\cos\alpha+1)}{\sin\alpha+2}-1.$$

同理,

$$x_2=\frac{2(\cos\alpha-1)}{\sin\alpha+2}+1.$$

所以,

$$BE=x_1+1=\frac{2(\cos\alpha+1)}{\sin\alpha+2},$$

$$EF=x_2-x_1=\frac{2(\cos\alpha-1)}{\sin\alpha+2}+1-\left(\frac{2(\cos\alpha+1)}{\sin\alpha+2}-1\right)=\frac{2\sin\alpha}{\sin\alpha+2},$$

$$FA=\frac{2(1-\cos\alpha)}{\sin\alpha+2},$$

所以

$$BE\cdot FA=\frac{2(\cos\alpha+1)}{\sin\alpha+2}\cdot\frac{2(1-\cos\alpha)}{\sin\alpha+2}=\frac{4\sin^2\alpha}{(\sin\alpha+2)^2}=EF^2.$$

因此，BE、EF、FA 成等比数列.

例 9 以$\triangle ABC$ 的底边 BC 为直径作半圆，分别与边 AB、AC 交于点 D 和 E，分别过点 D、E 作 BC 的垂线，垂足依次为 G、F，线段 DF 和 EG 交于点 M，求证：$AM\perp BC$.

（1996 年中国国家集训队选拔考试）

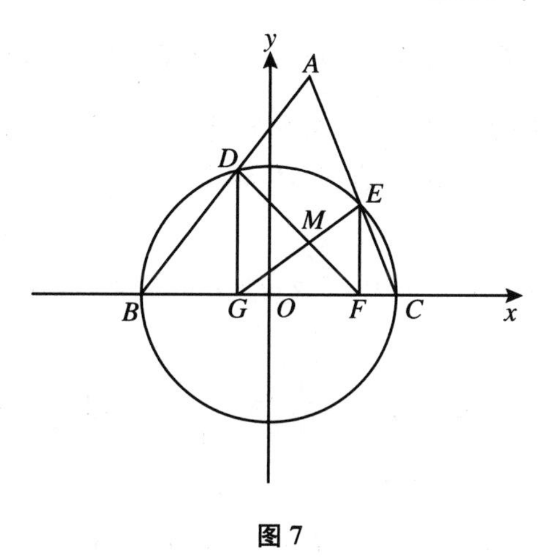

图 7

解 如图 7，不妨设以 BC 为直径的圆方程为 $x^2+y^2=1$，$E(\cos\alpha,\sin\alpha)$、$D(\cos\beta,\sin\beta)$，易知 $B(-1,0)$、$C(1,0)$，直线 BD 的斜率为

$$k_{BD}=\frac{\sin\beta}{\cos\beta+1}=\tan\frac{\beta}{2},$$

直线 BD 的方程为

$$y=\tan\frac{\beta}{2}(x+1),\qquad ①$$

同理，直线 CE 的方程为

$$y=-\cot\frac{\alpha}{2}(x-1),\qquad ②$$

由式①、式②得点 A 的横坐标为$\dfrac{\cos\dfrac{\alpha+\beta}{2}}{\cos\dfrac{\alpha-\beta}{2}}$. 又点 $F(\cos\beta,0)$、$G(\cos\alpha,0)$，故

$$EF:y=\frac{\sin\alpha}{\cos\alpha-\cos\beta}(x-\cos\beta),\qquad ③$$

$$DG:y=\frac{\sin\beta}{\cos\beta-\cos\alpha}(x-\cos\alpha),\qquad ④$$

由式③、④，得直线 EF 与 DG 的交点 M 的横坐标满足方程

$$\sin\alpha(x-\cos\beta)+\sin\beta(x-\cos\alpha)=0,$$

即

$$x_M=\frac{\sin\alpha\cos\beta+\cos\alpha\sin\beta}{\sin\alpha+\sin\beta}=\frac{\sin(\alpha+\beta)}{\sin\alpha+\sin\beta}=\frac{\cos\frac{\alpha+\beta}{2}}{\cos\frac{\alpha-\beta}{2}},$$

与点 A 的横坐标相同，故 $AM\perp BC$.

练 习 题

1. 已知抛物线 $y^2=2px$ 及定点 $A(a,b)$、$B(-a,0)$（$ab\neq0$，$b^2\neq2pa$），M 是抛物线上的点，设直线 AM、BM 与抛物线的另一个交点分别为 M_1、M_2，求证：当点 M 在抛物线上变动时（只要 M_1、M_2 存在，且 $M_1\neq M_2$），直线 M_1M_2 恒过一个定点．并求出这个定点的坐标．

（1998 年全国高中数学联赛）

解析 设 M、M_1、M_2 的坐标分别为 $M(2pt_0^2,2pt_0)$、$M_1(2pt_1^2,2pt_1)$、$M_2(2pt_2^2,2pt_2)$，由 A、M、M_1 三点共线，得

$$k_{MA}=k_{MM_1},\quad \frac{2pt_0-b}{2pt_0^2-a}=\frac{1}{t_1+t_0},$$

化简得

$$a-b(t_1+t_0)+2pt_1t_0=0, \tag{①}$$

同理，由 B、M、M_2 三点共线，得

$$k_{MB}=k_{MM_2},\quad \frac{2pt_0}{2pt_0^2+a}=\frac{1}{t_2+t_0},$$

化简得

$$2pt_0t_2=a. \tag{②}$$

由式①、式②消去 t_0，得

$$2pa(t_1+t_2)-2pbt_1t_2-ab=0,$$

$$2pt_1t_2=\frac{2pa(t_1+t_2)-ab}{b}. \tag{③}$$

直线 M_1M_2 的方程是

$$y-2pt_1=\frac{1}{t_1+t_2}(x-2pt_1^2),$$

即

$$x-(t_1+t_2)y+2pt_1t_2=0. \tag{④}$$

将式③代入式④，得

$$x-(t_1+t_2)y+\frac{2pa(t_1+t_2)-ab}{b}=0,$$

即

$$x-a-(t_1+t_2)\left(y-\frac{2pa}{b}\right)=0. \qquad ⑤$$

由式⑤知直线 M_1M_2 恒过定点 $\left(a,\frac{2pa}{b}\right)$.

2. 证明：在△ABC 所在坐标平面上，存在唯一的点 U 具有性质：存在不全为零的实数 λ、μ、ν、κ，使得对这个平面上所有的点 P，$\lambda PL^2+\mu PM^2+\nu PN^2-\kappa PU^2$ 为常数，这里 L、M、N 分别为 P 到 BC、CA、AB 的垂线的垂足. 试确定 U. （1989 年 IMO 预选题）

解析 以△ABC 的外心 O 为坐标原点建立直角坐标系，不失一般性，设△ABC 的外接圆半径为 1，A、B、C 的坐标分别为 $A(\cos\alpha,\sin\alpha)$、$B(\cos\beta,\sin\beta)$、$C(\cos\gamma,\sin\gamma)$，所以直线 BC、CA、AB 的方程分别为

$$BC: x\cos\frac{\beta+\gamma}{2}+y\sin\frac{\beta+\gamma}{2}=\cos\frac{\beta-\gamma}{2},$$

$$CA: x\cos\frac{\gamma+\alpha}{2}+y\sin\frac{\gamma+\alpha}{2}=\cos\frac{\gamma-\alpha}{2},$$

$$AB: x\cos\frac{\alpha+\beta}{2}+y\sin\frac{\alpha+\beta}{2}=\cos\frac{\alpha-\beta}{2}.$$

设 U 的坐标为 (s,t). 又设 $P(x,y)$ 为平面上任意一点，则应有关于 x、y 的恒等式

$$\sum\lambda\left(x\cos\frac{\beta+\gamma}{2}+y\sin\frac{\beta+\gamma}{2}-\cos\frac{\beta-\gamma}{2}\right)^2-\kappa[(x-s)^2+(y-t)^2]=\text{常数}.$$

比较 x^2 及 y^2 的系数得

$$\sum\lambda\cos^2\frac{\beta+\gamma}{2}=\sum\lambda\sin^2\frac{\beta+\gamma}{2}=\kappa. \qquad ①$$

比较 xy 的系数得

$$\sum\lambda\sin(\beta+\gamma)=0. \qquad ②$$

由式①可得

$$\sum\lambda\cos(\beta+\gamma)=0. \qquad ③$$

由式②、式③可得

$$\frac{\lambda}{\begin{vmatrix}\sin(\gamma+\alpha) & \sin(\alpha+\beta)\\ \cos(\gamma+\alpha) & \cos(\alpha+\beta)\end{vmatrix}}=\frac{\mu}{\begin{vmatrix}\sin(\alpha+\beta) & \sin(\beta+\gamma)\\ \cos(\alpha+\beta) & \cos(\beta+\gamma)\end{vmatrix}}=\frac{\nu}{\begin{vmatrix}\sin(\beta+\gamma) & \sin(\gamma+\alpha)\\ \cos(\beta+\gamma) & \cos(\gamma+\alpha)\end{vmatrix}},$$

即

$$\frac{\lambda}{\sin(\beta-\gamma)}=\frac{\mu}{\sin(\gamma-\alpha)}=\frac{\nu}{\sin(\alpha-\beta)}.$$

我们取 $\lambda=\sin(\beta-\gamma)=\sin2A$，$\mu=\sin(\gamma-\alpha)=\sin2B$，$\nu=\sin(\alpha-\beta)=\sin2C$，由式①，知

$$\kappa=\frac{1}{2}\sum\lambda=\frac{1}{2}\sum\sin(\beta-\gamma)=\frac{1}{2}\sum\sin2A.$$

考虑上述恒等式中 x 的系数，有

$$\begin{aligned}2\kappa s&=2\sum\sin(\beta-\gamma)\cos\frac{\beta+\gamma}{2}\cos\frac{\beta-\gamma}{2}=\sum\sin(\beta-\gamma)(\cos\beta+\cos\gamma)\\&=(\cos\alpha+\cos\beta+\cos\gamma)\sum\sin(\beta-\gamma)-\sum\cos\alpha\sin(\beta-\gamma)\\&=(\cos\alpha+\cos\beta+\cos\gamma)\cdot2\kappa-\sum(\sin(\alpha+\beta-\gamma)-\sin(\gamma+\alpha-\beta))\\&=(\cos\alpha+\cos\beta+\cos\gamma)\cdot2\kappa.\end{aligned}$$

因为 $2\kappa=\sum\sin2A=4\sin A\sin B\sin C\neq0$，所以 $s=\cos\alpha+\cos\beta+\cos\gamma$.

同理 $t=\sin\alpha+\sin\beta+\sin\gamma$.

因此，$U(\cos\alpha+\cos\beta+\cos\gamma,\sin\alpha+\sin\beta+\sin\gamma)$是$\triangle ABC$ 的垂心.

3. 已知 P 是椭圆 $C:\frac{x^2}{a^2}+\frac{y^2}{b^2}=1$ 上任意一点，证明：过点 P 存在一条射线，以该射线为角平分线，可作无数个椭圆的内接三角形，而且$\angle P$ 的对边都互相平行.

（2007 年安徽省高中数学竞赛）

解析 设椭圆的内接三角形的另两个顶点分别为 A、B.

设 $P(a\cos\theta_0,b\sin\theta_0)$、$A(a\cos\theta_1,b\sin\theta_1)$、$B(a\cos\theta_2,b\sin\theta_2)$，则直线 PA 的斜率为

$$k_{PA}=\frac{b(\sin\theta_1-\sin\theta_0)}{a(\cos\theta_1-\cos\theta_0)}=\frac{2b\sin\frac{\theta_1-\theta_0}{2}\cos\frac{\theta_1+\theta_0}{2}}{-2a\sin\frac{\theta_1-\theta_0}{2}\sin\frac{\theta_1+\theta_0}{2}}=-\frac{b\cos\frac{\theta_1+\theta_0}{2}}{a\sin\frac{\theta_1+\theta_0}{2}}=-\frac{b}{a}\cot\frac{\theta_1+\theta_0}{2}.$$

同理，$k_{PB}=-\dfrac{b\cos\frac{\theta_2+\theta_0}{2}}{a\sin\frac{\theta_2+\theta_0}{2}}$，$k_{AB}=-\dfrac{b}{a}\cot\dfrac{\theta_1+\theta_2}{2}$.

因为 PA、PB 的斜率存在且倾斜角互补，所以 $k_{PA}=-k_{PB}$，从而

$$\frac{\cos\frac{\theta_1+\theta_0}{2}}{\sin\frac{\theta_1+\theta_0}{2}}+\frac{\cos\frac{\theta_2+\theta_0}{2}}{\sin\frac{\theta_2+\theta_0}{2}}=0,$$

即

$$\sin\frac{\theta_2+\theta_0}{2}\cos\frac{\theta_1+\theta_0}{2}+\cos\frac{\theta_2+\theta_0}{2}\sin\frac{\theta_1+\theta_0}{2}=0,$$

$$\sin\left(\theta_0+\frac{\theta_1+\theta_2}{2}\right)=0,$$

所以，$\theta_0+\dfrac{\theta_1+\theta_2}{2}=k\pi(k\in\mathbf{Z})$，即$\dfrac{\theta_1+\theta_2}{2}=k\pi-\theta_0(k\in\mathbf{Z})$.故

$$k_{AB}=-\frac{b}{a}\cot\frac{\theta_1+\theta_2}{2}=-\frac{b}{a}\cot(k\pi-\theta_0)=\frac{b}{a}\cot\theta_0=\frac{b^2}{a^2}\cdot\frac{a\cos\theta_0}{b\sin\theta_0}=\frac{b^2x_0}{a^2y_0}$$

为定值.结论成立.

4. 如图 8，过原点 O 作抛物线 $y^2=2px(p>0)$的两条互相垂直的弦 OA、OB，再作$\angle AOB$ 的平分线交 AB 于点 C.求点 C 的轨迹方程.

（2005 年山东省高中数学竞赛）

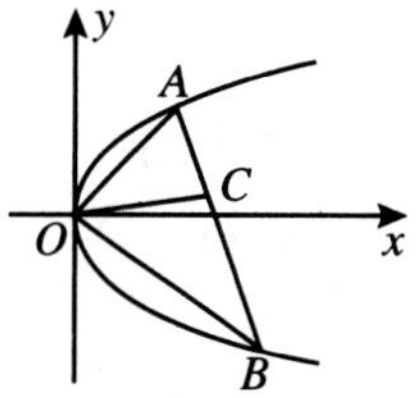

图 8

解析 设 $A(2pt_1^2,2pt_1)$、$B(2pt_2^2,2pt_2)$，则

$$k_{OA}=\frac{2pt_1}{2pt_1^2}=\frac{1}{t_1},\quad k_{OB}=\frac{2pt_2}{2pt_2^2}=\frac{1}{t_2}.$$

因为 $OA\perp OB$，所以，$k_{OA}\cdot k_{OB}=-1$，即$\dfrac{1}{t_1t_2}=-1$，故 $t_1t_2=-1$.设 $C(x,y)$，则 $k_{OC}=\dfrac{y}{x}$.

因为 OC 平分$\angle AOB$，所以$\angle AOC=45^\circ$.则

$$\frac{k_{OA}-k_{OC}}{1+k_{OA}k_{OC}}=\tan45^\circ=1\Rightarrow\frac{\dfrac{1}{t_1}-\dfrac{y}{x}}{1+\dfrac{y}{xt_1}}=1.$$

解得 $t_1=\dfrac{x-y}{x+y}$.

又 A、C、B 三点共线，当 $t_1+t_2\neq0$ 时，有

$$\frac{2pt_1-y}{2pt_1^2-x}=\frac{2pt_1-2pt_2}{2pt_1^2-2pt_2^2}.$$

即

$$\frac{2pt_1-y}{2pt_1^2-x}=\frac{1}{t_1+t_2}=\frac{t_1}{t_1^2-1}.$$

化简得

$$y(1-t_1^2)-2pt_1+xt_1=0.$$

将 $t_1=\dfrac{x-y}{x+y}$代入，并整理得

$$x^3+3xy^2-2p(x^2-y^2)=0.\qquad ①$$

当 $t_1+t_2=0$ 时，即 $t_1-\dfrac{1}{t_1}=0$，得 $t_1^2=1$，$t_2^2=(-t_1)^2=1$.此时，点 $C(2p,0)$ 满足式①.

所以，式①即为点 C 的轨迹方程.

蔡玉书
江苏省苏州市第一中学

一道不等式赛题的另证、加强及拓展

第16届(2004年)亚太地区数学奥林匹克竞赛最后一题是一道不等式证明题.

题目 证明:对任意正实数 a、b、c,均有

$$(a^2+2)(b^2+2)(c^2+2)\geqslant 9(ab+bc+ca).$$

该赛题曾是公认的难题,常见的证明会很繁琐.

文[1]首先采用降幂策略,利用柯西不等式把原不等式左边的六次多项式放缩为三次多项式,然后利用基本不等式继续放缩,最后作差分析,利用抽屉原理并经过复杂的计算得到了所要证的不等式.

证明 注意到

$$(a^2+2)(b^2+2)=(a^2+1+1)(1+b^2+1)\geqslant(a+b+1)^2,$$

依次可得

$$(a^2+2)(b^2+2)(c^2+2)\geqslant(a+b+1)(b+c+1)(c+a+1).$$

因此,我们只需证明

$$(a+b+1)(b+c+1)(c+a+1)\geqslant 9(ab+bc+ca) \qquad ①$$

成立.

将式①左边展开并变形得

$$\begin{aligned}&(a+b+1)(b+c+1)(c+a+1)\\&=2abc+\sum a^2+3\sum ab+\sum ab(a+b)+2\sum a+1\\&=2abc+\sum a^2+3\sum ab+\sum((a^2b+b)+(ab^2+a))+1\\&\geqslant 2abc+\sum a^2+7\sum ab+1,\end{aligned}$$

所以,为证式①成立,只需证明

$$2abc+\sum a^2+1\geqslant 2\sum ab. \qquad ②$$

将式②左边减去右边,并设 b、c 同时不大于1或不小于1(注意,由抽屉原理知 a、b、c 中必有两个这样的数),得

$$\begin{aligned}&2abc+\sum a^2+1-2\sum ab\\&=2abc+(a^2+1)+(b^2+c^2)-2\sum ab\end{aligned}$$

$$\geqslant 2abc + 2a + 2bc - 2\sum ab$$
$$= 2a(b-1)(c-1) \geqslant 0,$$

从而式②成立,原不等式得证.

文[2]直接将原不等式左端展开,多次运用均值不等式放缩,最终将原问题转化为 Schur 不等式的一个变式,技巧性较强.

证明 原不等式左端展开即

$$a^2b^2c^2 + 2\sum a^2b^2 + 4\sum a^2 + 8 \geqslant 9\sum ab,$$

由均值不等式得 $a^2+b^2 \geqslant 2ab, b^2+c^2 \geqslant 2bc, c^2+a^2 \geqslant 2ca$,所以

$$3\sum a^2 \geqslant 3\sum ab.$$

又由均值不等式得 $a^2b^2+1 \geqslant 2ab, b^2c^2+1 \geqslant 2bc, c^2a^2+1 \geqslant 2ca$,所以

$$2\left(\sum a^2b^2 + 3\right) \geqslant 4\sum ab.$$

两式相加得

$$2\left(\sum a^2b^2 + 3\right) + 3\sum a^2 \geqslant 7\sum ab,$$

欲证原不等式成立,只需证

$$a^2b^2c^2 + 2 + \sum a^2 \geqslant 2\sum ab,$$

再次运用均值不等式得

$$a^2b^2c^2 + 2 = a^2b^2c^2 + 1 + 1 \geqslant 3\sqrt[3]{a^2b^2c^2},$$

故只需证 $\sum a^2 + 3\sqrt[3]{a^2b^2c^2} \geqslant 2\sum ab$,这是 Schur 不等式的变式,得证.

本文将首先给出原赛题的另证.然后对其进行加强,并给出多种证明.最后做一点发散和拓展,给读者留下思考的空间.

1. 试题的另证

下面给出该试题只用均值不等式证法.

证明 原不等式等价于 $9\sum \dfrac{ab}{(a^2+2)(b^2+2)(c^2+2)} \leqslant 1$,而

$$\frac{ab}{(a^2+2)(b^2+2)} \leqslant \frac{1}{2}\left(\frac{a^2}{(a^2+2)^2} + \frac{b^2}{(b^2+2)^2}\right)$$
$$= \frac{1}{2}\left(\frac{1}{a^2+2} - \frac{2}{(a^2+2)^2} + \frac{1}{b^2+2} - \frac{2}{(b^2+2)^2}\right),$$

记 $x = \dfrac{1}{a^2+2} > 0, y = \dfrac{1}{b^2+2} > 0, z = \dfrac{1}{c^2+2} > 0$,则

$$9\sum \frac{ab}{(a^2+2)(b^2+2)(c^2+2)} \leqslant \frac{9}{2}\sum z(x - 2x^2 + y - 2y^2)$$

$$= 9\left(\sum xy - \sum z(x^2+y^2)\right),$$

故只需证 $9\left(\sum xy - \sum z(x^2+y^2)\right) \leqslant 1$,该式即

$$9\sum z(x^2+y^2)+1 = \sum\left(9x^2y+9xy^2+\frac{1}{3}\right) \geqslant \sum 9xy,$$

这由三元均值不等式显然,得证.

2.试题的加强

其实该不等式较弱,我们可将其加强为如下形式:对任意正实数 a、b、c,均有

$$(a^2+2)(b^2+2)(c^2+2) \geqslant 3(a+b+c)^2.$$

因为我们熟知,对任意的实数 a、b、c,都有 $(a+b+c)^2 \geqslant 3(ab+bc+ca)$.而且有意思的是:原不等式难证,而该加强形式却相对容易.下面给出加强形式的多种证明.

证明 (法一)由抽屉原理知,a^2-1、b^2-1、c^2-1 三者中必有两个同号(或其一为0).不妨设 $(a^2-1)(b^2-1) \geqslant 0$,则 $a^2b^2 \geqslant a^2+b^2-1$,于是结合柯西不等式有

$$\begin{aligned}(a^2+2)(b^2+2)(c^2+2) &= (a^2b^2+2a^2+2b^2+4)(c^2+2)\\ &\geqslant 3(a^2+b^2+1)(1+1+c^2)\\ &\geqslant 3(a+b+c)^2.\end{aligned}$$

(法二)由柯西不等式知

$$\begin{aligned}(a^2+2)(b^2+2)(c^2+2) &= ((a+b)^2+a^2+b^2+3+(ab-1)^2)(c^2+2)\\ &\geqslant ((a+b)^2+a^2+b^2+3)(c^2+2)\\ &= \frac{1}{3}((a+b)^2+a^2+b^2+3)(2^2+1+1+3c^2)\\ &\geqslant \frac{1}{3}(2(a+b)+a+b+3c)^2\\ &= 3(a+b+c)^2.\end{aligned}$$

(法三)原式中变量的最高次数均为2,不妨以 a 为主元,将其整理为

$$\begin{aligned}f(a) = &((b^2+2)(c^2+2)-3)a^2-6(b+c)a\\ &+(2(b^2+2)(c^2+2)-3(b+c)^2) \geqslant 0,\end{aligned}$$

其二次项系数 $(b^2+2)(c^2+2)-3>0$,且判别式

$$\begin{aligned}\Delta &= 36(b+c)^2-4((b^2+2)(c^2+2)-3)(2(b^2+2)(c^2+2)-3(b+c)^2)\\ &= 36(b+c)^2-4((bc-1)^2+2b^2+2c^2+2bc)(2(bc-1)^2+(b-c)^2+6)\\ &\leqslant 36(b+c)^2-24(2b^2+2c^2+2bc)\\ &= -12(b-c)^2 \leqslant 0,\end{aligned}$$

结合二次函数图像知原不等式成立.

(法四)将原不等式左端展开,减去右端后即证

$$a^2b^2c^2+2(a^2b^2+b^2c^2+c^2a^2)+a^2+b^2+c^2+8\geqslant 6(ab+bc+ca),$$

由 $2(a^2b^2+b^2c^2+c^2a^2)+6=2\sum(a^2b^2+1)\geqslant 4\sum ab$ 知，只需证

$$a^2+b^2+c^2+a^2b^2c^2+2\geqslant 2(ab+bc+ca),$$

由 $a^2b^2c^2+2=a^2b^2c^2+1+1\geqslant 3\sqrt[3]{a^2b^2c^2}$ 知，只需证

$$a^2+b^2+c^2+3\sqrt[3]{a^2b^2c^2}\geqslant 2(ab+bc+ca),$$

这是 Schur 不等式的变式，得证.

这样的加强，以及加强之后的种种证明（其中一些还相当简捷）恐怕是命题人所始料未及的. 该加强形式还可直接用配方法进行证明，不过较繁，有兴趣的读者不妨一试. 下面给出该加强的一个推广形式作为这 4 种方法的练习.

证明：对任意正实数 a、b、c 及正整数 $k(k\geqslant 2)$，均有

$$(a^2+k)(b^2+k)(c^2+k)\geqslant (k+1)(a+b+c+k-2)^2.$$

3. 试题的拓展

值得一提的是，文[3]中安振平先生的第 11 个优美不等式与原赛题颇有几番相似：

设 x、y、$z\in\mathbf{R}^+$，求证：$(x^2+2y)(y^2+2z)(z^2+2x)\geqslant 9xyz(x+y+z)$.

分析 该不等式等价于 $\left(\frac{x^2}{y}+2\right)\left(\frac{y^2}{z}+2\right)\left(\frac{z^2}{x}+2\right)\geqslant 9(x+y+z)$. 因为

$$\left(\frac{x^2}{y}+2\right)\left(\frac{y^2}{z}+2\right)\left(\frac{z^2}{x}+2\right)\geqslant 3\left(\frac{x}{\sqrt{y}}+\frac{y}{\sqrt{z}}+\frac{z}{\sqrt{x}}\right)^2,$$

故只需证明

$$3\left(\frac{x}{\sqrt{y}}+\frac{y}{\sqrt{z}}+\frac{z}{\sqrt{x}}\right)^2\geqslant 9(x+y+z),$$

也即是

$$\frac{x}{\sqrt{y}}+\frac{y}{\sqrt{z}}+\frac{z}{\sqrt{x}}\geqslant\sqrt{3(x+y+z)}. \qquad ③$$

式③该如何证明呢？这里还要提及文[3]中的第 16 个优美不等式：设 a、b、$c\in\mathbf{R}^+$，则

$$\frac{a^2}{b}+\frac{b^2}{c}+\frac{c^2}{a}\geqslant\sqrt{3(a^2+b^2+c^2)}.$$

若该不等式得证，则令 $a=\sqrt{x}$，$b=\sqrt{y}$，$c=\sqrt{z}$，即得式③.

下面给出第 16 个优美不等式的柯西不等式证法.

证明 由柯西不等式知

$$\frac{a^2}{b}+\frac{b^2}{c}+\frac{c^2}{a}=\frac{a^4}{a^2b}+\frac{b^4}{b^2c}+\frac{c^4}{c^2a}\geqslant\frac{(a^2+b^2+c^2)^2}{a^2b+b^2c+c^2a},$$

又由柯西不等式知

$$a^2b+b^2c+c^2a=a\cdot ab+b\cdot bc+c\cdot ca$$

$$\leqslant \sqrt{(a^2+b^2+c^2)(a^2b^2+b^2c^2+c^2a^2)},$$

又由$(a^2+b^2+c^2)^2 \geqslant 3(a^2b^2+b^2c^2+c^2a^2)$知

$$a^2b+b^2c+c^2a \leqslant \frac{1}{\sqrt{3}}(a^2+b^2+c^2)^{\frac{3}{2}},$$

故有

$$\frac{a^2}{b}+\frac{b^2}{c}+\frac{c^2}{a} \geqslant \frac{(a^2+b^2+c^2)^2}{a^2b+b^2c+c^2a} \geqslant \sqrt{3(a^2+b^2+c^2)}.$$

最后需要指出的是，原赛题及其加强的各种形式的推广已有不少研究，有兴趣的读者可参考文献[4]～[10]，这里不再赘述.

参考文献

[1]熊斌，冯志刚. 数学竞赛之窗[J]. 数学通讯，2004，11.

[2]蔡玉书. 重要不等式[M]. 合肥：中国科学技术大学出版社，2011.

[3]安振平. 二十六个优美不等式[J]. 中学数学教学参考(上旬)，2010，1-2.

[4]欧亚召. 一道亚太数学奥林匹克试题的加强及推广[J]. 中学数学研究，2012，1.

[5]谭震. 构造二次函数巧证一道国际竞赛题[J]. 数学通讯(上半月)，2009，1-2.

[6]谭震. 一个四元不等式猜想的构造证明[J]. 中学生数学(高中)，2011，8.

[7]张凤霞，谷焕春. 一道亚太数学奥赛题的推广[J]. 数学通讯，2005，11.

[8]谭志中. 两个不等式的统一推广与应用[J]. 数学通讯，2007，19.

[9]宋庆. 一道亚太地区赛题的加强与推广之简证[J]. 数学通讯，2008，11.

[10]杜旭安. 一道竞赛题的加强与推广[J]. 数学通讯，2008，5.

龚　固　杨春波
郑州外国语学校

一道女子数学奥林匹克题的另解

题目 如图 1,在$\triangle ABC$中,$AB=AC$,D是边BC的中点,E是$\triangle ABC$外一点,满足$CE\perp AB$,$BE=BD$.过BE的中点作$MF\perp BE$交$\triangle ABD$的外接圆的劣弧$\overparen{AD}$于一点F.求证:$ED\perp DF$.[1]

(2010 年第 9 届女子数学奥林匹克)

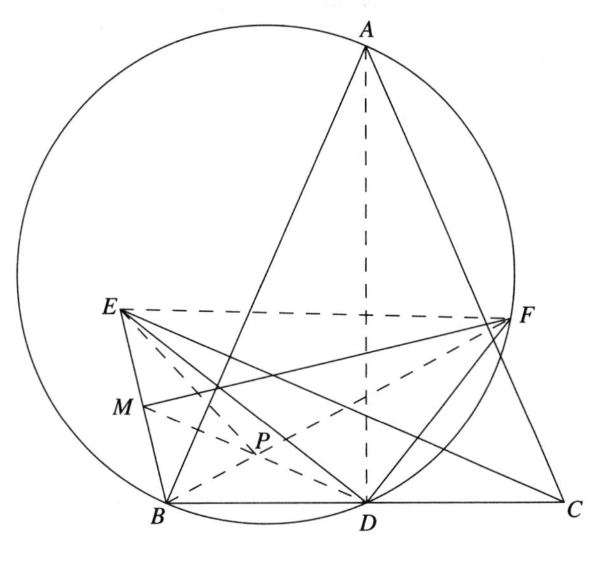

图 1

证明 联结AD、EF、BF、MD,设MD交BF于P,联结EP.

显然有$AD\perp BC$,$MD/\!/CE$,$MD=\dfrac{1}{2}CE$.

因为

$$\angle BFD=\angle BAD=90^\circ-\angle ABC=\angle BCE=\angle BDM=\angle BDP,$$
$$\angle PBD=\angle DBF,$$

所以

$$\triangle BPD\backsim\triangle BDF\Rightarrow\frac{BD}{BP}=\frac{BF}{BD}.$$

又因为

$$BD=BE,\quad \frac{BE}{BP}=\frac{BF}{BE},\quad \angle EBP=\angle FBE,$$

所以$\triangle BEP\backsim\triangle BFE$.

而 $EM=MB$，$MF\perp BE$，故 $BF=EF$，$BE=EP$.

因为

$$CD=BD=BE=EP,\quad PD\parallel CE,\quad PD<MD<CE,$$

所以四边形 $EPDC$ 是等腰梯形. 于是，

$$\begin{aligned}2\angle DEC &= \angle DEC+(\angle BDE-\angle BCE)=\angle DEC+\angle BED-\angle DCE\\ &= \angle BEC-\angle PEC=\angle BEP=\angle EFB.\end{aligned}$$

$$\Rightarrow \angle MDE=\angle DEC=\angle EFB=\angle MFE,$$

故 E、M、D、F 共圆，$\angle EDF=\angle EMF=90^\circ$，证毕.

参考文献

[1] 2011 年 IMO 中国国家集训队教练组. 走向 IMO：数学奥林匹克试题集锦[M]. 上海：华东师范大学出版社，2011.

武夷山
华南师范大学附中高三(1)班

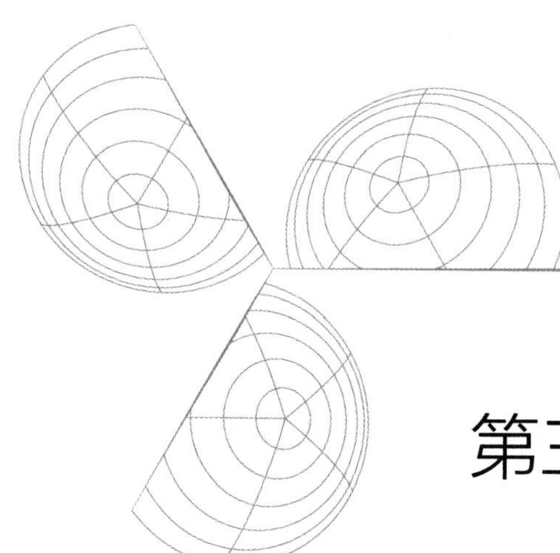

第三篇　试题汇编

2015年第三届“学数学”数学奥林匹克邀请赛（春季赛）

2015年上海市高中数学竞赛

第56届国际数学奥林匹克中国国家队选拔考试

第7届罗马尼亚大师杯数学竞赛（2015）

2015年欧洲女子数学奥林匹克

2015年亚太地区数学奥林匹克

2015年加拿大数学奥林匹克

2015年第三届"学数学"数学奥林匹克邀请赛（春季赛）

2015 年 4 月 12 日 8:00—12:00

1. 已知数列$\{a_n\}$满足 $a_0=3, a_1=9, a_n=4a_{n-1}-3a_{n-2}-4n+2\ (n\geqslant 2)$. 试求出所有的非负整数 n，使得 a_n 能被 9 整除. （吴伟朝 供题）

2. 对正整数 n，用 $\varphi(n)$表示不超过 n 且与n 互素的正整数的个数，$f(n)$表示大于 n 且与 n 不互素的最小正整数. 若 $f(n)=m$ 且 $\varphi(m)=n$，则称正整数对(n, m)为"友好对".

试求所有"友好对". （刘凯峰 供题）

3. 已知$\triangle ABC$ 的外心为O，外接圆为圆 Γ，射线 AO、BO、CO 分别与圆Γ 交于点D、E、F，X 为$\triangle ABC$ 内一点，射线 AX、BX、CX 分别与圆 Γ 交于点 A_1、B_1、C_1，射线 DX、EX、FX 分别与圆Γ 交于点D_1、E_1、F_1.

证明：三条直线 A_1D_1、B_1E_1、C_1F_1 共点. （李建泉 供题）

4. 某次运动会有来自 5 个城市的运动员参加比赛，每个城市都派出若干名运动员参加一共 49 个项目的比赛，每人只参加一个项目. 对其中任何一个城市代表队，每个项目都至少有一人参加比赛.

证明：可以从中找到 9 个同性别的运动员，他（她）们分别来自 3 个不同的城市，参加 3 个不同项目的比赛. （冯跃峰 供题）

5. 某国有 n 个城市，任意两个城市之间或者有一条直通道路，或者没有直通道路. 如果这 n 个城市中的任意一个城市均可通过它们之间的直通道路通往另外任一城市，则称这些道路构成一个"连通网". 设 n 个城市可构成的有奇数条道路的连通网的个数为$g_1(n)$，有偶数条道路的连通网的个数为 $g_0(n)$. 例如，当 $n=3$ 时，可构成的连通网共有如图 1 所示的 4 个，故 $g_1(3)=1, g_0(3)=3$.

证明：$|g_1(n)-g_0(n)|=(n-1)!$. （林 常 供题）

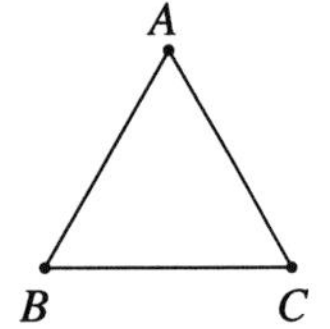

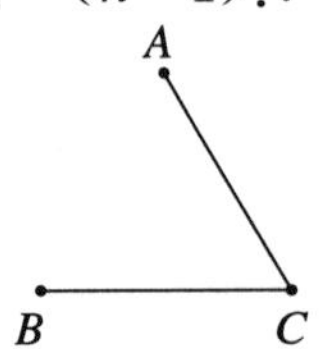

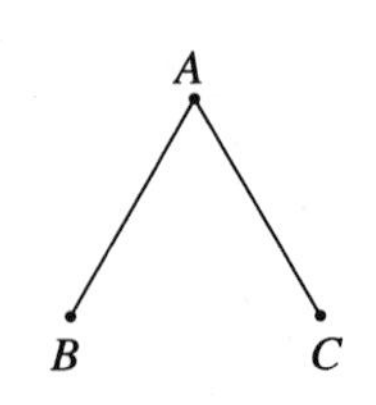

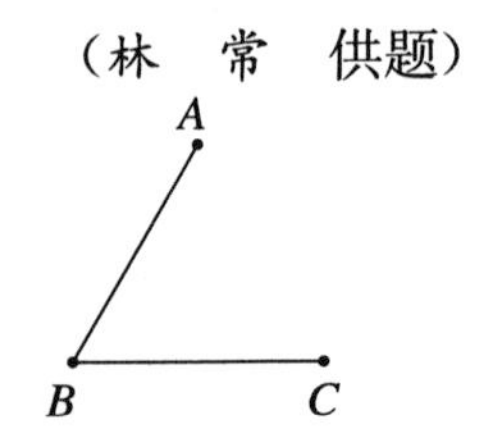

图 1

6.证明:(1) 存在无穷多个有理数$\frac{q}{p}$(p、$q\in\mathbf{Z}$,$p>0$,$(p,q)=1$),使得

$$\left|\frac{q}{p}-\frac{\sqrt{5}-1}{2}\right|<\frac{1}{p^2};$$

(2) 对任意有理数$\frac{q}{p}$(p、$q\in\mathbf{Z}$,$p>0$,$(p,q)=1$),均有

$$\left|\frac{q}{p}-\frac{\sqrt{5}-1}{2}\right|>\frac{1}{\sqrt{5}+1}\cdot\frac{1}{p^2}.$$

(纪春岗　供题)

参考答案

1.易得 $a_2=21$. 令 $b_n=a_n-a_{n-1}$($n\geqslant 1$),则 $b_1=6$,$b_2=12$,并且

$$b_n=3b_{n-1}-4n+2\ (n\geqslant 2).$$

设

$$b_n-\alpha n-\beta=3(b_{n-1}-\alpha(n-1)-\beta),\qquad ①$$

其中,α、β 是待定常数. 整理得

$$b_n=3b_{n-1}-2\alpha n+3\alpha-2\beta.\qquad ②$$

比较系数,得 $-2\alpha=-4$,$3\alpha-2\beta=2$,解得 $\alpha=\beta=2$,即

$$b_n-2n-2=3(b_{n-1}-2(n-1)-2).$$

于是,数列$\{b_n-2n-2\}$是以 $b_1-4=2$ 为首项、3 为公比的等比数列,则

$$b_n-2n-2=2\times 3^{n-1},$$

即

$$b_n=2(3^{n-1}+n+1).$$

于是,当 $n\geqslant 1$ 时,

$$\begin{aligned}a_n&=a_0+\sum_{i=1}^{n}(a_i-a_{i-1})=a_0+\sum_{i=1}^{n}b_i\\&=3+2\sum_{i=1}^{n}(3^{i-1}+i+1)\\&=3+2\times\frac{3^n-1}{3-1}+n(n+1)+2n\\&=3^n+n^2+3n+2.\end{aligned}$$

显然,$a_0=3$ 也符合上式,故 $a_n=3^n+n^2+3n+2\ (n\geqslant 0)$.

显然,$9\nmid a_0$,$9\mid a_1$. 当 $n\geqslant 2$ 时,$9\mid 3^n$,故 $9\mid a_n$ 等价于 $9\mid n^2+3n+2$. 经检验可知,当且仅当 $n\equiv 7$ 或 $8\pmod 9$时,$9\mid n^2+3n+2$.

综上所述，所有使得 a_n 被 9 整除的非负整数 n 为 $1,9k+7,9k+8\ (k=0,1,\cdots)$.

2. 设 n 的最小素因子为 p，则 $f(n)=n+p$，所以 $n+p=m$，所以 $\varphi(m)=\varphi(n+p)=n$.

设 $n+p=pa$，则 $p,2p,\cdots,ap$ 与 $n+p$ 不互素，所以 $n=\varphi(n+p)\leqslant n+p-a$，所以 $a\leqslant p\Rightarrow n+p=pa\leqslant p^2\Rightarrow n\leqslant p(p-1)$.

于是 n 为 $p,2p,\cdots,(p-1)p$ 中的数之一，即 $n=kp(1\leqslant k\leqslant p-1)$. 若 $k>1$，则 k 的最小素因子小于 p，这与 p 为 n 的最小素因子矛盾，所以 $n=p$，此时 $\varphi(m)=\varphi(2p)=p$. 若 p 为奇数，则 $\varphi(2p)=p-1$，与 $\varphi(2p)=p$ 矛盾. 所以 $p=2$，故 $n=2,m=4$.

3. (法一)设 OX 与直线 A_1D_1 交于点 K，圆 Γ 的圆心为 O，半径为 R. 下面证明

$$\frac{XK}{OK}=\frac{R^2-OX^2}{2R^2}.$$

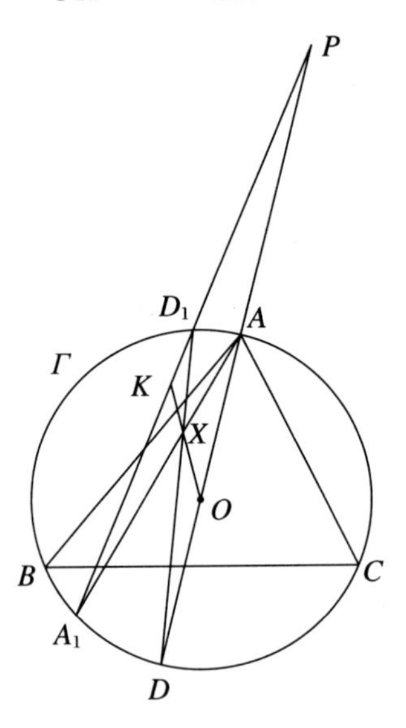

图 2

(1) 如图 2，若直线 A_1D_1 与 AD 相交，设其交点为 P. 对$\triangle AOX$ 和截线 A_1KP 应用梅涅劳斯定理，得

$$\frac{XK}{KO}\cdot\frac{OP}{PA}\cdot\frac{AA_1}{A_1X}=1,$$

于是有

$$\frac{XK}{OK}\cdot\frac{AA_1}{A_1X}=\frac{PA}{OP}. \quad ①$$

对$\triangle DOX$ 和截线 KD_1P 应用梅涅劳斯定理，得

$$\frac{XK}{KO}\cdot\frac{OP}{PD}\cdot\frac{DD_1}{D_1X}=1,$$

于是有

$$\frac{XK}{OK}\cdot\frac{DD_1}{D_1X}=\frac{PD}{OP}. \qquad ②$$

①+②得，

$$\frac{XK}{OK}\left(\frac{AA_1}{A_1X}+\frac{DD_1}{D_1X}\right)=\frac{PA}{OP}+\frac{PD}{OP}. \qquad ③$$

因为 O 是 AD 的中点，所以 $\frac{PA}{OP}+\frac{PD}{OP}=\frac{2OP}{OP}=2$. 由中线长公式可知

$$AX^2+DX^2=2(AO^2+OX^2)=2(R^2+OX^2),$$

于是有

$$\begin{aligned}\frac{AA_1}{A_1X}+\frac{DD_1}{D_1X}&=1+\frac{AX}{A_1X}+1+\frac{DX}{D_1X}=2+\frac{AX^2}{A_1X\cdot AX}+\frac{DX^2}{D_1X\cdot DX}\\&=2+\frac{AX^2}{R^2-OX^2}+\frac{DX^2}{R^2-OX^2}=2+\frac{2(R^2+OX^2)}{R^2-OX^2}\\&=\frac{4R^2}{R^2-OX^2}.\end{aligned}$$

代入式③，得

$$\frac{XK}{OK}\cdot\frac{4R^2}{R^2-OX^2}=2,$$

于是有

$$\frac{XK}{OK}=\frac{R^2-OX^2}{2R^2}.$$

(2) 若 $A_1D_1 /\!/ AD$，则四边形 ADA_1D_1 是等腰梯形，直线 OXK 为等腰梯形 ADA_1D_1 的对称轴. 因为 $\angle XOA=\angle AA_1D=90^\circ$，所以 O、X、A_1、D 四点共圆，于是有

$$AA_1\cdot AX=AO\cdot AD=R\cdot 2R=2R^2.$$

又因为 $\triangle ADX\backsim\triangle A_1D_1X$，所以

$$\frac{XK}{OK}=\frac{A_1X}{AA_1}=\frac{A_1X\cdot AX}{AA_1\cdot AX}=\frac{R^2-OX}{2R^2}.$$

综上可知，$\frac{XK}{OK}=\frac{R^2-OX^2}{2R^2}$.

设 OX 与直线 B_1E_1、C_1F_1 分别交于点 K'、K''，同理可得

$$\frac{XK'}{OK'}=\frac{XK''}{OK''}=\frac{R^2-OX^2}{2R^2},$$

于是有 $K=K'=K''$，这表明，三条直线 A_1D_1、B_1E_1、C_1F_1 交于一点 K.

注 事实上，对圆 Γ 内的任意一点 O，本题的结论都成立. 以下的证明都不需要用到“点 O 是 $\triangle ABC$ 的外心”这一条件.

(法二)如图 3，由三弦共点定理的逆定理可知，只需证明

$$\frac{B_1D_1}{D_1C_1}\cdot\frac{C_1E_1}{E_1A_1}\cdot\frac{A_1F_1}{F_1B_1}=1. \qquad ④$$

由$\triangle B_1D_1X \backsim \triangle BDX$，知

$$\frac{B_1D_1}{BD}=\frac{D_1X}{BX}. \qquad ⑤$$

由$\triangle C_1D_1X \backsim \triangle CDX$，知

$$\frac{C_1D_1}{CD}=\frac{D_1X}{CX}. \qquad ⑥$$

⑤÷⑥，得

$$\frac{B_1D_1}{D_1C_1}=\frac{CX}{BX}\cdot\frac{BD}{CD}.$$

同理，可得

$$\frac{C_1E_1}{E_1A_1}=\frac{AX}{CX}\cdot\frac{CE}{AE},$$

$$\frac{A_1F_1}{F_1B_1}=\frac{BX}{AX}\cdot\frac{AF}{BF}.$$

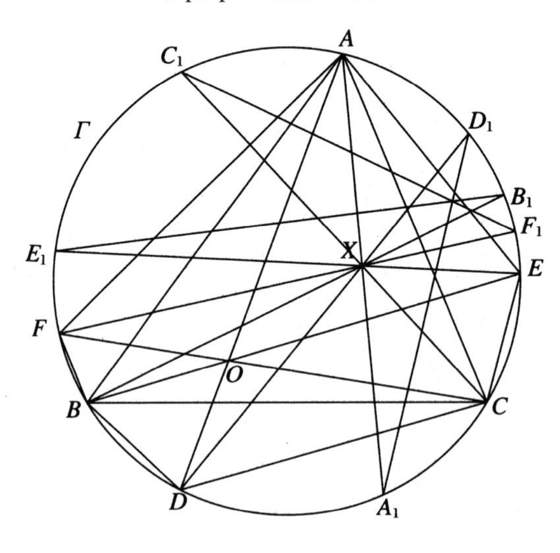

图 3

由 AD、BE、CF 共点于O，得

$$\frac{BD}{DC}\cdot\frac{CE}{EA}\cdot\frac{AF}{FB}=1.$$

从而

$$\frac{B_1D_1}{D_1C_1}\cdot\frac{C_1E_1}{E_1A_1}\cdot\frac{A_1F_1}{F_1B_1}=\frac{CX}{BX}\cdot\frac{AX}{CX}\cdot\frac{BX}{AX}\cdot\frac{BD}{CD}\cdot\frac{CE}{AE}\cdot\frac{AF}{BF}=1,$$

即式④成立．因此，三条直线 A_1D_1、B_1E_1、C_1F_1 共点．

（法三）（根据陕西省西安铁一中杨子博同学等的解答整理而成）如图 4，设点 X 对圆Γ的幂为p．以 X 为反演中心、p 为反演幂进行反演变换，则在该变换下，直线 A_1D_1、B_1E_1、

C_1F_1的像分别为$\triangle ADX$的外接圆ω_1、$\triangle BEX$的外接圆ω_2、$\triangle CFX$的外接圆ω_3. 由反演变换的性质可知,只需证明圆ω_1、ω_2、ω_3共点.

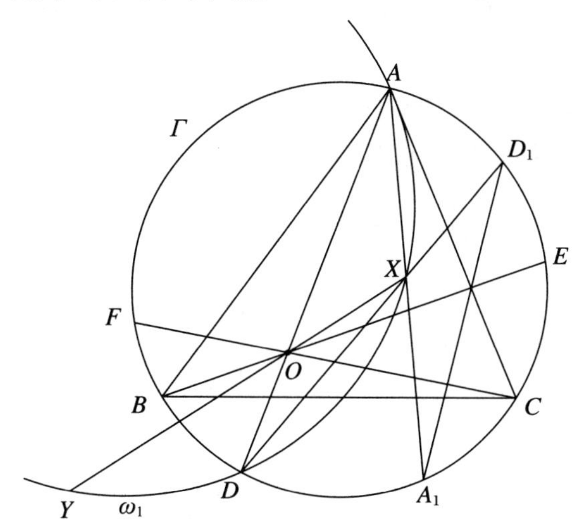

图 4

设圆ω_1与直线OX的另一个交点为Y,则

$$OX \cdot OY = OA \cdot OD = DB \cdot OE = OC \cdot OF,$$

即B、X、E、Y和C、X、F、Y分别四点共圆,亦即点Y在ω_2、ω_3上,从而三个圆ω_1、ω_2、ω_3共点于Y,结论得证.

(法四)(根据安徽省合肥一中张淞源同学等的解答整理而成) 设$B_1E_1 \cap A_1D_1 = S$, $C_1F_1 \cap A_1D_1 = T$. 如图 5,联结A_1E、B_1D,并记$A_1E \cap B_1D = V$.

在圆内接六边形AEB_1A_1DB中,$AD \cap BE = O$,$A_1E \cap B_1D = V$,$AA_1 \cap BB_1 = X$,由帕斯卡定理可知,O、X、V三点共线.

在圆内接六边形$ED_1B_1A_1E_1D$中,$DD_1 \cap EE_1 = X$,$A_1E \cap B_1D = V$,$A_1D_1 \cap B_1E_1 = S$,由帕斯卡定理可知,X、V、S三点共线.

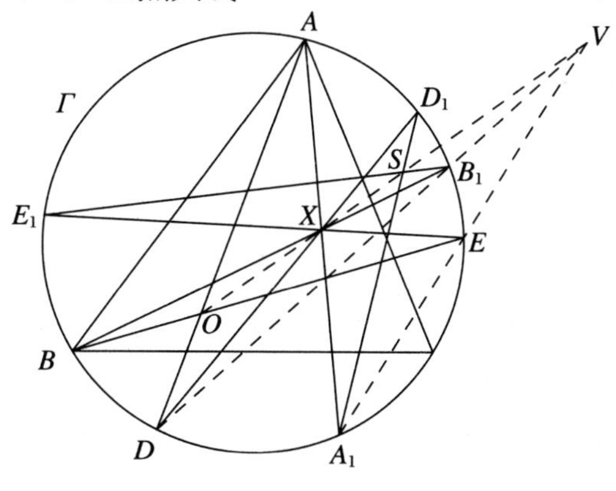

图 5

于是，O、X、V、S四点共线，从而点S在直线OX上．同理，点T也在直线OX上．这表明，S和T都是直线OX与A_1D_1的交点，即S与T重合，亦即三条直线A_1D_1、B_1E_1、C_1F_1共点于S．

（法五）（由陕西省西安铁一中杨运新老师提供）我们证明直线A_1D_1与OX的交点Y只依赖于圆Γ和点O、X．如图6，设直线OX与圆Γ的交点为P、Q，对PQ之外的任意一点R，定义正实数$r=\dfrac{PR}{RQ}$，如$x=\dfrac{PX}{XQ}$、$y=\dfrac{PY}{YQ}$等．

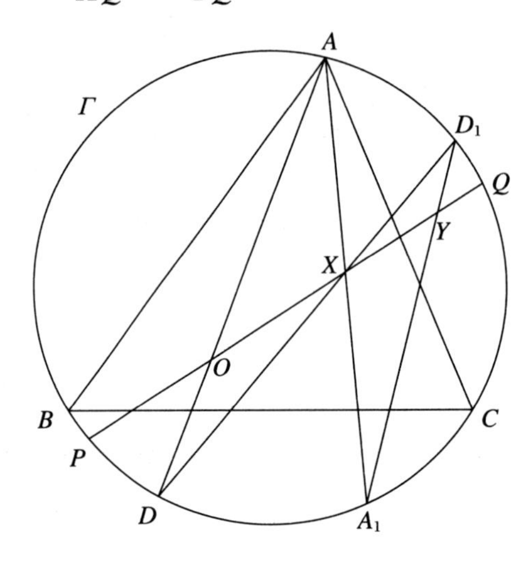

图6

在圆内接四边形$APDQ$中，利用面积公式易证

$$\frac{PO}{OQ}=\frac{PA\cdot AD}{AQ\cdot DQ},$$

即$o=a\cdot d$．

类似地，AA_1与PQ交于点X，有$x=a\cdot a_1$，DD_1与PQ交于点X，有$x=d\cdot d_1$，而A_1D_1与PQ交于点Y，有$y=a_1\cdot d_1$．于是，

$$y=a_1\cdot d_1=\frac{(a\cdot a_1)\cdot(d\cdot d_1)}{a\cdot d}=\frac{x\cdot x}{o}=\frac{x^2}{o},$$

即

$$\frac{PY}{YQ}=\frac{\left(\dfrac{PX}{XQ}\right)^2}{\dfrac{PO}{OQ}}.$$

这表明，点Y的位置只与O、X、P、Q有关．

从而，直线B_1E_1、C_1F_1也都过点Y，即A_1D_1、B_1E_1、C_1F_1共点．

4．设5个城市的代号分别为A_1、A_2、A_3、A_4、A_5，49个项目的代号分别为B_1，B_2，…，

B_{49}. 对每一个城市 $A_i(1 \leqslant i \leqslant 5)$，在每一个项目中各取出一名运动员作为代表(若有多名运动员参加同一项目则任取其中一名)，这样共取出了245名运动员.

作一个 5×49 的方格棋盘，用其第 i 行第 j 列的格 a_{ij} 表示第 i 个城市参加第 j 个项目比赛的运动员代表.

现将棋盘的每个方格都染红、蓝二色之一，其中红色代表男性运动员，蓝色代表女性运动员，则问题转化为：存在3行3列，它们交成的9个方格同色.

考察第1行的方格，将49个格归入2种颜色，由抽屉原理，必有其中25个格同色，不妨设是前25个格同色.

考察第2行的前25个方格，将这25个格归入2种颜色，由抽屉原理，必有其中13个格同色，不妨设是前13个格同色.

考察第3行的前13个方格，将这13个格归入2种颜色，由抽屉原理，必有其中7个格同色，不妨设是前7个格同色.

考察整个棋盘的前3行，其中每一行的前7格都是同一种颜色，将这3行归入2种颜色，由抽屉原理，必有其中2行同色，不妨设这2行为第1、2行，它们的前7个方格都是红色.

考察第4行的前7个方格，如果其中有3个红色方格，不妨设为前3格，则第1、2、4行的前3个方格组成的9个格都是红色，结论成立. 下设第4行的前7个方格至多有2个红色方格，则至少有5个蓝色方格，不妨设是前5个格.

考察第5行的前5个方格，将这5个格归入2种颜色，由抽屉原理，必有其中3个格同色，不妨设是前3个格同色.

现在，考察整个棋盘的前3列，其中每一行的前3格都是同一种颜色，将这5行归入2种颜色，由抽屉原理，必有其中3行同色，这3行的前3个方格共9个格同色，命题获证.

注　事实上，本题的项目数可改进为41个.

5. 记 F_n 是 n 个城市 $A_1, A_2, \cdots, A_n$ 的所有连通网的集合. 显然，$g_1(1)=0, g_0(1)=1, g_1(2)=1, g_0(2)=0$. 以下用数学归纳法证明：$g_1(n)-g_0(n)=(-1)^n(n-1)!$.

显然，当 $n=1$、2时，结论成立. 当 $n>2$ 时，假设结论对不大于 $n-1$ 的正整数都成立. 考察任意一个连通网 $G\in F_n$，顶点 A_n 有两种情形.

情形1　A_n 只有一个邻点 A_i(不同的 G 中的 A_i 可以不同). 此时 $H=G\setminus\{A_n\}\in F_{n-1}$，而 F_{n-1} 中的每个连通网 H 可产生 $n-1$ 个 G，且 G 的边数比 H 的边数多1. 由归纳假设，这种 G 给出的代数和等于

$$\begin{aligned}(n-1)\cdot(g_0(n-1)-g_1(n-1)) &= -(n-1)\cdot(-1)^{n-1}(n-2)! \\ &= (-1)^n(n-1)!.\end{aligned}$$

情形2　A_n 至少有两个邻点 A_i、$A_j(i\neq j)$. 若有多个邻点，取序号最小的两个，则每

个 G 对应于唯一的(i,j). 此种 G 无论含或不含边 A_iA_j 都是连通的,故 F_n 中所有这样的 G 可根据是否包含边 A_iA_j 配对,每对的两个 G 除 A_iA_j 外其他边全同,边数相差 1,在代数和中抵消,从而所有这样的 G 给出的代数和等于 0.

两种情形相加即得结论.

6. (1)(法一)我们证明:对任意 $\varepsilon > 0$,存在 p、$q\in\mathbf{Z}$,$p > 0$,使得

$$\left|q-\frac{\sqrt{5}-1}{2}p\right| < \min\left\{\frac{1}{p},\varepsilon\right\}.$$

取 $n=\left[\frac{1}{\varepsilon}\right]$,考虑 $n+1$ 个数$\left\{\frac{\sqrt{5}-1}{2},\right\}$,$\left\{\frac{\sqrt{5}-1}{2}\times 2\right\}$,…,$\left\{\frac{\sqrt{5}-1}{2}\times(n+1)\right\}$,根据抽屉原理,知存在 i_1、i_2($1\leqslant i_1\leqslant i_2\leqslant n+1$),使得

$$\left|\left\{\frac{\sqrt{5}-1}{2}i_1\right\}-\left\{\frac{\sqrt{5}-1}{2}i_2\right\}\right| < \frac{1}{n},$$

即

$$\left|\left[\frac{\sqrt{5}-1}{2}i_2\right]-\left[\frac{\sqrt{5}-1}{2}i_1\right]-\frac{\sqrt{5}-1}{2}(i_2-i_1)\right| < \frac{1}{n}.$$

取 $p=i_2-i_1$,$q=\left[\frac{\sqrt{5}-1}{2}i_2\right]-\left[\frac{\sqrt{5}-1}{2}i_1\right]$,则 $0 < p\leqslant n$,且$\left[q-\frac{\sqrt{5}-1}{2}p\right]<\frac{1}{n}$. 由于$\frac{1}{n}<\varepsilon$,且$\frac{1}{n}\leqslant\frac{1}{p}$,故

$$\left|q-\frac{\sqrt{5}-1}{2}p\right| < \min\left\{\frac{1}{p},\varepsilon\right\}.$$

任取 $\varepsilon_1 > 0$,由前述结论可知,存在 p_1、$q_1\in\mathbf{Z}$,$p_1 > 0$,$(p_1,q_1)=1$,使得

$$\left|q_1-\frac{\sqrt{5}-1}{2}p_1\right| < \frac{1}{p_1},$$

即

$$\left|\frac{q_1}{p_1}-\frac{\sqrt{5}-1}{2}\right| < \frac{1}{p_1^2}.$$

取 $\varepsilon_2 > 0$,使得 $\varepsilon_2 < \left|q_1-\frac{\sqrt{5}-1}{2}p_1\right|$,则存在 q_2、$p_2\in\mathbf{Z}$,$q_2 > 0$,$(p_2,p_2)=1$,使得

$$\left|q_2-\frac{\sqrt{5}-1}{2}p_2\right| < \min\left\{\frac{1}{p_2},\varepsilon_2\right\} < \left|q_1-\frac{\sqrt{5}-1}{2}p_1\right|,$$

故$\frac{q_2}{p_2}\neq\frac{q_1}{p_1}$(否则 $q_1=q_2$,$p_1=p_2$),且

$$\left|\frac{q}{p_2}-\frac{\sqrt{5}-1}{2}\right| < \frac{1}{p_2^2}.$$

依此进行下去,可知存在无穷多个有理数$\frac{q}{p}$(p、$q\in\mathbf{Z}$,$p > 0$),使得

$$\left|\frac{q}{p}-\frac{\sqrt{5}-1}{2}\right|<\frac{1}{p^2}.$$

(法二)考虑方程

$$x^2-5y^2=4. \tag{①}$$

显然,$x=3$、$y=1$ 是方程①的一组解.

设 x_n、$y_n\in\mathbf{N}^*(n=1,2,\cdots)$,使得

$$x_n+y_n\sqrt{5}=(3+\sqrt{5})(9+4\sqrt{5})^n, \tag{②}$$

且

$$x_n-y_n\sqrt{5}=(3-\sqrt{5})(9-4\sqrt{5})^n, \tag{③}$$

②×③,得

$$x_n^2-5y_n^2=(x_n+y_n\sqrt{5})(x_n-y_n\sqrt{5})=4. \tag{④}$$

这表明,方程①有无穷多组正整数解$(x_n,y_n)(n=1,2,\cdots)$.

对任意正整数 n,由 $x_n^2-5y_n^2=4$,可知 $x_n>y_n$,且 x_n 与 y_n 奇偶性相同.由

$$\begin{aligned}x_{n+1}+y_{n+1}\sqrt{5}&=(3+\sqrt{5})(9+4\sqrt{5})^{n+1}\\&=(9+4\sqrt{5})(x_n+y_n\sqrt{5})\\&=(9x_n+20y_n)+(4x_n+9y_n)\sqrt{5},\end{aligned}$$

比较系数,得

$$\begin{cases}x_{n+1}=9x_n+20y_n,\\y_{n+1}=4x_n+9y_n.\end{cases}$$

由 $x_1=3$,$y_1=1$,结合数学归纳法易知 x_n、$y_n(n=1,2,\cdots)$均为奇数.

令 $p_n=y_n$,$q_n=\frac{x_n-y_n}{2}$,$n=1,2,\cdots$,则 p_n、$q_n\in\mathbf{N}^*$,代入式④,得

$$(2q_n+p_n)^2-5p_n^2=4\Rightarrow q_n^2+q_np_n-p_n^2=1$$

$$\Rightarrow\left(\frac{q_n}{p_n}\right)^2+\frac{q_n}{p_n}-1=\frac{1}{p_n^2}>0\Rightarrow\frac{q^n}{p_n}>\frac{\sqrt{5}-1}{2},$$

从而

$$\frac{1}{p_n^2}=\left(\frac{q_n}{p_n}-\frac{\sqrt{5}-1}{2}\right)\left(\frac{q_n}{p_n}+\frac{\sqrt{5}+1}{2}\right)>\frac{\sqrt{5}+2}{2}\left|\frac{q_n}{p_n}-\frac{\sqrt{5}-1}{2}\right|>\left|\frac{q_n}{p_n}-\frac{\sqrt{5}-1}{2}\right|.$$

下面说明$(p_n,q_n)=1(n=1,2,\cdots)$.记$(x_n,y_n)=d$,则 $d^2\mid x_n^2-5y^2$,即 $d^2\mid 4$.由 x_n、y_n 均为奇数,知 $2\nmid d$.故 $d=1$.于是

$$(p_n,q_n)\leqslant(p_n,2p_n)=(y_n,x_n-y_n)=(x_n,y_n)=1,$$

故$(p_n,q_n)=1(n=1,2,\cdots)$.

综上所述,存在满足要求的无穷多个有理数$\frac{q_n}{p_n}(n=1,2,\cdots)$.

(2)由

$$\left|\frac{q}{p}-\frac{\sqrt{5}-1}{2}\right|=\left|\frac{2q-\sqrt{5}p+p}{2p}\right|=\frac{|(2q+p)^2-5p^2|}{2p(2p+p+\sqrt{5}p)}>0,$$

知$(2q+p)^2-5p\neq 0$. 又$(2q+p)^2-5q^2=4p^2+4pq-4q^2\equiv 0(\bmod 4)$,故

$$|(2q+p^2)^2-5p^2|\geqslant 4,$$

即

$$\left|\frac{q}{p}-\frac{\sqrt{5}-1}{2}\right|\geqslant\frac{2}{p(2q+p+\sqrt{5}p)}. \quad ⑤$$

当$\frac{q}{p}<\frac{\sqrt{5}+1}{2}$时,由式⑤,得

$$\left|\frac{q}{p}-\frac{\sqrt{5}-1}{2}\right|\geqslant\frac{2}{\frac{2q}{p}+\sqrt{5}+1}\cdot\frac{1}{p^2}>\frac{1}{\sqrt{5}+1}\cdot\frac{1}{p^2}.$$

当$\frac{q}{p}\geqslant\frac{\sqrt{5}+1}{2}$,有

$$\left|\frac{q}{p}-\frac{\sqrt{5}-1}{2}\right|\geqslant 1>\frac{1}{\sqrt{5}+1}\cdot\frac{1}{p^2}.$$

综上所述,对任意有理数$\frac{q}{p}$(p、$q\in\mathbf{Z}$,$p>0$)均有

$$\left|\frac{q}{p}-\frac{\sqrt{5}-1}{2}\right|>\frac{1}{\sqrt{5}+1}\cdot\frac{1}{p^2}.$$

注 由第(1)问证法二可知,(1)的结论可加强为:存在无穷多个有理数$\frac{q}{p}$(p、$q\in\mathbf{Z}$,$p>0$,$(p,q)=1$),使得

$$\left|\frac{q}{p}-\frac{\sqrt{5}-1}{2}\right|>\frac{\sqrt{5}-1}{2}\cdot\frac{1}{p^2}.$$

李 潜 整理

2015年上海市高中数学竞赛

一、填空题(前4小题每小题7分,后4小题每小题8分,共60分)

1. 等差数列$\{a_n\}$中,对任意正整数n,都有$a_{n+1}+a_n=4n-58$,则$a_{2015}=$________.

2. 对整数$n\geqslant 3$,记$f(n)=\log_2 3\cdot\log_3 4\cdot\cdots\cdot\log_{n-1}n$,则$f(2^2)+f(2^3)+\cdots+f(2^{10})$ $=$________.

3. 有10个大小相同的小球,其中5个是红球,5个是白球.现将这10个球任意排成一排,并从左至右依次编号为1,2,…,10.则红球的编号数之和大于白球的编号数之和的排法共有________种.

4. 在直角坐标平面xOy上,圆O:$x^2+y^2=1$,圆O_1:$(x-3)^2+y^2=4$.过x轴的左半轴上一点M作圆O的切线,与圆O相切于点A,与圆O_1分别相交于点B、C,若$AB=BC$,则点M的坐标为________.

5. 已知$\cos\left(\theta+\dfrac{\pi}{4}\right)<3(\sin^5\theta-\cos^5\theta)$,$\theta\in[-\pi,\pi]$,则$\theta$的取值范围是________.

6. 投掷两次骰子,设第一次出现的点数为a,第二次出现的点数为b,则使得关于x的二次方程$x^2+ax+b=0$有两个小于-1的不相等实根的概率为________(用数字作答).

7. 已知集合

$$A=\{(x,y)\mid x=m,y=-3m+2,m\in\mathbf{N}^*\},$$
$$B=\{(x,y)\mid x=n,y=a(a^2-n+1),n\in\mathbf{N}^*\},$$

则使得$A\cap B\neq\varnothing$的整数a共有________个.

8. 若实数x、y满足$x-3\sqrt{x+1}=3\sqrt{y+2}-y$,则$x+y$的最大值为________.

二、解答题(共60分)

9. (14分)在直角坐标平面xOy上,已知点A、B在双曲线C:$2x^2+4x-y^2=0$上,且使得$\triangle OAB$是以O为直角顶点的等腰直角三角形,求所有这样的$\triangle OAB$的个数.

10. (14分)已知p为素数,n为正整数.非负整数$a_0,a_1,\cdots,a_n$均小于p,且满足

$$\begin{cases}a_0+a_1+a_2+\cdots+a_n=13,\\ a_0+a_1p+a_2p^2+\cdots+a_np^n=2015.\end{cases}$$

求素数p.

11. (16分)如图1,已知$\triangle ABC$的面积为1,过$\triangle ABC$内一点O分别引三条边的平行线DE、FG、HI,点D、E、F、G、H、I均在$\triangle ABC$的边上,求六边形$DGHEFI$的面积的最小值.

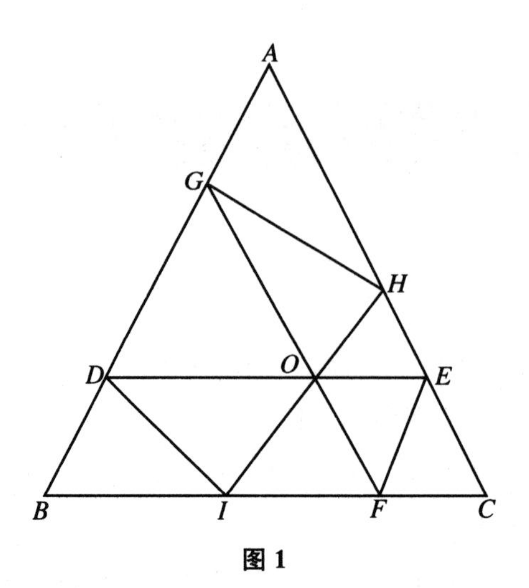

图 1

12.(16分)设 n 是正整数,数列 $A:a_1,a_2,\cdots,a_n$ 是由数 0 或 1 组成的数列,即 $a_k=0$ 或 $1(1\leqslant k\leqslant n)$.

(1) 若 $n\geqslant 3$,由数列 A 定义另一个数列 $A':a_1',a_2',\cdots,a_n'$,其中

$$a_k'=\begin{cases}0, & 若\ a_{k-1}=a_{k+1},\\ 1, & 若\ a_{k-1}\neq a_{k+1},\end{cases}\qquad k=1,2,\cdots,n.$$

这里 $a_0=a_n,a_{n+1}=a_1$.

求使得 $a_k+a_k'=1,k=1,2,\cdots,n$ 的所有数列 A(本小题只需写出结果,不需解题过程).

(2) 求使得 $a_1+a_2+\cdots+a_n$ 除以 4 余 3 的数列 A 的个数.

参考答案

一、填空题

1.4000.

设 $a_n=dn+a_0$,则 $a_{n+1}+a_n=2dn+2a_0+d=4n-58$ 恒成立.

于是 $d=2,a_0=-30$,故 $a_n=2n-30$,从而 $a_{2015}=2\times 2015-30=4000$.

2.54.

$f(n)=\dfrac{\ln 3}{\ln 2}\cdot\dfrac{\ln 4}{\ln 3}\cdot\cdots\cdot\dfrac{\ln n}{\ln(n-1)}=\dfrac{\ln n}{\ln 2}=\log_2 n$,所以 $f(2^k)=\log_2 2^k=k$.

于是 $f(2^2)+f(2^3)+\cdots+f(2^{10})=2+3+\cdots+10=54$.

3.126.

所有小球的编号数之和为 $1+2+\cdots+10=55$ 为奇数,故“任取 5 个小球的编号数之和”必与“剩余小球的编号数之和”不同,把编号数之和小的 5 个小球染成白球,剩余的染成红球,则得到一种满足条件的排法.故排法总数为 $\dfrac{1}{2}C_{10}^5=126$ 种.

4. $(-4,0)$.

如图2,设 $M(m,0)$, $m<0$.

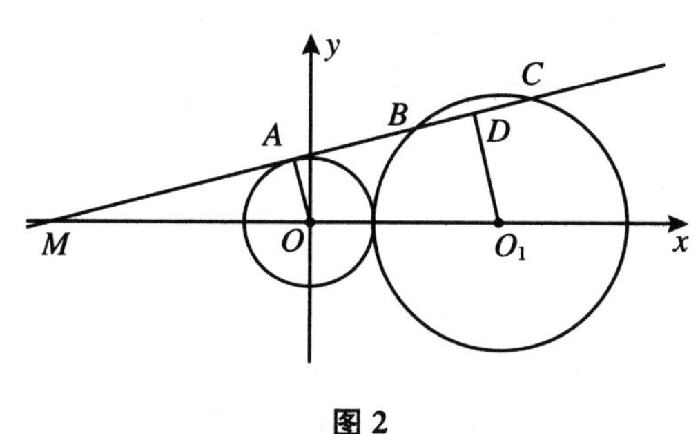

图2

设 D 为 BC 中点,联结 OA、O_1D. 则 $OA\parallel O_1D$,所以$\frac{|OA|}{|O_1D|}=\frac{|MO|}{|MO_1|}$,故$|O_1D|=1-\frac{3}{m}$.

在直角梯形 $OADO_1$ 中,$|AD|=\sqrt{3^2-\left(1-\frac{3}{m}-1\right)^2}=3|BD|=3\sqrt{4-\left(1-\frac{3}{m}\right)^2}$.

整理得 $m^2+3m-4=0$,而 $m<0$,所以 $m=-4$,即 M 的坐标为$(-4,0)$.

5. $\left[-\pi,-\frac{3\pi}{4}\right)\cup\left(\frac{\pi}{4},\pi\right]$.

原不等式等价于

$$\cos\theta-\sin\theta<3\sqrt{2}(\sin^5\theta-\cos^5\theta)\ (-\pi\leqslant\theta\leqslant\pi).$$

注意到 $\sin\theta>\cos\theta\Leftrightarrow\sin^5\theta>\cos^5\theta$,于是当且仅当 $\sin\theta>\cos\theta$ 时原不等式成立.

于是 $-\pi\leqslant\theta<-\frac{3\pi}{4}$或$\frac{\pi}{4}<\theta\leqslant\pi$.

6. $\frac{1}{12}$.

有序实数对(a,b)共36种情况.

而方程 $x^2+ax+b=0$ 两根不等且小于-1,所以

$$\begin{cases}a^2-4b>0,\\ \dfrac{-a+\sqrt{a^2-4b}}{2}<-1.\end{cases}$$

整理得 $a-1<b<\frac{a^2}{4}$.

于是(a,b)的所有可能情况有:$(5,5)$、$(5,6)$、$(6,6)$. 故所求概率为$\frac{3}{36}=\frac{1}{12}$.

7. 10.

集合 A、B 均为点集,$A\cap B\neq\varnothing$表示关于 x 的方程 $-3x+2=a(a^2-x+1)$有正整数解.

整理得$(a-3)x=a^3+a-2$. 当 $a=3$ 时方程无解,当 $a\neq3$ 时,令 $b=a-3\in\mathbf{Z}$,则

$$x = b^2 + 9b + 28 + \frac{28}{b}.$$

由于 $x \in \mathbf{Z}$,所以 b 为 28 的约数(包括负约数),即 $b \in \{\pm 28, \pm 14, \pm 7, \pm 4, \pm 2, \pm 1\}$. 经检验,当 $b = -1$ 及 $b = -2$ 时,$x < 0$.于是满足条件的整数 a 共有 10 个.

8. $9 + 3\sqrt{15}$.

由 Cauchy 不等式得

$$x + y = 3(\sqrt{x+1} + \sqrt{y+2}) \leqslant 2\sqrt{2(x+1+y+2)}.$$

平方整理得

$$(x + y - 9)^2 \leqslant 135,$$

于是 $x + y \leqslant 9 + 3\sqrt{15}$.显然可以取到等号.

二、解答题

9. 设 $l_{OA}: y = kx(k \neq 0)$,则 $l_{OB}: y = -\frac{1}{k}x$,由

$$\begin{cases} y = kx, \\ 2x^2 + 4x - y^2 = 0 \end{cases}$$

得

$$(2 - k^2)x^2 + 4x = 0,$$

所以 $2 - k^2 \neq 0$, $x_A = \frac{4}{k^2 - 2}$,于是

$$|OA| = \sqrt{1 + k^2}\left|\frac{4}{k^2 - 2}\right|.$$

同理,可得

$$|OB| = \sqrt{1 + \left(\frac{1}{k}\right)^2}\left|\frac{4}{\left(\frac{1}{k}\right)^2 - 2}\right| = \sqrt{1 + k^2}\left|\frac{4k}{2k^2 - 1}\right|.$$

因为$\triangle OAB$ 是以 O 为直角顶点的等腰直角三角形,所以$|OA| = |OB|$,于是

$$\sqrt{1 + k^2}\left|\frac{4}{k^2 - 2}\right| = \sqrt{1 + k^2}\left|\frac{4k}{2k^2 - 1}\right|,$$

所以

$$\frac{1}{k^2 - 2} = \pm\frac{k}{2k^2 - 1}.$$

若$\frac{1}{k^2 - 2} = \frac{k}{2k^2 - 1}$,则 $k^3 - 2k^2 - 2k + 1 = 0$,即$(k+1)(k^2 - 3k + 1) = 0$,解得

$$k_1 = -1, \quad k_2 = \frac{3 - \sqrt{5}}{2}, \quad k_3 = \frac{3 + \sqrt{5}}{2}.$$

若$\frac{1}{k^2 - 2} = -\frac{k}{2k^2 - 1}$,则 $k^3 + 2k^2 - 2k - 1 = 0$,即$(k-1)(k^2 + 3k + 1) = 0$,解得

$$k_4=1,\quad k_5=\frac{-3-\sqrt{5}}{2},\quad k_6=\frac{-3+\sqrt{5}}{2}.$$

因为 $k_1\cdot k_4=k_2\cdot k_5=k_3\cdot k_6=-1$，所以由 k_1 和 k_4 得到的两个三角形是相同的，同样，由 k_2 和 k_5 得到的两个三角形是相同的，由 k_3 和 k_6 得到的两个三角形也是相同的.

综上所述，满足题意的$\triangle ABC$ 共有 3 个.

10. 由题设可得

$$a_1(p-1)+a_2(p^2-1)+\cdots+a_n(p^n-1)=2012,$$

于是 $p-1$ 是 $2002=2\times7\times11\times13$ 的正约数.

若 $p=2$，则$(\overline{a_n\cdots a_1a_0})_2$ 是 2015 的二进制表示，因为

$$2015=(\overline{11111011111})_2,$$

而 $1+1+1+1+1+0+1+1+1+1+1=11\neq13$，矛盾.

若 $p>2$，则 p 是奇数，于是 $p-1$ 是偶数，

$$p-1=2\times7,2\times11,2\times13,2\times7\times11,2\times7\times13,2\times11\times13,2\times7\times11\times13,$$

又 p 是素数，故 p 只可能是 3,23,2003.

若 $p=3$，则$(\overline{a_n\cdots a_1a_0})_3$ 是 2015 的三进制表示，因为 $2015=(\overline{2202122})_3$，而 $2+2+1+0+2+0+2+2=11\neq13$，矛盾.

若 $p=23$，则$(\overline{a_n\cdots a_1a_0})_{23}$是 2013 的 23 进制表示，因为

$$2015=3\times23^2+18\times23+14,$$

而 $14+18+3\neq13$，矛盾.

若 $p=2003$，则$(\overline{a_n\cdots a_0a_0})_{2003}$是 2015 的 2003 进制表示，因为

$$2015=1\times2003+12,$$

而 $1+12=13$，满足题设条件.

综上所述，所求的素数 p 为 2003.

11. 由题设，四边形 $AGOH$、四边形 $BIOD$、四边形 $CEOF$ 均为平行四边形.

又由题设知，$\triangle GDO\backsim\triangle ABC$，$\triangle BIF\backsim\triangle ABC$，$\triangle HOE\backsim\triangle ABC$，而相似三角形的面积比等于相似比的平方，于是

$$\begin{aligned}\frac{S_{\triangle GDO}}{S_{\triangle ABC}}+\frac{S_{\triangle OIF}}{S_{\triangle ABC}}+\frac{S_{\triangle HOE}}{S_{\triangle ABC}}&=\left(\frac{DO}{BC}\right)^2+\left(\frac{IF}{BC}\right)^2+\left(\frac{OE}{BC}\right)^2\\&=\left(\frac{BI}{BC}\right)^2+\left(\frac{IF}{BC}\right)^2+\left(\frac{FC}{BC}\right)^2\\&\geqslant\frac{1}{3}\left(\frac{BI}{BC}+\frac{IF}{BC}+\frac{FC}{BC}\right)^2\\&=\frac{1}{3},\end{aligned}$$

从而

$$S_{\triangle GDO}+S_{\triangle OIF}+S_{\triangle HOE}\geqslant\frac{1}{3}.$$

所以

$$S_{\triangle AGH}+S_{\triangle BID}+S_{\triangle CEF}=\frac{1}{2}(S_{\square AGOH}+S_{\square BIOD}+S_{\square CEOF})$$

$$=\frac{1}{2}(S_{\triangle ABC}-(S_{\triangle GDO}+S_{\triangle OIF}+S_{\triangle HOE}))$$

$$\leqslant\frac{1}{2}\left(1-\frac{1}{3}\right)=\frac{1}{3},$$

故

$$S_{六边形DGHEFI}=S_{\triangle ABC}-(S_{\triangle AGH}+S_{\triangle BID}+S_{\triangle CEF})$$

$$\geqslant 1-\frac{1}{3}=\frac{2}{3}.$$

当 O 为 $\triangle ABC$ 的重心时,上述不等式等号成立.所以,六边形 $DGHEFI$ 的面积的最小值为 $\frac{2}{3}$.

12. (1)数列 A:1,1,…,1;当 n 是3的倍数时,数列 A 还有如下三个解:

A:0,1,0,0,1,0,…,0,1,0;

A:0,0,1,0,0,1,…,0,0,1;

A:1,0,0,1,0,0,…,1,0,0.

(2)设 x_n、y_n、z_n、u_n 分别表示 $a_1+a_2+\cdots+a_n$ 除以4余数为0、1、2、3的数列 A 的个数.x_n 其实表示 $a_1,a_2,\cdots,a_n$ 中有0个1,4个1,…的数列 A 的个数,于是 $x_n=C_n^0+C_n^4+\cdots$.同理,$y_n=C_n^1+C_n^5+\cdots$,$z_n=C_n^2+C_n^6+\cdots$,$u_n=C_n^3+C_n^7+\cdots$.

因为

$$(1+i)^n=C_n^0+iC_n^1+i^2C_n^2+\cdots+i^nC_n^n=x_n+iy_n-z_n-iu_n,$$

$$(1-i)^n=x_n-iy_n-z_n+iu_n,$$

所以

$$y_n-u_n=\frac{(1+i)^n-(1-i)^n}{2i}.$$

又

$$y_n+u_n=C_n^1+C_n^3+C_n^5+\cdots=2^{n-1},$$

所以

$$u_n=2^{n-2}-\frac{(1+i)^n-(1-i)^n}{4i}.$$

注意到

$$(1+i)-(1-i)=2i,\quad (1+i)^2-(1-i)^2=4i,$$

$$(1+i)^3-(1-i)^3=4i,\quad (1+i)^4-(1-i)^4=0,$$

及

$$(1+i)^{k+4}-(1-i)^{k+4}=-4((1+i)^k-(1-i)^k),\quad k=1,2,\cdots,$$

所以

$$(1+\mathrm{i})^n-(1-\mathrm{i})^n=\begin{cases}(-4)^{k-1}\cdot 2\mathrm{i}, & 若\ n=4k-3,\\ (-4)^{k-1}\cdot 4\mathrm{i}, & 若\ n=4k-2,\\ (-4)^{k-1}\cdot 4\mathrm{i}, & 若\ n=4k-1,\\ 0, & 若\ n=4k,\end{cases}\quad k=1,2,\cdots.$$

于是有

$$u_n=\begin{cases}2^{4k-5}-(-1)^{k-1}\cdot 2^{2k-3}, & 若\ n=4k-3,\\ 2^{4k-4}-(-1)^{k-1}\cdot 2^{2k-2}, & 若\ n=4k-2,\\ 2^{4k-3}-(-1)^{k-1}\cdot 2^{2k-2}, & 若\ n=4k-1,\\ 2^{4k-2}, & 若\ n=4k.\end{cases}$$

顾　滨　提供　李　红　整理

第56届国际数学奥林匹克中国国家队选拔考试

2015年第56届国际数学奥林匹克(IMO)中国国家集训队于3月11日至3月25日在浙江省杭州二中进行了集训和选拔. 主要任务是为中国参加2015年在泰国举行的第56届国际数学奥林匹克选拔国家队队员. 这次集训有60名队员参加. 集训期间经过两次小考(占总成绩50%)和一次大考(占总成绩50%)的选拔, 最后选出了由6名选手组成的中国国家队, 代表中国参加第56届国际数学奥林匹克. 这6名队员是: 高继扬(上海中学)、贺嘉帆(长沙市雅礼中学)、俞辰捷(华东师大二附中)、谢昌志(长沙市雅礼中学)、王诺舟(辽宁省实验中学)、王正(人大附中).

国家集训队的教练是: 吴建平(首都师范大学)、冷岗松(上海大学)、余红兵(苏州大学)、朱华伟(广州大学)、李胜宏(浙江大学)、李伟固(北京大学)、熊斌(华东师范大学)、瞿振华(华东师范大学)、姚一隽(复旦大学)、张思汇(上海理工大学)、何忆捷(华东师范大学)、王伟叶(上海控江中学).

选拔考试一 第一天

2015年3月13日 8:00—12:30

1. 如图1, 过$\triangle ABC$的顶点A的圆Γ与边AC、AB分别交于E、F, 交$\triangle ABC$的外接圆于另一点P. 求证: 点P关于直线EF的对称点在直线BC上的充分必要条件是圆Γ过$\triangle ABC$的外心O.

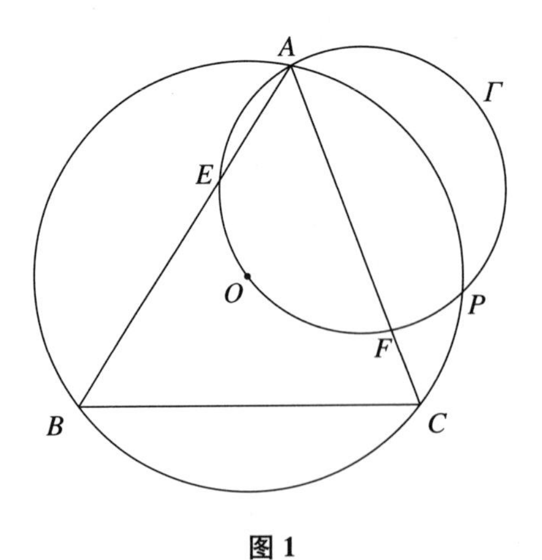

图1

2. 设 $a_1, a_2, a_3, \cdots$ 为互不相等的正整数，c 是小于 $\frac{3}{2}$ 的正实数. 证明：存在无穷多个正整数 k，使得 $[a_k, a_{k+1}] > ck$.

3. 设 n、k 为给定的正整数，一个糖果售卖机里有许多不同颜色的糖果，每种颜色的糖果有 $2n$ 颗，有一些小孩来买糖果，每个小孩都从售卖机里恰买了两颗糖果，且这两颗糖果颜色不同. 已知在任意 $k+1$ 个小孩中均有两个小孩，他们至少有一颗糖果的颜色相同，求小孩总数的最大可能值.

选拔考试一　第二天

2015 年 3 月 14 日　8:00—12:30

4. 证明：对任意整数 $n \geqslant 3$，存在正整数 $a_1 < a_2 < \cdots < a_n$，使得对 $i = 1, 2, \cdots, n-2$，以 a_i、a_{i+1}、a_{i+2} 为边长可构成一个面积为正整数的三角形.

5. 给定正整数 n. 证明：对任意不超过 $3n^2 + 4n$ 的正整数 a、b、c，均存在绝对值不超过 $2n$ 且不全为 0 的整数 x、y、z，使得 $ax + by + cz = 0$.

6. 若干人举行乒乓球单打比赛，任意两人至多比赛一次. 已知：

(1) 每个人胜了至少 a 个人，也负于至少 b 个人（a、$b \geqslant 1$）；

(2) 对于任意两人 A、B，均存在若干个不同的人 $P_1, \cdots, P_k$ ($k \geqslant 2$)（其中 $P_1 = A$，$P_k = B$），使得 P_i 胜 P_{i+1} ($i = 1, \cdots, k-1$).

证明：存在 $a+b+1$ 个不同的人 $Q_1, \cdots, Q_{a+b+1}$，使得 Q_i 胜 Q_{i+1} ($i = 1, \cdots, a+b$).

选拔考试二　第一天

2015 年 3 月 18 日　8:00—12:30

1. 对正整数 n 及 $\{1, 2, \cdots, 2n\}$ 的一个非空子集 A，如果集合 $\{u \pm v \mid u, v \in A\}$ 不包含集合 $\{1, 2, \cdots, n\}$，那么称 A 是好子集. 求最小的正实数 c，使得对任意正整数 n 及 $\{1, 2, \cdots, 2n\}$ 的任意一个好子集 A，均有 $|A| \leqslant cn$.

2. 设整数 $n \geqslant 2$，$a_1, a_2, \cdots, a_n$ 为正实数. 证明：

$$\left(\frac{\sum_{j=1}^{n} \sqrt[j]{a_1 \cdots a_j}}{\sum_{j=1}^{n} a_j}\right)^{\frac{1}{n}} + \frac{\sqrt[n]{a_1 a_2 \cdots a_n}}{\sum_{j=1}^{n} \sqrt[j]{a_1 \cdots a_j}} \leqslant \frac{n+1}{n}.$$

3. 如图 2，在锐角△ABC 中，$AB < AC$，点 O 和点 G 分别是△ABC 的外心和重心，D 为边 BC 的中点. 以 BC 为直径的圆上的一点 E 满足 $AE \perp BC$，且 A、E 在直线 BC 的同侧. 延长 EG 交 OD 于点 F，过 F 分别作 OB、OC 的平行线，与 BC 分别交于点 K、L. 线段

AB、AC 内分别存在点 M、N，使得 $MK\perp BC$，$NL\perp BC$．设 ω 是过点 B、C 且与 OB、OC 相切的圆．证明：$\triangle AMN$ 的外接圆与圆 ω 相切．

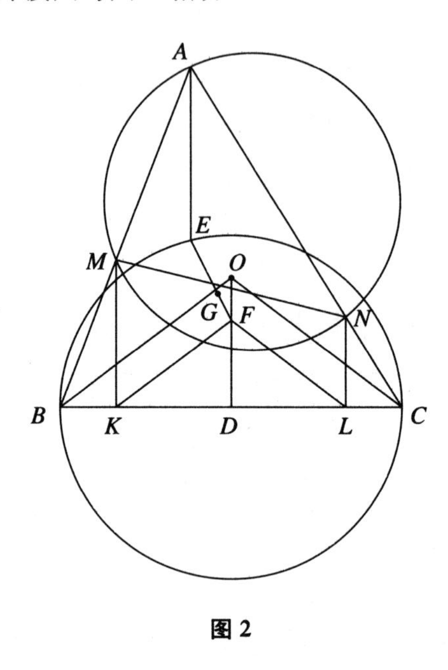

图 2

选拔考试二　第二天

2015 年 3 月 19 日　8:00—12:30

4．设 n 是给定的正整数，$f_1(x),\cdots,f_n(x)$ 是 n 个定义在实数集上的实值有界函数，$a_1,\cdots,a_n$ 是 n 个互不相同的实数．证明：存在实数 x，使得

$$\sum_{i=1}^{n}f_i(x)-\sum_{i=1}^{n}f_i(x-a_i)<1.$$

5．设 S 是集合 $\{1,2,\cdots,2015\}$ 的一个 68 元子集．证明：存在 S 的三个互不相交的非空子集 A、B、C，满足 $|A|=|B|=|C|$，且 $\sum\limits_{a\in A}a=\sum\limits_{b\in B}b=\sum\limits_{c\in C}c$．

6．证明：存在无穷多个正整数 n，使得 n^2+1 无平方因子．

选拔考试三　第一天

2015 年 3 月 23 日　8:00—12:30

1．如图 3，在等腰 $\triangle ABC$ 中，$AB=AC>BC$，D 为 $\triangle ABC$ 内一点，满足 $DA=DB+DC$．边 AB 的垂直平分线与 $\angle ADB$ 的外角平分线交于点 P，边 AC 的垂直平分线与 $\angle ADC$ 的外角平分线交于点 Q．证明：B、C、P、Q 四点共圆．

2．设 X 是非空有限集合，$A_1,A_2,\cdots,A_k$ 是 X 的 k 个子集，满足下列条件：

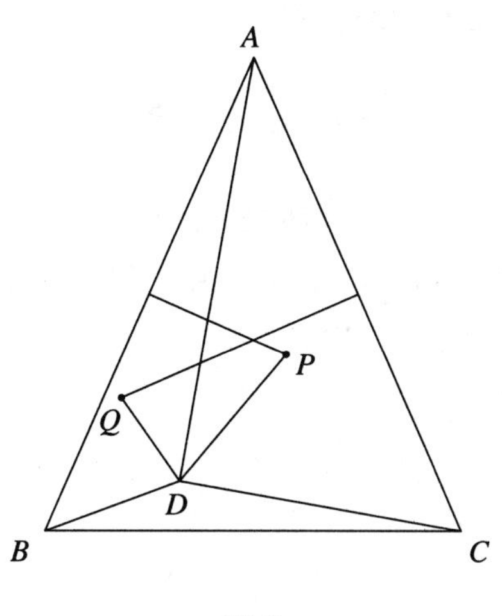

图 3

(1) $|A_i| \leqslant 3$, $i=1,2,\cdots,k$;

(2) X 中任意一个元素属于 $A_1,A_2,\cdots,A_k$ 中的至少 4 个集合.

证明：可从 $A_1,A_2,\cdots,A_k$ 中选出 $\left[\frac{3}{7}k\right]$ 个集合，使得它们的并集为 X.

3. 设 a、b 是正整数，且 a 与 b 的最大公约数有至少两个不同的素因子. 设

$$S=\{n \in \mathbf{N}^* \mid n \equiv a \pmod{b}\}.$$

对 S 中的元素 x，若 x 不能表示成 S 中两个或更多个元素的乘积（这些元素允许相同），则称 x 是不可约的. 证明：存在正整数 t，使得 S 中的每个元素均可表示成 S 中不超过 t 个不可约元素的乘积.

选拔考试三　第二天

2015 年 3 月 24 日　8:00—12:30

4. 给定整数 $n \geqslant 2$，设 $x_1,x_2,\cdots,x_n$ 是单调不减的正数序列，并使 $x_1,\frac{x_2}{2},\cdots,\frac{x_n}{n}$ 构成一个单调不增的序列. 证明：

$$\frac{A_n}{G_n} \leqslant \frac{n+1}{2 \cdot \sqrt[n]{n!}},$$

其中 A_n 与 G_n 分别表示 $x_1,\cdots,x_n$ 的算术平均与几何平均.

5. 将 2015 阶完全图 G 的每条边染红、蓝两色之一. 对于 G 的顶点集 V 的任意一个二元子集 $\{u,v\}$，定义

$$L(u,v)=\{u,v\} \cup \{w \in V \mid 以 u、v、w 为顶点的三角形中恰有两条红边\}.$$

证明：当 $\{u,v\}$ 取遍 V 的所有二元子集时，至少可以得到 120 个不同的集合 $L(u,v)$.

6. 对正整数 n，定义 $f(n)=\tau(n!)-\tau((n-1)!)$，这里 $\tau(a)$ 表示正整数 a 的正约数

个数. 证明：存在无穷多个合数 n，使得对任意正整数 $m<n$，均有 $f(m)<f(n)$.

参考答案

选拔考试一

1. 如图 4，联结 PB、PC、PE、PF、EF. 由 $\angle PEA=\angle PFA$，$\angle PBA=\angle PCA$，知 $\triangle PEB\backsim\triangle PFC$，从而易得 $\triangle PEF\backsim\triangle PBC$.

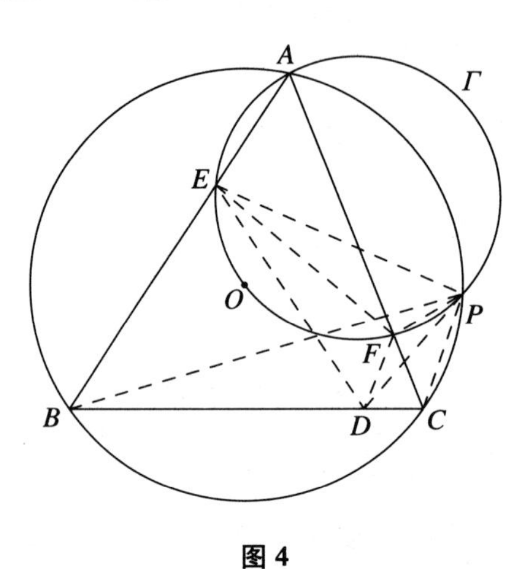

图 4

充分性　若圆 Γ 经过点 O，则由 $\angle AEP=\angle AOP=2\angle ABP$，知 $\angle PBE=\angle EPB$，故 $EP=EB$. 类似地，$FP=FC$.

设点 D 是 P 关于直线 EF 的对称点，则 $ED=EP=EB$，进而知点 E 是 $\triangle PBD$ 的外心. 于是，$\angle PBD=\frac{1}{2}\angle PED=\angle PEF=\angle PBC$，故点 D 在直线 BC 上.

必要性　设点 D 是 P 关于直线 EF 的对称点，若点 D 在直线 BC 上，则 $\angle PED=2\angle PEF=2\angle PBC=2\angle PBD$. 又 $EP=ED$，故点 E 是 $\triangle PBD$ 的外心，进而知 $EP=EB$. 从而 $\angle AEP=2\angle ABP=\angle AOP$. 因此，$A$、$E$、$O$、$P$ 四点共圆，即圆 Γ 经过点 O.

2. 反设结论不成立，则存在 r，使得 $k\geqslant r$ 时均有 $[a_k,a_{k+1}]\leqslant ck<\frac{3}{2}k$.

由于 a_k 互不相等，故 $M=\max\{a_1,a_2,\cdots,a_r\}\geqslant r$. 于是当 $k\leqslant r$ 时，$a_k\leqslant M$，对任意 $r<k\leqslant 2M+1$，均有 $a_k\leqslant[a_{k-1},a_k]<\frac{3}{2}(k-1)\leqslant 3M$. 同理，当 $k\leqslant 4M+1$ 时，$a_k<6M$.

现在 $a_1,a_2,\cdots,a_{2M+1}$ 都小于 $3M$，而不大于 $3M$ 的正整数只有 $3M$ 个，故 a_{2M+2}，$a_{2M+3},\cdots,a_{4M+1}$ 这 $2M$ 个数中不大于 $3M$ 的至多 $M-1$ 个，故其中必有两个相邻数 a_k、a_{k+1} 都大于 $3M$. 而这两数同属于区间 $(3M,6M)$，故互不整除，于是 $\frac{a_{k+1}}{(a_k,a_{k+1})}\geqslant 2$，从而

$$[a_k,a_{k+1}]=\frac{a_k a_{k+1}}{(a_k,a_{k+1})}\geqslant 2a_k>6M=\frac{3}{2}\times 4M\geqslant\frac{3}{2}k,$$

矛盾. 因此结论成立.

3. 所求小孩总数的最大可能值为 $3kn$.

改用图论语言叙述，将每种颜色视为一个顶点. 如果某个小孩购买了某两种颜色的糖果，则将这两种颜色对应的顶点之间连一条边，依次作出所有这样的边（可重复），每个顶点至多连出 $2n$ 条边. 于是问题转化为求使得任意 $k+1$ 条边中有两条边有公共顶点的边数的最大可能值.

首先说明 $3kn$ 是可以达到的. 事实上，设有 $3k$ 个顶点，将所有顶点分为 k 组，每组 3 个顶点. 对每组中的三个顶点，将其中任两个顶点都连 n 条边，这样每个顶点恰连出 $2n$ 条边，而每组共连了 $3n$ 条边，整个图中一共连了 $3kn$ 条边. 任取其中 $k+1$ 条边，其中总有两条边同组，它们至少有一个公共顶点.

下面证明满足要求的图中的边数不超过 $3kn$.

设 m 为满足下述条件的最大正整数：存在顶点集 $X=\{A_1,A_2,\cdots,A_m;B_1,B_2,\cdots,B_m\}$，使得 A_i 与 B_i 之间有边相连，并且 m 条边 A_iB_i（$i=1,2,\cdots,m$）两两无公共顶点. 因为任意 $k+1$ 条边中，都有两条边有公共顶点，所以，$m\leqslant k$.

由此可知，如果 A_i、B_i 均与 X 外的一些顶点相连，则一定是与同一个顶点相连，记这个顶点为 C_i（否则，若 A_i、B_i 分别与两个不同的顶点 M_i、N_i 相连，则用 A_iM_i、B_iN_i 代替 A_iB_i，从而使 m 变为 $m+1$，这与 m 的最大性矛盾）.

将 X 中的顶点 V 与 X 外的顶点相连的边数记为 $o(V)$，与 X 中的其他的顶点相连的边数记为 $i(V)$. 易知，对 $V\in X$，$o(V)+i(V)=\deg(V)\leqslant 2n$. 将两端点均在 X 中的边数记为 e，则 $e=\frac{1}{2}\sum\limits_{i=1}^{m}(i(A_i)+i(B_i))$.

下面证明，对 $i=1,2,\cdots,m$，有

$$o(A_i)+o(B_i)\leqslant 3n-\frac{i(A_i)+i(B_i)}{2}. \quad ①$$

(1) 若 $o(A_i)$、$o(B_i)$ 均不为 0，则

$$o(A_i)+o(B_i)\leqslant(2n-i(A_i))+(2n-i(B_i))=4n-(i(A_i)+i(B_i)),$$

$$o(A_i)+o(B_i)\leqslant\deg(C_i)\leqslant 2n,$$

两式相加即得式①.

(2) 若 $o(A_i)$、$o(B_i)$ 中至少有一个为 0，不妨设 $o(A_i)=0$，则

$$o(B_i)\leqslant 2n-i(B_i)\leqslant 3n-\frac{i(A_i)+i(B_i)}{2}$$

（事实上，后一个不等式等价于 $i(A_i)\leqslant 2n+i(B_i)$，显然成立），此时式①亦成立.

从而，我们有

$$\sum_{i=1}^{m}(o(A_i)+o(B_i)) \leqslant 3mn-\sum_{i=1}^{m}\frac{i(A_i)+i(B_i)}{2}=3mn-e.$$

在满足要求的图中，所有的边至少有一个点在 X 中（如果存在两个点 U、$V\notin X$，它们之间连有边，则可将 U、V 加入 X 中，这与 m 的最大性矛盾）. 所以，可将所有边分为两类，一类是两个顶点均在 X 中的，这样的边有 e 条；另一类是恰有一个顶点在 X 中的，这样的边有 $\sum_{i=1}^{m}(o(A_i)+o(B_i))$ 条. 因此，满足要求的图的总边数为

$$e+\sum_{i=1}^{m}(o(A_i)+o(B_i)) \leqslant 3mn \leqslant 3kn.$$

综上所述，所求小孩总数的最大可能值为 $3kn$.

4. （法一）由三角形面积公式 $S=2R^2\cdot\sin A\cdot\sin B\cdot\sin C$，可知只要三个内角的正弦都是有理数，则可适当选取半径 R 使得三角形的面积为整数值.

引理 设锐角 $\alpha<\beta$，且 $\alpha+\beta\leqslant\frac{\pi}{2}$，则 $\sin\alpha<\sin\beta<\sin(\alpha+\beta)$是一个三角形的三边长.

引理的证明 在直径为 1 的圆周上截取接连的弧，其长度分别为 2α、2β，则弧的三个端点连成的三角形即为所求.

回到原题，考虑勾股数组$(2r,r^2-1,r^2+1)$（$r\in\mathbf{N}^*$）. 记 $\theta=\arcsin\frac{2r}{r^2+1}$，则对任意整数 $r>1$，$\sin\theta$、$\cos\theta$ 都是有理数. 由和角公式归纳可证对任意正整数 k，$\sin k\theta$、$\cos k\theta$ 都是有理数.

考虑 Fibonacci 数列 $F_1,F_2,\cdots$：$F_1=1$，$F_2=2$，$F_{k+2}=F_{k+1}+F_k$（$k\in\mathbf{N}^*$）. 适当选取 r，使得 $F_n\cdot\theta\leqslant\frac{\pi}{2}$，则 $F_1\cdot\theta,F_2\cdot\theta,\cdots,F_n\cdot\theta$ 的正弦严格单调递增. 根据引理，知对 $i=1,2,\cdots,n-2$，有理数 $\sin(F_i\cdot\theta)$、$\sin(F_{i+1}\cdot\theta)$、$\sin(F_{i+2}\cdot\theta)$是一个面积为有理数的三角形的三边长.

最后取 R 为所有 $\sin(F_i\cdot\theta)$（$i=1,2,\cdots,n$）的分母的乘积，则正整数

$$a_i=2R\cdot\sin(F_i\cdot\theta)\quad(i=1,2,\cdots,n)$$

满足题给条件.

（法二） 显然，我们只需使所得的三角形面积为有理数即可.

引理 已知以 C 为钝角顶点、以 BC 为最短边的钝角$\triangle ABC$ 的各边长均为有理数. 作点 C 关于过点 A 的高线的对称点 C'，所得的新三角形$\triangle ABC'$各边长仍是有理数.

引理的证明 设点 D 是过 A 点所作高线的垂足，并设 $BC=a$，$CA=b$，$AB=c$，$AD=d$，$x=CD$. 在 Rt$\triangle ACD$ 和 Rt$\triangle AC'D$ 中分别应用勾股定理，得

$$d^2+(a+x)^2=c^2,\quad d^2+x^2=b^2,$$

两式相减并化简，得 $x=\frac{c^2-a^2-b^2}{2a}\in\mathbf{Q}$. 从而$\triangle ABC'$的三边 $AB=c$、$BC'=b$、$C'A=2x+a$ 都是有理数.

回到原题.

对两个锐角分别为 α、β（$\alpha<\beta$）的钝角三角形，其最大内角等于 $180^\circ-\alpha-\beta$ 为钝角. 在进行引理所述的变换后，新的三角形有一内角等于 $180^\circ-2\alpha-\beta>180^\circ-2(\alpha+\beta)$，当 $\alpha+\beta$ 足够小，即原钝角三角形中的钝角足够大时，新的三角形仍为钝角三角形，并且新生成的边长是新三角形的最长边，并且这样的操作可进行任意多次.

于是我们只需要寻找这样的钝角三角形：它的三边长和面积都是有理数，其钝角非常接近 180°. 事实上，考虑三边长分别为 $((2m+1)^2+1)(2m+3)$、$((2m+3)^2+1)(2m+1)$、$8(m+1)^2$（$m\in\mathbf{N}^*$）的三角形，经计算可知，其最短边上的高等于 $2(2m+1)(2m+3)$，故其面积是有理数. 当 m 足够大时，该三角形的最大角几乎等于 180°，即为所求.

注 法二中的正整数 $a_1,a_2,\cdots,a_n$ 可用递推的方式表示为 $a_1=((2m+1)^2+1)(2m+3)$，$a_2=((2m+3)^2+1)(2m+1)$，$a_3=8(m+1)^2$，$a_{i+3}=\frac{a_{i+2}^2-a_{i+1}^2-a_i^2}{2a_i}$（$i=1,2,\cdots,n-3$），其中，$m$ 是足够大的正整数.

5. 如果 a、b、c 中有两个数相等，不妨设 $a=b$，此时，取 $x=1$、$y=-1$、$z=0$ 即满足条件. 下面不妨设 $a<b<c\leqslant 3n^2+4n$.

此时，若存在不全为 0 的整数 x、y，使得 $|x|\leqslant 2n$，$|y|\leqslant 2n$，$|x+y|\leqslant 2n+1$，且 $c\mid ax+by$，则 $\frac{ax+by}{c}$ 是绝对值不超过 $2n$ 的整数. 事实上，若 x、y 异号，则 $\left|\frac{ax+by}{c}\right|\leqslant\frac{b\cdot 2n}{c}<2n$；若 x、y 同号，则 $\left|\frac{ax+by}{c}\right|\leqslant\frac{b\cdot(2n+1)}{c}<2n+1$，又 $\frac{ax+by}{c}\in\mathbf{Z}$，故 $\left|\frac{ax+by}{c}\right|\leqslant 2n$. 从而取 $z=-\frac{ax+by}{c}$ 即满足条件. 下面只需证明这样的整数 x、y 是存在的.

设集合 $A=\{0,1,\cdots,2n\}$，$M=\{(i,j)\mid i,j\in A,n-1\leqslant i+j\leqslant 3n\}$，则

$$|M|=(2n+1)^2-\frac{n(n-1)}{2}-\frac{n(n+1)}{2}=3n^2+4n+1>c,$$

根据抽屉原理，存在 (i_1,j_1)、$(i_2,j_2)\in M$，使得

$$ai_1+bj_1\equiv ai_2+bj_2 \pmod c,$$

于是，$c\mid a(i_1-i_2)+b(j_1-j_2)$. 注意到

$$|i_1-i_2|\leqslant 2n,\quad |j_1-j_2|\leqslant 2n,$$

$$|(i_1-i_2)+(j_1-j_2)|=|(i_1+j_1)-(i_2+j_2)|\leqslant 3n-(n-1)=2n+1.$$

因此，取 $x=i_1-i_2$、$y=j_1-j_2$ 即可满足条件.

6. 记 A 的胜集为 $W(A)$（即 A 战胜的所有人的集合），负集为 $L(A)$（即战胜 A 的所有人的集合）. 由任意两人至多赛一场，知 $W(A)\cap L(A)=\varnothing$，因此由条件（1）可知，总人数不少于 $a+b+1$. 将所有人看成平面上的点，对两个人 A、B，若 A 战胜了 B，则在 A、B 的对应点之间连一条由 A 指向 B 的边，从而得到一个至少有 $a+b+1$ 个顶点的有向图 G.

设 $P_1\to P_2\to\cdots\to P_k$ 是图中最长的一条有向路，记为 T. 易知战胜 P_1 和负于 P_k 的人一定在 T 上. 否则，如果存在某个战胜 P_1 或负于 P_n 的人不在 T 上，则可将其加入到 T 的某一端，与 T 的不可延伸性矛盾. 因此，$W(P_k)\subseteq\{P_1,P_2,\cdots,P_{k-2}\}$，$L(P_1)\subseteq\{P_3,P_4,\cdots,P_k\}$.

当 $P_1\in W(P_k)$ 且 $P_k\in L(P_1)$，即 P_k 战胜 P_1 时，$P_1,P_2,\cdots,P_k$ 形成一个有向圈. 假设 G 中某些点不在 T 上，那么由条件（2）可知，存在 T 外的点 Q 战胜某个 P_i，从而得到比 T 更长的有向路 $Q\to P_i\to\cdots\to P_k\to P_1\to\cdots\to P_{i-1}$（约定 $P_0=P_k$），矛盾. 因此，T 一定经过 G 的所有点，故 $k\geqslant a+b+1$，结论成立.

以下假设 $W(P_k)\subseteq\{P_2,P_3,\cdots,P_{k-2}\}$，$L(P_1)\subseteq\{P_3,P_4,\cdots,P_{k-1}\}$.

若 $P_{k-1}\in L(P_1)$，任取 $P_u\in W(P_k)$，则可得到一条与 T 长度相等的有向路 $P_k\to P_u\to\cdots\to P_{k-1}\to P_1\to\cdots\to P_{u-1}$. 类似前述分析可知，$L(P_k)$ 中的元素都在 T 上，从而 T 包含 P_k 以及 $W(P_k)$、$L(P_k)$ 中的所有点，故 $k\geqslant a+b+1$，结论成立. 同理，若 $P_2\in W(P_k)$，亦有结论成立.

最后设 $W(P_k)$、$L(P_1)\subseteq\{P_3,P_4,\cdots,P_{k-2}\}$. 记集合

$$N_W=\{i\mid P_i\in W(P_k)\},\ N_L=\{i\mid P_i\in L(P_1)\},$$

并记 $u^*=\min N_W$，$v^*=\max N_L$. 于是，$N_L\subseteq\{3,\cdots,v^*\}$，$N_W\subseteq\{u^*,\cdots,k-2\}$. 设 N_W 中大于 v^* 的元素有 α 个，N_L 中小于 u^* 的元素有 β 个.

当 $u^*>v^*$ 时，于是，$\alpha=|N_W|\geqslant a$，$\beta=|N_L|\geqslant b$，$N_L\cap N_W=\varnothing$. 因此，$k=\alpha+\beta+4\geqslant a+b+4>a+b+1$，结论成立.

当 $u^*\leqslant v^*$ 时，假设 $k\leqslant a+b$. 此时，N_W、N_L 中共有 $|N_W|-\alpha+|N_L|-\beta\geqslant a+b-\alpha-\beta$ 个元素在区间 $[u^*,v^*]$ 中（可以重复）. 分别取 N_W、N_L 在区间 $[u^*,v^*]$ 中的元素 u、v，则 $u-1$、$v+1\in[u^*-1,v^*+1]$，而区间 $[u^*-1,v^*+1]$ 中共有

$$\begin{aligned}(v^*+1)-(u^*-1)+1&=v^*-u^*+3\leqslant k-5-\alpha-\beta+3\\&=k-2-\alpha-\beta<a+b-\alpha-\beta\end{aligned}$$

个元素，因此，存在 $u\in N_W$，$v\in N_L$，u、$v\in[u^*,v^*]$，使得 $u-1=v+1$. 设 $u-1=v+1=w$，则 $u=w+1$，$v=w-1$，即 P_v、P_w、P_u 是 T 上连续的三个点.

由 $u\leqslant v^*$，$v\leqslant u^*$，可得到两条长度与 T 相等的有向路 $P_w\to P_u\to\cdots\to P_k\to P_{u^*}\to\cdots\to P_v\to P_1\to\cdots\to P_{u^*-1}$，$P_{v^*+1}\to\cdots\to P_k\to P_u\to\cdots\to P_{v^*}\to P_1\to\cdots\to P_v\to P_w$. 这样，$T$ 必须包含 P_w 以及 $W(P_w)$、$L(P_w)$ 中的所有点，故有 $k\geqslant a+b+1$，矛盾.

综上所述，结论成立.

选拔考试二

1. 对于非空数集 S、T，定义 $S\pm T=\{s\pm t\mid s\in S,t\in T\}$.

设 $A_m(m=1,2,\cdots,n)$ 是使得 $m\notin A_m\pm A_m$ 的任一$\{1,2,\cdots,2n\}$的子集. 下面证明，对任意 $m=1,2,\cdots,n$，均有 $|A_m|\leqslant\frac{6}{5}n$.

易知 A_1 中不含相邻数，故 $|A_1|\leqslant\frac{2n}{2}=n$. 下设 $2\leqslant m\leqslant n$，$2n=qm+r$ $(0\leqslant r\leqslant m-1,\ q\geqslant 2)$.

(1) 当 q 为偶数时，$r+1,\cdots,2n$ 可按 mod m划分为m 个q 项子列，每个子列的相邻项之差等于 m，不能同属于 A_m. 故其中属于 A_m 者不多于$\frac{qm}{2}$个. 而$1,\cdots,m-1$ 可配成和等于 m 的对，每对至多一个属于 A_m. 因此，

$$|A_m|\leqslant\frac{qm}{2}+\alpha=n+\alpha-\frac{r}{2}.$$

这里，$\alpha=\min\left\{r,\left[\frac{m-1}{2}\right]\right\}$.

若 $r\leqslant\frac{m-1}{2}$，则 $n=\frac{qm}{2}+\frac{r}{2}>(2q+1)\cdot\frac{r}{2}$，故 $\alpha-\frac{r}{2}=\frac{r}{2}<\frac{n}{2q+1}\leqslant\frac{n}{5}$.

若 $r\geqslant\frac{m}{2}$，则 $n>\frac{2q+1}{2}\cdot\left[\frac{m-1}{2}\right]$，故 $\alpha-\frac{r}{2}=\left[\frac{m-1}{2}\right]-\frac{r}{2}<\frac{1}{2}\left[\frac{m-1}{2}\right]<\frac{n}{2q+1}\leqslant\frac{n}{5}$.

因此，当 q 为偶数时，总有 $|A_m|<\frac{6}{5}n$.

(2) 当 q 为奇数时，类似地，$m+r+1,\cdots,2n$ 中属于A_m 的不多于$\frac{(q-1)m}{2}$个，而$1,\cdots,r$ 和$m+1,\cdots,m+r$ 中有r 个不属于A_m，故$1,\cdots,m+r$ 中属于A_m 的不多于m 个. 另一方面，$1,\cdots,m$ 中属于A_m 的不多于$\left[\frac{m+1}{2}\right]$个，故 $1,\cdots,m+r$ 中属于A_m 的又不多于 $r+\left[\frac{m+1}{2}\right]$个. 从而，

$$|A_m|\leqslant\frac{(q-1)m}{2}+\min\left\{m,r+\left[\frac{m+1}{2}\right]\right\}=n+\beta.$$

这里，$\beta=\min\left\{\frac{m-r}{2},\left[\frac{m+1}{2}\right]-\frac{m-r}{2}\right\}$.

当 $r\geqslant\frac{m}{2}$时，$m-r\leqslant\frac{m}{2}\leqslant r$，$n\geqslant(2q+1)\cdot\frac{m-r}{2}$，$\beta=\frac{m-r}{2}\leqslant\frac{n}{2q+1}\leqslant\frac{n}{7}$.

当 $r\leqslant\frac{m-2}{2}$时，$n\geqslant\frac{q(2r+2)}{2}=2q\cdot\frac{r+1}{2}$，$\beta=\left[\frac{m+1}{2}\right]-\frac{m-1}{2}\leqslant\frac{r}{2}+\frac{m+1}{2}-\frac{m}{2}$ $=\frac{r+1}{2}\leqslant\frac{n}{2q}\leqslant\frac{n}{6}$.

当 $r=\frac{m-1}{2}$时，$\beta=\frac{n+1}{2}$，$n=\frac{q(2r+1)}{2}+\frac{r}{2}=\frac{(2q+1)r+q}{2}\geqslant\frac{7r+3}{2}\geqslant 5\cdot\frac{r+1}{2}$，$\beta\leqslant\frac{n}{5}$.

因此，当 q 为奇数时，总有 $|A_m|\leqslant\frac{6}{5}n$.

综上所述，在任何情形下均有 $|A_m|\leqslant\frac{6}{5}n$，而且等号成立的唯一情形是 $m=q=3$，$r=1$，$n=5$，此时 $A_3=\{2,3,4,8,9,10\}$. 故所求的最小的 $c=\frac{6}{5}$.

2. 记$\sqrt[k]{a_1a_2\cdots a_k}=x_k(k=1,2,\cdots,n)$，则 $a_k=\frac{x_k^k}{x_{k-1}^{k-1}}$（约定 $x_0=1$）. 从而原不等式等价于

$$\left(\frac{\sum_{j=1}^{n}x_j}{\sum_{j=0}^{n-1}\frac{x_{k+1}^{k+1}}{x_k^k}}\right)^{\frac{1}{n}}+\frac{x_n}{\sum_{j=1}^{n}x_j}\leqslant\frac{n+1}{n}$$

$$\Leftrightarrow\left(\frac{\sum_{j=1}^{n}x_j}{\sum_{j=0}^{n-1}\frac{x_{k+1}^{k+1}}{x_k{}^k}}\right)^{\frac{1}{n}}\leqslant\frac{1}{n}+\frac{\sum_{j=1}^{n-1}x_j}{\sum_{j=1}^{n}x_j}.$$

由 n 项的柯西不等式，得

$$\left(\sum_{j=0}^{n-1}\frac{x_{k+1}^{k+1}}{x_k^k}\right)\prod_{i=1}^{n-1}\left(x_i+\sum_{j=1}^{n-1}x_j\right)\geqslant\left(\sum_{j=1}^{n}x_j\right)^n.$$

从而只需证明

$$\left(\frac{\prod_{i=1}^{n-1}\left(x_i+\sum_{j=1}^{n-1}x_j\right)}{\left(\sum_{j=1}^{n}x_j\right)^{n-1}}\right)^{\frac{1}{n}}\leqslant\frac{1}{n}+\frac{1}{n}\sum_{i=1}^{n-1}\frac{x_i+\sum_{j=1}^{n-1}x_j}{\sum_{j=1}^{n}x_j}.$$

上式由均值不等式立得.

注 K. Kedlaya 提出过如下混合算术-几何平均不等式[1]：对 $a_i\in\mathbf{R}^+$，$i=1,2,\cdots,n$，记

---

1 Proof of a mixed arithmetic-mean, geometric-mean inequality, American Mathematical Monthly 101 (1994), 355－357; A weighted mixed-mean inequality, American Mathematical Monthly 106 (1999), 355－358.

$$A_k = \frac{1}{k}\sum_{i=1}^{k} a_k, \quad G_k = \sqrt[k]{\prod_{i=1}^{k} a_k},$$

则有

$$\sqrt[n]{\prod_{i=1}^{n} A_i} \geqslant \frac{1}{n}\sum_{i=1}^{n} G_i,$$

当且仅当 $x_1 = x_2 = \cdots = x_n$ 时等号成立.

3. 如图5，显然线段 KL 和 MN 都被直线 OD 平分. 联结 MD、ND. 首先证明$\angle MDN = 90^\circ$.

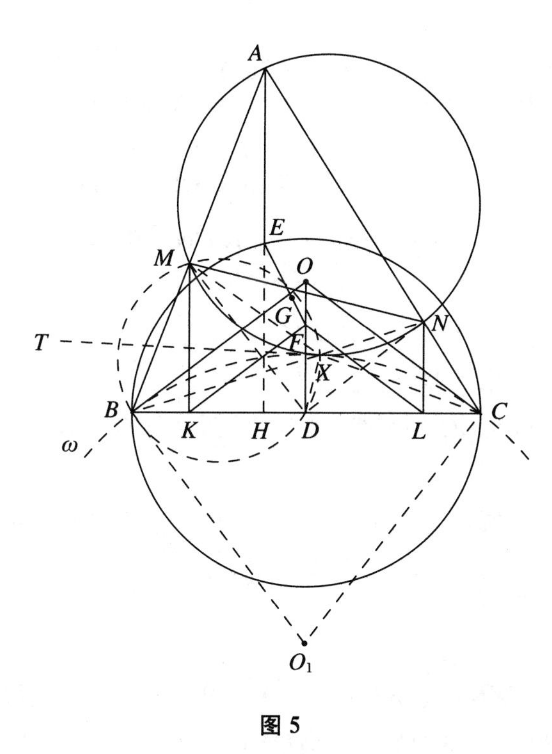

图 5

事实上，如果有 $NL \cdot MK = DK^2$，即$\dfrac{MK}{DL} = \dfrac{NL}{DK}$，结合$\angle MKD = \angle DLN = 90^\circ$，即得$\triangle MKD \backsim \triangle DLN$，从而$\angle MDK = \angle DNL = 90^\circ - \angle NDL$，故$\angle MDN = 90^\circ$. 以下证明 $NL \cdot MK = DK^2$.

设过点 A 的高线在边 BC 上的垂足为 H，则点 E 在 AH 上. 联结 AD，则点 G 在 AD 上，又 $OD /\!/ AE$，故$\dfrac{AE}{DF} = \dfrac{AG}{GD} = 2$，即 $DF = \dfrac{1}{2}AE$.

设 $BC = a$，$CA = b$，$AB = c$. 在 $\mathrm{Rt}\triangle DKF$ 中，$\angle KFD = \angle BOD = \dfrac{1}{2}\angle BOC = \angle BAC$，则 $DK = DF\tan\angle KFD = DF\tan A = \dfrac{AE}{2}\tan A$，故

$$MK = BK\tan B = (BD - DK)\tan B = \frac{a - AE\tan A}{2}\tan B.$$

同理，$NL = \dfrac{a - AE\tan A}{2}\tan C$. 从而，$NL \cdot MK = DK^2$ 等价于

$$\left(\frac{a - AE\tan A}{2}\right)^2 \tan C\tan B = \left(\frac{AE}{2}\tan A\right)^2,$$

即

$$\sqrt{\cot C\cot B} = \frac{a - AE\tan A}{AE\tan A} = \frac{a}{AE\tan A} - 1. \quad ①$$

事实上，我们有

$$\begin{aligned}\frac{a}{AE\tan A} &= \frac{\cos A}{\sin C\sin B - \sqrt{\sin C\sin B\cos C\cos B}} \\ &= \frac{\sin C\sin B - \cos C\cos B}{\sqrt{\sin C\sin B}(\sqrt{\sin C\sin B} - \sqrt{\cos C\cos B})} \\ &= \frac{\sqrt{\sin C\sin B} + \sqrt{\cos C\cos B}}{\sqrt{\sin C\sin B}} \\ &= 1 + \sqrt{\cot B\cot C},\end{aligned}$$

故式①成立，从而 $NL \cdot MK = DK^2 \Rightarrow \angle MDN = 90^\circ$.

过点 B、C，分别作 OB、OC 的垂线，交于点 O_1，则 O_1 是圆 ω 的圆心，且$\angle BO_1C = 180^\circ - \angle BOC = 180^\circ - 2\angle A$.

设$\triangle BDM$ 的外接圆与圆ω 相交于点 X（$X \neq B$），XT 是圆ω 的切线，则

$$\angle CXB = 180^\circ - \frac{1}{2}\angle BO_1C = 90^\circ + \angle A,$$

故

$$\begin{aligned}\angle XCN &= \angle CXB - \angle XBA - \angle A = 90^\circ + \angle A - \angle MDX - \angle A \\ &= 90^\circ - \angle MDX = \angle XDN,\end{aligned}$$

从而，D、X、N、C 四点共圆. 于是

$$\angle AMX = \angle XDB = 180^\circ - \angle XDC = 180^\circ - \angle ANX,$$

因此，点 X 在$\triangle AMN$ 的外接圆上.

由 TX 是圆ω 的切线，得

$$\begin{aligned}\angle MXT &= \angle MXB - \angle TXB = \angle MDB - \angle XCB \\ &= 90^\circ - \angle MDF - \angle XND = 90^\circ - \angle DMN - \angle XND = \angle MNX.\end{aligned}$$

故 TX 是$\triangle AMN$ 的外接圆的切线，即$\triangle AMN$ 的外接圆与圆ω 相切于点X.

注 （1）本题来自 Tran Quang Hung 的著作 *Two Tangent Circles from Jigsawing Quadrangle* 中的如下问题：如图 6，在$\triangle ABC$ 中，$AB < AC$，D 是BC 的中点，K、L 分别在 BD、CD 上，且满足 $KD = LD$，线段 AB、AC 内分别存在点M、N，使得 $MK \perp BC$，NL

$\perp BC$. 点 O 是$\triangle ABC$ 的外心，圆 ω 是过 B、C 且与 OB、OC 相切的圆. 若 $MN=MK+NL$，则$\triangle AMN$ 的外接圆与圆 ω 相切.

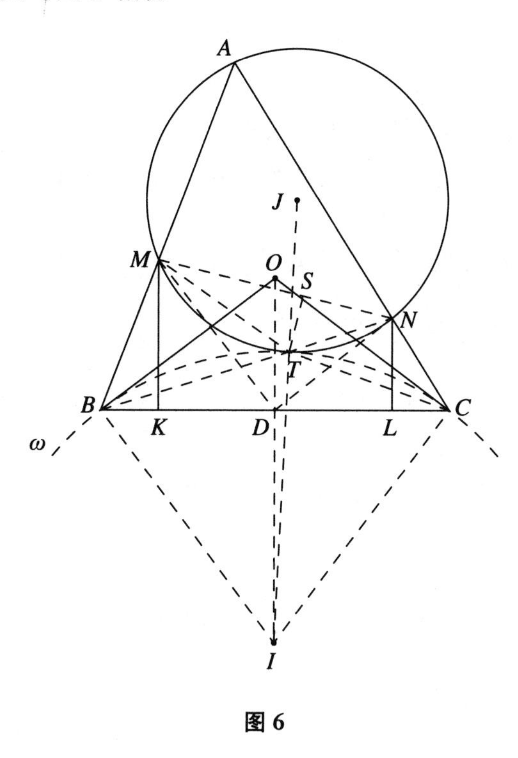

图 6

以下是 Tran Quang Hung 给出的证明.

设点 S 在MN 上，满足 $MS=MK$，$NS=NL$，又设点 T 满足$\triangle MST\backsim\triangle MKB$，$\triangle NST\backsim\triangle NLC$. 设圆 ω 的圆心为 I.

以下证明$\triangle AMN$ 的外接圆与圆 ω 相切于点 T.

首先，由$\angle MTN=\angle MTS+\angle NTS=\angle MBK+\angle NCL=\angle B+\angle C=180^\circ-\angle MAN$，知点 T 在$\triangle AMN$ 的外接圆上，并设$\triangle AMN$ 的外心为 J.

其次，我们有

$$\begin{aligned}\angle BTC&=360^\circ-\angle MTN-\angle MTB-\angle NTC\\&=360^\circ-(180^\circ-\angle A)-\frac{1}{2}\angle AMT-\frac{1}{2}\angle ANT\\&=360^\circ-(180^\circ-\angle A)-\frac{1}{2}\times180^\circ=90^\circ+\angle A,\end{aligned}$$

又$\angle BIC=180^\circ-\angle BOC=180^\circ-2\angle A$，故 $\angle BTC=180^\circ-\frac{1}{2}\angle BIC$，从而点 T 在圆 ω 上.

最后证明 J、T、I 三点共线. 事实上，我们有

$$\begin{aligned}\angle JTN+\angle NTC+\angle CTI&=(90^\circ-\angle TMN)+\angle NCT+(90^\circ-\angle TBC)\\&=180^\circ-\angle BMK+\angle NCT-\angle TCO\end{aligned}$$

$$= 180^\circ - (90^\circ - \angle B) + \angle ACO = 180^\circ.$$

故有 J、T、I 三点共线.

综上可知结论成立.

(2) 本题还蕴含很多结论，如 $MN = MK + NL$，A、O、X 三点共线，$MX = MB$，$NX = NC$ 等，都可以作为入手点从不同角度展开证明.

(3) 本题本质上是曼海姆定理，有兴趣的读者可以自行探讨.

4. 用反证法. 假设对任意实数 x，均有 $\sum\limits_{i=1}^{n}(f_i(x) - f_i(x-a_i)) \geqslant 1$.

对任意 m 个正整数 $m_1, m_2, \cdots, m_n$，有

$$\begin{aligned}\prod_{i=1}^{n} m_i &\leqslant \sum_{\substack{1\leqslant k_l \leqslant m_l \\ l=1,2,\cdots}} \sum_{i=1}^{n}\left(f_i\left(x+\sum_{j=1}^{n}k_j a_j\right) - f_i\left(x+\sum_{j=1}^{n}k_j a_j - a_i\right)\right) \\ &= \sum_{i=1}^{n}\sum_{\substack{1\leqslant k_j\leqslant m_j \\ j\neq i}}\left(f_i\left(x+m_i a_i+\sum_{j\neq i}k_j a_j\right) - f_i\left(x+\sum_{j\neq i}k_j a_j\right)\right) \\ &\leqslant \sum_{i=1}^{m} M_i \cdot \prod_{j\neq i} m_j = \sum_{i=1}^{n}\frac{M_i}{m_i}\cdot\prod_{i=1}^{n} m_i,\end{aligned}$$

其中，$\dfrac{M_i}{2}$是$|f_i(x)|$的一个上界.

我们取 $m_i \geqslant 2nM_i$ 即$\dfrac{M_i}{m_i} \leqslant \dfrac{1}{2n}$,即知矛盾. 从而假设不成立，命题得证.

注 在本题的条件下，可以进一步证明：对任意 $\varepsilon > 0$，存在无穷多个 x 满足

$$\left|\sum_{i=1}^{n} f_i(x) - \sum_{i=1}^{n} f_i(x-a_i)\right| < \varepsilon.$$

5. 特别地，我们考虑 S 的所有三元子集.

集合 S 中恰有 $C_{68}^{3} = 50116$ 个三元子集，且每个三元子集的元素和都不超过 $2013 + 2014 + 2015 = 6042$. 根据抽屉原理，至少存在$\left[\dfrac{50116}{6042}\right] + 1 = 9$ 个三元子集，它们的元素和相等.

设其中 9 个三元子集分别是 $M_1, M_2, \cdots, M_9$. 若其中某两个子集 M_i、M_j($1 \leqslant i < j \leqslant 9$) 的交集不是空集，结合 M_i 与M_j 的元素和相等，可知$|M_i \cap M_j| = 1$.

若 $M_1, M_2, \cdots, M_9$ 中存在三个，它们两两的交集是空集，则这三个子集即满足要求. 下面只需考虑任意三个子集中都至少有两个子集的交集非空的情形.

(1) 若任意两个子集的交集都不是空集. 设 $M_1 = \{a_1, a_2, a_3\}$，其他每个子集都与 M_1 恰有一个公共元素，根据抽屉原则，必有$\left[\dfrac{8}{3}\right] + 1 = 3$ 个子集与集合 M_1 的公共元素相同，

设其中两个是 M_2、M_3，且它们与 M_1 的公共元素都是 a_1，则 $M_1\backslash\{a_1\}$、$M_2\backslash\{a_1\}$、$M_3\backslash\{a_1\}$两两交集是空集，且它们的元素之和相等.

(2) 若存在某两个子集的交集是空集. 不妨设 $M_1\cap M_2=\varnothing$，则其他每个子集都与 M_1、M_2 中的某个子集的交集不是空集. 从而由抽屉原理，M_1、M_2 中必有一个与其他 $\left[\frac{7}{2}\right]+1=4$ 个子集的交集都不是空集. 不妨设 M_1 与 M_3、M_4、M_5、M_6 的交集都不是空集，则 M_1 与 M_3、M_4、M_5、M_6 都恰有一个公共元素. 根据抽屉原理，M_3、M_4、M_5、M_6 中存在 $\left[\frac{4}{3}\right]+1=2$ 个（设为 M_3、M_4），它们与 A_1 的公共元素相同（设为 a_1），则 $M_1\backslash\{a_1\}$、$M_3\backslash\{a_1\}$、$M_4\backslash\{a_1\}$两两交集是空集，且它们的元素之和相等.

综上所述，命题得证.

6.（法一）首先注意到 $4\nmid n^2+1$，对奇素数 p，记不超过正整数 T 且使得 $p^2\mid n^2+1$ 的正整数 n 的个数为 $A_p(T)$，记不超过正整数 T 且使得 n^2+1 无平方因子的正整数 n 的个数为 $A(T)$，于是本题即证明，当 $T\to+\infty$ 时，$A(T)$ 也趋于无穷大. 易知

$$A(T)\geqslant T-\sum_{3\leqslant p\leqslant T}A_p(T).$$

显然，mod 9的平方剩余为 0、1、4、7，所以，$9\nmid n^2+1$. 对于奇素数 $p\geqslant 5$，设 $p^2\mid n^2+1$，我们注意到，若 $p^2\mid n_1^2+1$，$p^2\mid n_2^2+1$，则 $p^2\mid n_1^2-n_2^2=(n_1-n_2)(n_1+n_2)$. 由于$(p,n_1)=(p,n_2)=1$，故只能 $p^2\mid n_1-n_2$ 或 $p^2\mid n_1+n_2$. 也就是说，每连续的 p^2 个正整数中至多能有两个使得 $p^2\mid n^2+1$ 的数 n. 如果存在这样的两个数，那么它们的和或差是 p^2 的倍数. 于是，

$$A_p(T)=\sum_{\substack{n\leqslant T\\ n^2\equiv-1(\bmod p^2)}}1\leqslant\left(1+\left[\frac{T}{p^2}\right]\right)\sum_{\substack{x\ (\bmod p^2)\\ x^2\equiv-1(\bmod p^2)}}1\leqslant 2+\frac{2T}{p^2},$$

从而

$$A(T)\geqslant T-2\sum_{p\leqslant T}1-2T\sum_{3\leqslant p\leqslant T}\frac{1}{p^2}>\left(1-2\sum_{p\geqslant 3}\frac{1}{p^2}\right)T-2\pi(T)$$

（这里，$\pi(x)$表示不超过实数 x 的素数个数）. 结合

$$\sum_{p\leqslant 3}\frac{1}{p^2}\leqslant\sum_{n=1}^{\infty}\frac{1}{n^2}-1-\frac{1}{4}=\frac{\pi^2}{6}-\frac{5}{4}\leqslant\frac{5}{12},$$

可得

$$A(T)\geqslant\frac{T}{6}-2\pi(T).$$

由素数定理[1]，可知对任意 $\varepsilon>0$，存在正整数 T_0，使得当 $T\geqslant T_0$时，$\pi(T)\leqslant\varepsilon T$，故当

1 **素数定理** 当 $x\to+\infty$ 时，$\pi(x)\sim\mathrm{li}x=\int_0^x\frac{\mathrm{d}t}{\ln t}$，$\pi(x)\sim\frac{x}{\ln x}$.

$T \geqslant T_0$时，

$$A(T) \geqslant \left(\frac{1}{6} - 2\varepsilon\right)T.$$

当 $0 < \varepsilon < \frac{1}{3}$时，$\frac{1}{6} - 2\varepsilon > 0$，从而当 $T \to +\infty$ 时，$A(T) \to +\infty$，结论成立.

（法二）任取正整数 M，考虑如下 M 个数：

$$1^2+1, 2^2+1, 3^2+1, \cdots, M^2+1. \quad ①$$

显然，除第一个数外，其余每个数的素因子均模 4 余 1. 事实上，假设 n^2+1 $(1 \leqslant n \leqslant M)$ 存在素因子 $p \equiv 3 \pmod 4$，由 $n^2+1 \equiv 0 \pmod p$，得 $n^2 \equiv -1 \pmod p$，两边同时$\frac{p-1}{2}$次方，得 $n^{p-1} \equiv (-1)^{\frac{p-1}{2}} \equiv -1 \pmod p$. 由$(n,p)=1$，根据费马小定理，得 $n^{p-1} \equiv 1 \pmod p$，矛盾. 又显然 $4 \nmid n^2+1$，故 $p \equiv 1 \pmod 4$ [1].

如果式①中有平方因子 p^2，其中 p 为素数，那么 $5 \leqslant p \leqslant M$. 设不大于 M 且模 4 余 1 的素数从小到大分别为 $p_1, p_2, \cdots, p_t$，并设式①中能被 p_i^2 整除的数的集合为 A_i，其元素个数为 $a_i (i=1,2,\cdots,t)$.

下面证明，在式①中的连续 p_i^2 个数中，至多有两个数可能被 p_i^2 整除.

因此，将式①中的数从左到右，按照每 p_i^2 个数分段，最后剩下的也算一段. 那么式①中有因子 p_i^2 的数至多有 $2\left(\left[\frac{M}{p_i^2}\right]+1\right)$个. 因此，

$$a_i \leqslant 2\left[\frac{M}{p_i^2}\right]+2.$$

所以，

$$\begin{aligned} a_1+a_2+\cdots+a_t &\leqslant 2\left[\frac{M}{p_1^2}\right]+2\left[\frac{M}{p_2^2}\right]+\cdots+2\left[\frac{M}{p_t^2}\right]+2t \\ &\leqslant \frac{2M}{p_1^2}+\frac{2M}{p_2^2}+\cdots+\frac{2M}{p_t^2}+2t \\ &\leqslant 2M\left(\frac{1}{5^2}+\frac{1}{13^2}+\cdots+\frac{1}{p_t^2}\right)+2t. \end{aligned}$$

我们知道

$$\frac{1}{5^2}+\frac{1}{13^2}+\cdots+\frac{1}{p_t^2} < \frac{1}{5^2}+\frac{1}{12 \cdot 13}+\frac{1}{13 \cdot 14}+\cdots+\frac{1}{(p_t-1) \cdot p_t} < \frac{1}{5^2}+\frac{1}{12} = \frac{37}{300}.$$

另一方面，从 $1,2,3,\cdots,M$ 中模 4 余 1 的素数的个数 t 满足 $t \leqslant \frac{M}{4}$. 从而

1　这一点也可用 Euler 判别法得到. **Euler 判别法** 设素数 $p > 2$，$p \nmid d$，那么，d 是模 p 的二次剩余的充要条件是 $d^{\frac{p-1}{2}} \equiv 1 \pmod p$；$d$ 是模 p 的二次非剩余的充要条件是 $d^{\frac{p-1}{2}} \equiv -1 \pmod p$. 由此可推出，$-1$ 是模 p 的二次剩余的充要条件是 $p \equiv 1 \pmod 4$.

$$a_1+a_2+\cdots+a_t<2M\times\frac{37}{300}+2\times\frac{M}{4}=\frac{56}{75}M.$$

因此，我们知道式①中没有平方因子的数的个数至少是

$$M-(a_1+a_2+\cdots+a_t)>\frac{19}{75}M.$$

所以，原命题成立.

注 事实上，本题可用高斯整数环 $\mathbf{Z}[\mathrm{i}]$ 中形如 $n+\mathrm{i}$ 的高斯素数有无穷多个直接推出 n^2+1 没有平方因子.

选拔考试三

1. 引理 如图7，在四边形 $OABC$ 中，$OB=OC$，AO 是$\angle BAC$ 的外角平分线，则 O、A、B、C 四点共圆.

引理的证明 设点 P 在 OA 的延长线上，B'是点 B 关于 OA 的对称点，则 $OB'=OB=OC$，$\angle OB'A=\angle OBA$. 由$\angle OAC=\angle PAB=\angle PAB'$，知 C、A、B'三点共线，从而$\angle OBA=\angle OB'A=\angle OB'C=\angle OCA$，故 A、B、C、O 四点共圆.

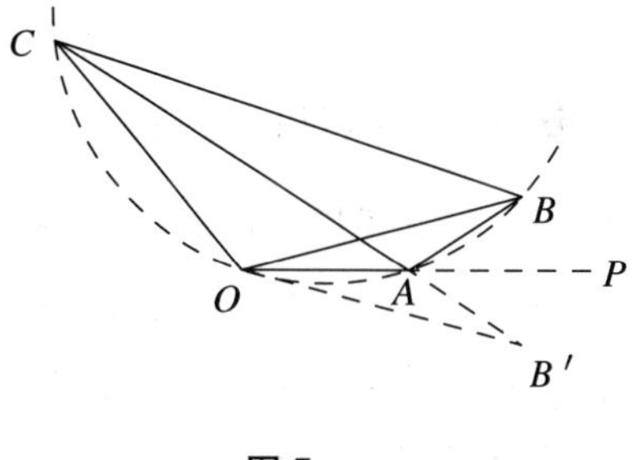

图 7

回到原题.

由于 $AP=BP$，DP 是$\angle ADB$ 的外角平分线，故由引理知 A、B、D、P 四点共圆. 同理，A、C、D、Q 四点共圆.

如图8，设 U、V 分别在线段DB、DC 的延长线上，且 $BU=DC$，$CV=DB$，由于 $AD=BD+CD$，故 $AD=DU=DV$. 由 $AP=PB$，$AD=DU$，$\angle APB=\angle ADU$，知$\triangle APB\backsim\triangle ADU$，从而易知$\triangle APD\backsim\triangle ABU$，故

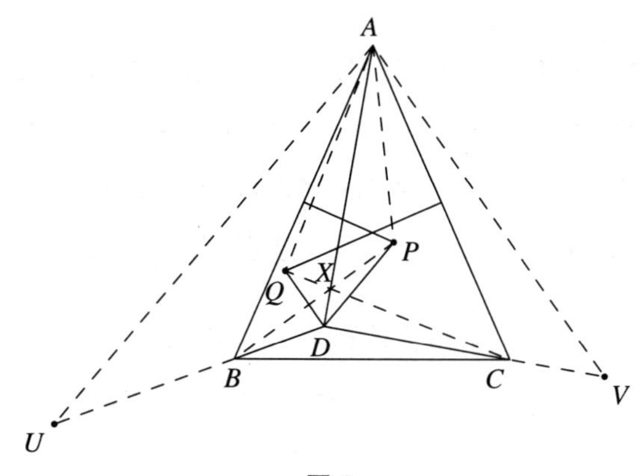

图 8

$$\frac{DP}{AP}=\frac{BU}{AB}.$$

类似地，$\triangle AQD \backsim \triangle ACV$，$\frac{DQ}{AQ}=\frac{CV}{AC}$.

设直线 BP 与 AD 相交于点 X，则

$$\frac{DX}{XA}=\frac{S_{\triangle PDB}}{S_{\triangle PAB}}=\frac{DP}{AP}\cdot\frac{DB}{AB}=\frac{BU}{AB}\cdot\frac{DB}{AB}=\frac{DC\cdot DB}{AB^2}. \qquad ①$$

设直线 CQ 与 CD 相交于点 X'，则

$$\frac{DX'}{X'A}=\frac{S_{\triangle QDC}}{S_{\triangle QAC}}=\frac{DQ}{AQ}\cdot\frac{DC}{AC}=\frac{CV}{AC}\cdot\frac{DC}{AC}=\frac{DB\cdot DC}{AC^2}. \qquad ②$$

由式①和式②，结合 $AB=AC$，知$\frac{DX}{XA}=\frac{DX'}{X'A}$，从而点 X 与 X' 重合，即三条直线 BP、CQ、AD 共点于 X. 在圆内接四边形 $APDB$ 和 $AQDC$ 中应用圆幂定理，知

$$BX\cdot XP=AX\cdot XD=CX\cdot XQ,$$

因此，B、C、P、Q 四点共圆.

2. 按下述规则选取子集 A_i，直到覆盖 X 的所有元素.

(1) 逐个选取子集使得每选一个选到的元素增加 3 个，直到无法再选为止. 设共选到 r_3 个子集 $B_1,\cdots,B_{r_3}$，它们的并集为 X_3，则 $|X_3|=3r_3$. 余下的 $k-r_3$ 个子集每个与 $X\setminus X_3$ 至多有 2 个公共元.

(2) 逐个选取余下的子集使得每选一个选到的元素增加 2 个，直到无法再选为止. 设共选到 r_2 个子集 $C_1,\cdots,C_{r_2}$，它们的并集与 $X\setminus X_3$ 的交集为 X_2，则 $|X_2|=2r_2$. 现在余下的 $k-r_3-r_2$ 个子集每个与 $(X\setminus X_3)\setminus X_2$ 至多有 1 个公共元.

(3) 最后逐个选取余下的子集使得每选一个选到的元素增加 1 个，直到覆盖整个 X. 设共选到 r_1 个子集 $D_1,\cdots,D_{r_1}$，它们的并集与 $(X\setminus X_3)\setminus X_2$ 之交集为 X_1，则 $|X_1|=r_1$. 显然 $|X|=r_1+2r_2+3r_3$.

X_1 的每个元素至少属于 4 个子集，这些子集都不是 B_i 和 C_j，一个子集至多覆盖 X_1 的 1 个元素，故由算两次原理，知 $k-r_3-r_2\geqslant 4r_1$，即 $k\geqslant 4r_1+r_2+r_3$.

$X_1\cup X_2$ 的每个元素至少属于 4 个子集，它们都不是 B_i，一个子集至多覆盖 $X_1\cup X_2$ 的 2 个元素，再由算两次原理，知 $k-r_3\geqslant\frac{4(r_1+2r_2)}{2}=2r_1+4r_2$，即 $k\geqslant 2r_1+4r_2+r_3$.

又直接对 X 和 $A_1,A_2,\cdots,A_k$，由算两次原理，得

$$3k\geqslant 4|X|=4r_1+8r_2+12r_3.$$

于是

$$\begin{aligned}6k&=2k+k+3k\geqslant 2(4r_1+r_2+r_3)+2r_1+4r_2+r_3+4r_1+8r_2+12r_3\\&\geqslant 14(r_1+r_2+r_3),\end{aligned}$$

即取出子集个数 $r_1+r_2+r_3\leqslant\left[\frac{6k}{14}\right]=\left[\frac{3}{7}k\right]$.

3. 设 p 为素数，n 为整数，如果 $p^a\mid n$，$p^{a+1}\nmid n$，那么称 p^a 恰好整除 n，此时记 $v_p(n)=a$，并将不超过 n 且与 n 互素的正整数的个数记为 $\varphi(n)$.

令

$$d=(a,\ b)=p_1^{e_1}p_2^{e_2}\cdots p_m^{e_m},$$

其中 $p_1<p_2<\cdots<p_m$ 为素数，$e_i\geqslant 1$，$i=1,2,\cdots,m$，并且 $m\geqslant 2$. 令 $a=da_1$，$b=db_1$，那么 $(a_1,\ b_1)=1$. 如果 $x\in S$，那么存在正整数 k，使得 $x=a+bk=d(a_1+b_1k)$，从而 $d\mid x$. 令

$$x=a+bk=y\cdot p_1^{f_1}p_2^{f_2}\cdots p_m^{f_m}, \tag{①}$$

其中 $(y,\ d)=1$. 因此 $f_i\geqslant e_i$，$i=1,2,\cdots,m$. 分两种情形讨论.

情形1　如果存在 d 的素因子 p_i 满足条件 $v_{p_i}(a)<v_{p_i}(b)$，那么对任意的 $x\in S$，均有 $v_{p_i}(x)=v_{p_i}(a)$. 利用反证法，可知 S 中的每个元素均是不可约元素. 从而 $t=1$ 即可.

情形2　如果情形1中的条件不成立，那么对 d 的每个素因子 p_i，均有 $v_{p_i}(a)\geqslant v_{p_i}(b)$. 因此，$(d,\ b_1)=1$，从而 $(a,\ b_1)=1$. 利用式①可知，对每个 $x\in S$，均有

$$x=a+bk=y\cdot p_1^{f_1}p_2^{f_2}\cdots p_m^{f_m}, \tag{②}$$

其中 $(y,\ b)=1$. 因此 $f_i\geqslant e_i$，$i=1,2,\cdots,m$.

取 $t=2\varphi(b_1)+1$. 下证 S 中的每个元素均可以表示成 S 中不超过 t 个不可约元素的乘积. 反证法，如果结论不成立，那么存在 $x\in S$，使得 x 不能表示成少于 $2\varphi(b_1)+2$ 个 S 中不可约元素的乘积. 因此，存在一个最小的正整数 N，$N\geqslant 2\varphi(b_1)+2$，并且

$$x=x_1x_2\cdots x_N,$$

其中 $x_1,\ x_2,\ \cdots,\ x_N$ 均是 S 中的不可约元素. 利用式②，我们有

$$x_i=y_i\cdot p_1^{f_{i1}}p_2^{f_{i2}}\cdots p_m^{f_{im}},$$

其中 $(y_i,\ b)=1$，$f_{ij}\geqslant e_j$，$j=1,2,\cdots,m$，$i=1,2,\cdots,N$. 因此，将 x 分成三个数的乘积：

$$x_1x_2\cdots x_{\varphi(b_1)+1},\quad x_{\varphi(b_1)+2}x_{\varphi(b_1)+3}\cdots x_{2\varphi(b_1)+2},\quad x_{2\varphi(b_1)+3}\cdots x_N.$$

我们处理前两个数.

$$x_1x_2\cdots x_{\varphi(b_1)+1}=y_1y_2\cdots y_{\varphi(b_1)+1}\prod_{i=1}^{\varphi(b_1)+1}p_1^{f_{i1}}p_2^{f_{i2}}\cdots p_m^{f_{im}}.$$

显然，对每个 $1\leqslant j\leqslant m$，

$$\begin{aligned}v_{p_j}(x_1x_2\cdots x_{\varphi(b_1)+1})&=f_{1j}+f_{2j}+\cdots+f_{(\varphi(b_1)+1)j}\\&\geqslant(\varphi(b_1)+1)e_j=\varphi(b_1)(e_j-1)+\varphi(b_1)+e_j.\end{aligned}$$

令

$$g_j=f_{1j}+f_{2j}+\cdots+f_{(\varphi(b_1)+1)j}=\varphi(b_1)q_j+r_j,\quad e_j\leqslant r_j<\varphi(b_1)+e_j,$$

那么 $q_j \geqslant 1$. 因此,

$$y_1 y_2 \cdots y_{\varphi(b_1)+1} \cdot p_1^{g_1} p_2^{g_2} \cdots p_m^{g_m} = x_1 x_2 \cdots x_{\varphi(b_1)+1} \equiv a^{\varphi(b_1)+1} (\bmod b).$$

从而

$$y_1 y_2 \cdots y_{\varphi(b_1)+1} \cdot p_1^{g_1} p_2^{g_2} \cdots p_m^{g_m} \equiv a^{\varphi(b_1)+1} \equiv a (\bmod b_1). \quad ③$$

同理,

$$x_{\varphi(b_1)+2} x_{\varphi(b_1)+3} \cdots x_{2\varphi(b_1)+2} = y_{\varphi(b_1)+2} \cdots y_{2\varphi(b_1)+2} \prod_{i=\varphi(b_1)+2}^{2\varphi(b_1)+2} p_1^{f_{i1}} p_2^{f_{i2}} \cdots p_m^{f_{im}}.$$

对每个 $1 \leqslant j \leqslant m$, 令

$$g_j' = f_{(\varphi(b_1)+2)j} + \cdots + f_{(2\varphi(b_1)+2)j} = \varphi(b_1) q_j' + r_j', \quad e_j \leqslant r_j' < \varphi(b_1) + e_j,$$

那么 $q_j' \geqslant 1$. 因此,

$$y_{\varphi(b_1)+2} \cdots y_{2\varphi(b_1)+2} \cdot p_1^{g_1'} p_2^{g_2'} \cdots p_m^{g_m'} = x_{\varphi(b_1)+2} \cdots x_{2\varphi(b_1)+2} \equiv a^{\varphi(b_1)+1} (\bmod b).$$

从而

$$y_{\varphi(b_1)+2} \cdots y_{2\varphi(b_1)+2} \cdot p_1^{g_1'} p_2^{g_2'} \cdots p_m^{g_m'} \equiv a^{\varphi(b_1)+1} \equiv a (\bmod b_1). \quad ④$$

利用式④, 我们有

$$A = y_1 \cdots y_{\varphi(b_1)+1} \cdot p_1^{r_1} p_2^{g_2 + \varphi(b_1) q_2'} p_3^{g_3} \cdots p_m^{g_m} \equiv a (\bmod b_1),$$

$$B = y_{\varphi(b_1)+2} \cdots y_{2\varphi(b_1)+2} \cdot p_1^{g_1' + \varphi(b_1) q_1} p_2^{r_2'} p_3^{g_3'} \cdots p_m^{g_m'} \equiv a (\bmod b_1).$$

所以

$$A \equiv a (\bmod b), \quad B \equiv a (\bmod b).$$

从而 $A \in S$ 而且 $B \in S$, 由于 $e_1 \leqslant r_1 < \varphi(b_1) + e_1$, $e_2 \leqslant r_2' < \varphi(b_1) + e_2$, 容易证明 A、B 均至多可以写成 S 中 $\varphi(b_1)$ 个不可约元素之积. 又

$$x = A \cdot B \cdot x_{\varphi(b_1)+3} \cdots x_N.$$

从而 x 可以写成不大于 $\varphi(b_1) + \varphi(b_1) + N - (2\varphi(b_1) + 2) = N - 2$ 个不可约数之积, 矛盾. 所以结论成立.

4. 令 $u_l = \sum_{i=1}^{l} x_i$, $v_l = \prod_{i=1}^{l} x_i$, 则原不等式等价于

$$\frac{u_n^n}{n^n v_n} \leqslant \frac{(n+1)^n}{2^n \cdot n!}.$$

下面用数学归纳法证明.

易证当 $n=2$ 时, 结论显然成立. 假设当 $n=k$ 时结论成立, 即有

$$\frac{u_k^k}{k^k v_k} \leqslant \frac{(k+1)^k}{2^k \cdot k!},$$

需证明

$$\frac{u_{k+1}^{k+1}}{(k+1)^{k+1} v_{k+1}} \leqslant \frac{(k+2)^{k+1}}{2^{k+1} \cdot (k+1)!}.$$

由归纳假设, 得

$$\frac{1}{v_k} \leqslant \frac{k^k \cdot (k+1)^k}{2^k \cdot k! \cdot u_k^k}.$$

于是，

$$\frac{u_{k+1}^{k+1}}{(k+1)^{k+1} v_{k+1}} = \frac{u_{k+1}^{k+1}}{(k+1)^{k+1} x_{k+1}} \cdot \frac{1}{v_k} \leqslant \frac{u_{k+1}^{k+1}}{(k+1)^{k+1} x_{k+1}} \cdot \frac{k^k \cdot (k+1)^k}{2^k \cdot k! \cdot u_k^k}$$

$$= \frac{u_{k+1}^{k+1} \cdot k^k}{2^k (k+1)! \cdot x_{k+1} u_k^k}.$$

从而只需证明

$$\frac{u_{k+1}^{k+1} \cdot k^k}{2^k (k+1)! \cdot x_{k+1} u_k^k} \leqslant \frac{(k+2)^{k+1}}{2^{k+1} \cdot (k+1)!}$$

$$\Leftrightarrow \frac{(u_k + x_{k+1})^{k+1}}{x_{k+1} u_k^k} \leqslant \frac{(k+2)^{k+1}}{2k^k}.$$

对上式两边取对数，可知其等价于

$$f(x_{k+1}) = (k+1)\ln(u_k + x_{k+1}) - \ln x_{k+1} - k\ln u_k - \ln \frac{(k+2)^{k+1}}{2k^k} \leqslant 0.$$

而由

$$f'(x_{k+1}) = \frac{k+1}{u_k + x_{k+1}} - \frac{1}{x_{k+1}} = \frac{kx_{k+1} - u_k}{(u_k + x_{k+1}) x_{k+1}} \geqslant 0,$$

知函数 $f(x_{k+1})$是关于变量 x_{k+1}的增函数．又由条件 $x_1 \geqslant \frac{x_2}{2} \geqslant \cdots \geqslant \frac{x_n}{n}$，有

$$\frac{u_k}{x_{k+1}} = \frac{x_1 + x_2 + \cdots + x_k}{x_{k+1}} \geqslant \frac{1+2+\cdots+k}{k+1} = \frac{k}{2},$$

于是 $x_{k+1} \leqslant \frac{2u_k}{k}$．于是

$$f(x_{k+1}) \leqslant f\left(\frac{2u_k}{k}\right) = 0.$$

从而原不等式得证．易知等号成立的条件为 $x_1 = \frac{x_2}{2} = \cdots = \frac{x_n}{n}$．

5．记顶点 x 的红、蓝度分别为 $d_1(x)$、$d_2(x)$．

（1）若存在一点 u，满足 $d_2(u) \geqslant 120$，设 $v_1, v_2, \cdots, v_{120}$是 u 的蓝色邻点，则当 $i \neq j$ 时，$L(u, v_i)$不含 v_j（$\triangle uv_iv_j$ 有两条蓝色边），故 $L(u, v_i) \neq L(u, v_j)$，得到 120 个不同的 $L(u, v_i)$．

（2）若有一条红色边 uv 给出的$L(u, v)$中的点数不少于 241，则 $L(u, v)$中另外 239 个点与 u、v 相连的边都是一红一蓝，故 $d_2(u)$、$d_2(v)$之一不小于$\left[\frac{239}{2}\right] + 1 = 120$，由（1）可知结论成立．

（3）若对任意一点 x，都有 $d_2(x) \leqslant 119$，则 $d_1(x) = 2014 - 119 = 1895$，且每条红色边 uv 给出的$L(u, v)$的点数均不多于 240．每个 $L(u, v)$的生成红色边不构成三角形，故由

Turan 定理，其条数不多于$\frac{240^2}{4}=14400$. 从而红色边的条数 $E_1\geqslant\left[\frac{1895\times2015}{2}\right]+1=1909213$，因此由红色边生成的不同 $L(u,v)$不少于$\left[\frac{1909213}{14400}\right]+1=133$ 个.

注 下面给出 Turan 定理及其证明.

Turan 定理 在 n 个点的简单图中连有 m 条边，若图中无三角形，则 $m\leqslant\frac{n^2}{4}$.

证明 设 n 个点中连出边数最多的点为 v，它与 k 个点 $v_1,v_2,\cdots,v_k$ 相连，则 $v_1,v_2,\cdots,v_k$ 之间再无边相连. 所以除这 k 条边外，其余所有的边至少以除 $v,v_1,v_2,\cdots,v_k$ 这 $k+1$ 个点以外的 $n-1-k$ 个点中的一个作为顶点，所以

$$m\leqslant k+k\cdot(n-1-k)=k(n-k)\leqslant\frac{n^2}{4}.$$

6. 设 $n\in\mathbf{N}^*$，若对任意的正整数 $m<n$，均有 $f(m)<f(n)$，则称 n 为“好数”. 我们将证明更强的结论：对任意素数 p，p 和 $2p$ 都是好数.

引理 1 对任意正整数 n，$f(n)\leqslant\frac{1}{2}\tau(n!)$.

引理 1 的证明 显然，对素数 p，$\tau(p!)=2\tau((p-1)!)$，即 $f(p)=\frac{1}{2}\tau(p!)$. 以下设 n 为合数.

若素数 p 整除 n，则在 $1,2,\cdots,n-1$ 中，被 p 整除的最大整数是 $n-p$. 记正整数 n 中 p 的幂次为 $v_p(n)$，于是

$$v_p((n-1)!)=v_p((n-p)!)\geqslant\frac{n-p}{p},$$

从而

$$\frac{\tau(n!)}{\tau((n-1)!)}=\prod_{p\mid n}\frac{1+v_p(n!)}{1+v_p((n-1)!)}=\prod_{p\mid n}\left(1+\frac{v_p(n)}{1+v_p((n-1)!)}\right)$$

$$\leqslant\prod_{p\mid n}\left(1+\frac{v_p(n)}{1+\frac{n-p}{p}}\right)=\prod_{p\mid n}\left(1+\frac{pv_p(n)}{n}\right).$$

设正整数 n 的标准分解为 $n=\prod_{i=1}^{t}p_i^{\alpha_i}$，这里，$t\in\mathbf{N}^*$，$p_i(1\leqslant i\leqslant t)$为素数，且对任意 i（$1\leqslant i\leqslant t$），有 $\alpha_i\leqslant2^{\alpha_i-1}\leqslant p_i^{\alpha_i-1}$，即 $p_i\alpha_i\leqslant p_i^{\alpha_i}$.

当 $t=1$ 时，

$$\prod_{p\mid n}\left(1+\frac{pv_p(n)}{n}\right)=1+\frac{p_1\alpha_1}{p_1^{\alpha_1}}\leqslant2.$$

当 $t=2$ 时，

$$\prod_{p\mid n}\left(1+\frac{pv_p(n)}{n}\right)=\left(1+\frac{p_1\alpha_1}{p_1^{\alpha_1}p_2^{\alpha_2}}\right)\left(1+\frac{p_2\alpha_2}{p_1^{\alpha_1}p_2^{\alpha_2}}\right)$$

$$\leqslant\left(1+\frac{1}{p_2}\right)\left(1+\frac{1}{p_1}\right)\leqslant\left(1+\frac{1}{2}\right)\left(1+\frac{1}{3}\right)=2.$$

当 $t\geqslant 3$ 时,

$$\prod_{p\mid n}\left(1+\frac{pv_p(n)}{n}\right)=\prod_{i=1}^{t}\left[1+\frac{p_i\alpha_i}{\prod\limits_{1\leqslant j\leqslant t}p_j^{\alpha_j}}\right]\leqslant\prod_{i=1}^{t}\left[1+\frac{1}{\prod\limits_{\substack{1\leqslant j\leqslant t\\ j\neq i}}p_j^{\alpha_j}}\right]$$

$$\leqslant\prod_{i=1}^{t}\left[1+\frac{1}{\prod\limits_{\substack{1\leqslant j\leqslant t\\ j\neq i}}p_j}\right]\leqslant\left(1+\frac{1}{2\times 3^{t-2}}\right)^t\leqslant e^{\frac{t}{2\times 3^{t-2}}}\leqslant e^{\frac{1}{2}}<2.$$

这里用到了常用不等式 $1+x\leqslant e^x(x\in\mathbf{R})$.综上可得

$$\frac{\tau(n!)}{\tau((n-1)!)}\leqslant\prod_{p\mid n}\left(1+\frac{pv_p(n)}{n}\right)\leqslant 2,$$

从而 $f(n)=\tau(n!)-\tau((n-1)!)\leqslant\frac{1}{2}\tau(n!)$.

引理 2 对任意正整数 $n\geqslant 2$,$\tau(n!)>\tau((n-1)!)$.

引理 2 的证明 因为 $(n-1)!$ 的约数都是 $n!$ 的约数,而 $n!$ 的约数不全是 $(n-1)!$ 的约数(例如 $n!$),故 $\tau(n!)>\tau((n-1)!)$.

引理 3 对任意奇素数 p,$\tau((2p)!)>\frac{3}{2}\tau((2p-1)!)$.

引理 3 的证明 设 $(2p-1)!=2^{\alpha}pt$,其中 $(t,2p)=1$,则 $(2p)!=2^{\alpha+1}p^2t$. 于是,

$$\tau((2p-1)!)=2(\alpha+1)\tau(t),\ \tau((2p)!)=3(\alpha+2)\tau(t).$$

因此

$$\frac{\tau((2p!))}{\tau((2p-1)!)}=\frac{3(\alpha+2)}{2(\alpha+1)}>\frac{3}{2}.$$

下面证明任意素数 p 是好数. 对任意正整数 $m<p$,我们有

$$f(p)=\tau(p!)-\tau((p-1)!)=\tau((p-1)!)\geqslant\tau(m!)>f(m).$$

因此 p 是好数.

最后证明对任意素数 p,$2p$ 都是好数. 容易验证 4 是好数. 设 p 是奇素数,则对任意正整数 $m<2p$,有

$$f(2p)=\tau((2p)!)-\tau((2p-1)!)>\frac{3}{2}\tau((2p-1)!)-\tau((2p-1)!)$$

$$=\frac{1}{2}\tau((2p-1)!)\geqslant f(m).$$

因此,$2p$ 是好数.

综上所述,对任意素数 p,p 和 $2p$ 都是好数. 因为素数有无穷多个,所以存在无穷多个合数 $2p$ 为“好数”.

(林　常　纪春岗　曹珏贇　韩京俊　田开斌　李　潜　武炳杰　金　磊　杨全会　蔡剑兴　等　供解)

第7届罗马尼亚大师杯数学邀请赛(2015)

第　一　天

2015年2月27日　布加勒斯特

1. 是否存在一个正整数的无穷数列 $a_1, a_2, a_3, \cdots$，满足：a_m 与 a_n 互素当且仅当 $|m-n|=1$？

(秘鲁　供题)

2. 两名玩家在一个正 $n(n \geqslant 5)$ 边形边界上玩游戏. 一开始时有三枚棋子位于正 n 边形的连续三个顶点处(每一个顶点上各有一枚棋子)，然后玩家轮流进行如下操作：选取其中的一枚棋子，沿正 n 边形的边界移动到另一个没有棋子的顶点，中间可以经过任意多条边，但不可跨越其他棋子，使得以这三枚棋子为顶点的三角形面积在移动后比移动前严格增加. 规定当一名玩家无法按照上述规则移动棋子时，该名玩家即为输家. 试问：对哪些 n，先手有必胜策略？

(英国　供题)

3. 黑板上写着一列有限个有理数. 一次操作是指：从这列数字中任选两数 a 与 b，擦去它们，写下如下形式中的一种：

$$a+b, a-b, b-a, a\times b, \frac{a}{b}(\text{如果 } b\neq 0), \frac{b}{a}(\text{如果 } a\neq 0).$$

求证：对于每一个给定的正整数 $n\ (n>100)$，仅存在有限多个非负整数 k，使得由 $k+1, k+2, \cdots, k+n$ 构成的一列数字，在 $n-1$ 次操作后可以得到 $n!$.

(英国　供题)

第　二　天

2015年2月28日　布加勒斯特

4. 已知在 $\triangle ABC$ 中，点 D 为 $\triangle ABC$ 的内切圆在 BC 边上的切点，设点 J_b 和点 J_c 分别是 $\triangle ABD$ 和 $\triangle ACD$ 的内心. 求证：$\triangle AJ_bJ_c$ 的外心落在 $\angle BAC$ 的角平分线上.

(俄罗斯　供题)

5. 设素数 $p \geqslant 5$，对于正整数 k，定义 $R(k)$ 为 k 被 p 除所得的余数，其中 $0 \leqslant R(k) \leqslant k-1$. 试求所有正整数 $a < p$，使得对每一个 $m=1,2,\cdots,p-1$，均有 $m+R(ma)>a$ 成立.

(保加利亚　供题)

6. 给定一个正整数 n，试求最大的实数 μ，满足对“开”单位正方形 U 内的任意一个由 $4n$ 个点构成的集合 C，存在一个 U 内的“开”矩形 T，满足如下性质：

(1) T 的边均与 U 的边平行；

(2) T 包含 C 中恰好一个点；

(3) T 的面积至少是 μ.

注 所谓“开”图形，是指不含该图形的边界. （保加利亚 供题）

参考答案

1. 本题的答案是肯定的.

我们的主要思想是，用一列互不相同的素数 $p_1,p_2,p_3,\cdots$ 组成一列非空有限集 $I_1,I_2,\cdots,I_n,\cdots$，使得 $I_m\cap I_n=\varnothing$ 当且仅当 $|m-n|=1$，并令 $a_n=\prod\limits_{i\in I_n}p_i$，$n=1,2,\cdots$.

下面给出这样的集合的一种构造方式. 对任意正整数 n，令

$$2n\in I_k,\qquad k=n,n+3,n+5,n+7,\cdots;$$
$$2n-1\in I_k,\qquad k=n,n+2,n+4,n+6,\cdots.$$

显然，每个 I_k 中的元素都不大于 $2k$，所以它们都是有限的. 同时，p_{2n} 可保证 I_n 与每个 I_{n+2i} 有公共元素，而 p_{2n-1} 可保证 I_n 与每个 I_{n+2i+1} 有公共元素，$i=1,2,\cdots$，并且满足所有的下标都不出现在相邻的集合中.

注 上述构造中的 I_n 可表示为

$$I_n=\left\{2n-4k-1\,\middle|\,k=0,1,\cdots,\left[\frac{n-1}{2}\right]\right\}\cup\left\{2n-4k-2\,\middle|\,k=1,2,\cdots,\left[\frac{n}{2}\right]-1\right\}\cup\{2n\}.$$

上述构造也可叙述如下. 设 $p_1,p_1',p_2,p_2',\cdots,p_n,p_n'$ 是互不相同的素数，令

$$P_n=\begin{cases}p_1p_2'p_3p_4'\cdots p_{n-4}p_{n-3}'p_{n-2}, & \text{若 } n \text{ 是奇数},\\ p_1'p_2p_3'p_4\cdots p_{n-3}'p_{n-2}, & \text{若 } n \text{ 是偶数},\end{cases}$$

并约定当没有数可取时的乘积为 1. 然后令 $a_n=P_np_np_n'$ 即满足要求.

2. 我们将证明：当且仅当 $n-3$ 的素因数分解中 2 的幂次为奇数时，先手有必胜策略.

这个游戏对两位玩家是相同的，有有限种可能的状态，并且一定会结束. 我们可根据玩家是否有必胜策略将所有可能的状态称为“胜态”或“负态”. 对某个状态，它是胜态当且仅当存在允许的操作使其变为负态，而它是负态当且仅当任意允许的操作可将其变为胜态（包括无法按规则进行操作的状态）.

引理 使得三枚棋子构成的三角形不是等腰三角形的任何状态都是胜态.

引理的证明 将三枚棋子分别记为 X、Y、Z，使得在正 n 边形的外接圆中，弧 $\overset{\frown}{YZ}$ 最短，而弧 $\overset{\frown}{ZX}$ 最长. 沿正 n 边形的边界在弧 $\overset{\frown}{YZX}$ 上移动点 Z 处的棋子到点 Z'，使得 $\triangle XYZ'$ 构成以 Y 为顶点的等腰三角形（注意到弧 $\overset{\frown}{XY}$ 小于圆周长的一半，故移动该棋子不会越过点 X 处的棋子）. 若该状态是负态，则引理得证.

若该状态是胜态，则 $\triangle XYZ'$ 处的棋子可经过适当的操作变为负态. 这不能移动点 Y 处

的棋子,故由对称性,可通过移动点 Z' 处的棋子到达一个新的位置 Z'' 变为负态.而这也可以在开始时通过直接移动点 Z 处的棋子到达 Z'' 实现,这样初始状态仍然是胜态.

引理证毕,回到原题.

对任意非零整数 x,记 $v_2(x)$ 为 x 的素因数分解中 2 的幂次.对给定的三颗棋子构成等腰三角形的状态,设其两两之间所夹的弧长分别为 a、a、b(在合适的单位之下,有 $2a+b=n$),我们将证明,这个状态是胜态当且仅当 $a\neq b$,并且 $v_2(a-b)$ 是奇数.

显然,若 $a=b$,则该状态为负态.

改记 $b=a\pm|a-b|$,并注意到由初始态经过一次操作可以到达的等腰三角形只有一种,其三个点所夹的弧长分别是 a、$a\pm\frac{|a-b|}{2}$、$a\pm\frac{|a-b|}{2}$.若 $|a-b|$ 是奇数,这显然不可能,由引理可知这样的状态是负态.

若 $|a-b|$ 是偶数,则对初始状态进行操作得到的状态,除三个点所夹的弧长分别为 a、$a\pm\frac{|a-b|}{2}$、$a\pm\frac{|a-b|}{2}$ 的状态外,都一定是胜态.于是,(a,a,b) 是胜态当且仅当 $\left(a,a\pm\frac{|a-b|}{2},a\pm\frac{|a-b|}{2}\right)$ 是负态.此时,新三角形对应的弧长差为 $\frac{|a-b|}{2}$,从而由归纳法可以得到结论.

特别地,在本题中,初始状态的三枚棋子所夹的弧长分别为 1、1、$n-2$,它是胜态当且仅当 $v_2(n-3)$ 是奇数.

注 根据上述解法,我们可以得到一个明确的必胜策略.用三元数组 $\{a,b,c\}$ 代表某个状态,其中 a、b、c 是三枚棋子间所夹弧的弧长(在合适的单位之下,有 $a+b+c=n$).那么,一次操作相当于从 a、b、c 中选出两个数,并将它们用和相等的两个数替换,使得这两个数中较小的一个变大.

对某个玩家,他的必胜策略是在他的每次操作后得到状态 $\{a,a,b\}$,使得 $a=b$ 或 $v_2(a-b)$ 是偶数.我们称这样的状态是“好的”.本游戏开始时的状态是好的,当且仅当 $v_2(n-3)$ 是偶数.

此时,从好状态 $\{a,a,b\}$ 出发,至多有一种操作可以到达另一个形如 $\{a',a',b'\}$ 的状态,其中,$b'=a$.这个状态不是好的,从而只需说明经过一次操作,可将任何不好的状态变成好的.

设 $\{a,b,c\}$ 是一个不好的状态,其中 $a\leqslant b\leqslant c$.若 $a+c=2b$,我们可以得到好的状态 $\{b,b,b\}$.下面假设 $a+c\neq 2b$.若 $v_2(c+a-2b)$ 是偶数,则可得到好状态 $\{b,b,c+a-b\}$;否则,$c+a$ 一定是偶数,从而可以得到好状态 $\left\{\frac{c+a}{2},\frac{c+a}{2},b\right\}$.

3.我们对任意正整数 n 证明结论.

对 n 个互不相同的数 $x_1,x_2,\cdots,x_n$,只用 4 种基本算术运算,并且每个数恰使用一次可得到的结果只有有限多种. 对 $n>1$，每个结果可看作是由 $x_1,\cdots,x_n$ 两个不交的子集的结果做基本运算得到.

对 n 应用数学归纳法可以证明，任何一个这样的运算所得的结果都形如

$$\frac{\sum\limits_{\alpha_1,\cdots,\alpha_n\in\{0,1\}} a_{\alpha_1,\cdots,\alpha_n} x_1^{\alpha_1}\cdots x_n^{\alpha_n}}{\sum\limits_{\alpha_1,\cdots,\alpha_n\in\{0,1\}} b_{\alpha_1,\cdots,\alpha_n} x_1^{\alpha_1}\cdots x_n^{\alpha_n}}.$$

这里，$a_{\alpha_1,\cdots,\alpha_n}$、$b_{\alpha_1,\cdots,\alpha_n}\in\{0,\pm1\}$，并且不全为零，$a_{0,\cdots,0}=b_{1,\cdots,1}=0$，并且对任一组下标，有 $a_{\alpha_1,\cdots,\alpha_n}\cdot b_{\alpha_1,\cdots,\alpha_n}=0$.

由 $|a_{\alpha_1,\cdots,\alpha_n}|\leqslant 1$，且 $a_{0,\cdots,0}=0$ 可知，分子的绝对值不超过 $(1+|x_1|)\cdots(1+|x_n|)-1$. 特别地，若 $c\in\{-n,\cdots,-1\}$，$x_k=c+k$，$k=1,2,\cdots,n$，则分子的绝对值不超过 $(-c)!\,(n+c+1)!-1\leqslant n!-1<n!$.

考虑整系数多项式

$$P=\sum_{\alpha_1,\cdots,\alpha_n\in\{0,1\}} a_{\alpha_1,\cdots,\alpha_n}(X+1)^{\alpha_1}\cdots(X+n)^{\alpha_n},$$

$$Q=\sum_{\alpha_1,\cdots,\alpha_n\in\{0,1\}} b_{\alpha_1,\cdots,\alpha_n}(X+1)^{\alpha_1}\cdots(X+n)^{\alpha_n}.$$

这里，$a_{\alpha_1,\cdots,\alpha_n}$、$b_{\alpha_1,\cdots,\alpha_n}\in\{0,\pm1\}$，并且不全为零，$a_{0,\cdots,0}=b_{1,\cdots,1}=0$，并且对任一组下标，有 $a_{\alpha_1,\cdots,\alpha_n}\cdot b_{\alpha_1,\cdots,\alpha_n}=0$. 由前述证明可知，对任意 $c\in\{-n,\cdots,-1\}$，有 $|P(c)|<n!$ 成立，并且由 $b_{1,\cdots,1}=0$ 可知，Q 的次数小于 n.

由于任意非零多项式都只有有限多个根，且根的个数不超过多项式的次数，因此，为完成证明，只需证明多项式 $P-n!\cdot Q$ 不是零多项式，从而证明 Q 也不是零多项式.

假设 $P-n!\cdot Q$ 是零多项式，则 $P=n!\cdot Q$，其中 $Q\neq0$. 由 $\deg Q<n$，知 $\deg P<n$，又 $P\neq0$，则 P 的根的个数不超过 $\deg P<n$，从而存在 $c\in\{-n,\cdots,-1\}$，使得 $P(c)\neq0$. 由前述证明可知，$|P(c)|$ 是小于 $n!$ 的正整数. 另一方面，$|P(c)|=n!\,|Q(c)|$ 是 $n!$ 的整数倍，矛盾.

注　我们也可以对 n 用数学归纳法证明：对任意整数 c，有

$$\max\{|P(c)|,2|Q(c)|\}\leqslant\prod_{k=1}^{n}\max\{|c+k|,2\}.$$

对 $n>8$ 的情形，可以用同样的方法得到证明.

4. 如图 1，设 $\triangle ABC$ 的内切圆分别与边 CA、AB 相切于点 E、F，$\triangle ABD$ 和 $\triangle ACD$ 的内切圆分别与 AD 相切于点 X 和 Y. 则

$$2DX=DA+DB-AB=DA+DB-BF-AF=DA-AF.$$

类似地，$2DY=DA-AE=2DX$. 从而点 X 与 Y 重合，故 $J_bJ_c\perp AD$.

记 $\triangle AJ_bJ_c$ 的外心为 O，则

$$\angle J_bAO=90^\circ-\frac{1}{2}\angle AOJ_b=90^\circ-\angle AJ_cJ_b=\angle XAJ_c=\frac{1}{2}\angle DAC.$$

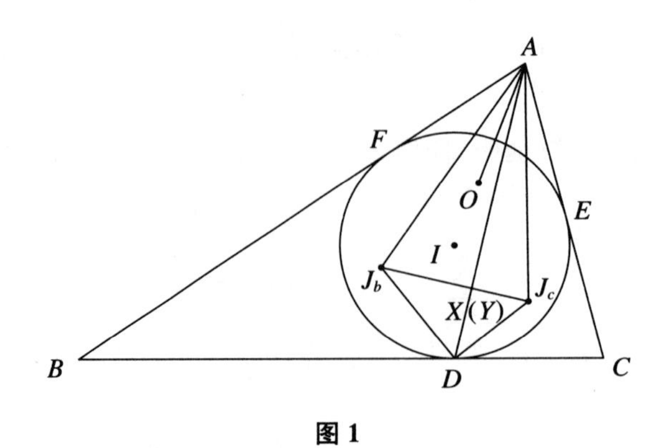

图 1

于是，

$$\angle BAO=\angle BAJ_b+\angle J_bAO=\frac{1}{2}\angle BAD+\frac{1}{2}\angle DAC=\frac{1}{2}\angle BAC,$$

从而结论成立.

5. 所求的正整数是 $p-1$，以及形如 $\left[\frac{p}{q}\right](q=2,\cdots,p-1)$ 的正整数，即 $p-1$，以及 $1,2,\cdots,[\sqrt{p}]$，还有不同前述的形如 $\left[\frac{p}{q}\right]\left(q=2,\cdots,\left[\sqrt{p}-\frac{1}{2}\right]\right)$ 的数.

我们首先证明这些数符合要求. 容易验证 $p-1$ 满足要求，这是因为对任意 $m=1,\cdots,p-1$，都有 $m+R(m(p-1))=m+(p-m)=p>p-1$.

下面考虑任意形如 $\left[\frac{p}{q}\right]$ 的数 a，其中 $1<q<p$. 则 $p=aq+r$，其中 $0<r<q$. 任取整数 $m\in(0,p)$，记 $m=xq+y(x、y\in\mathbf{Z},x\geqslant 0,0<y\leqslant q)$，则

$$R(ma)=R(ay+xaq)=R(ay+xp-xr)=R(ay-xr).$$

由 $ay-xr\leqslant ay\leqslant aq<p$，得 $R(ay-xr)\geqslant ay-xr$，于是结合 $q>r,y\geqslant 1$，可得

$$m+R(ma)\geqslant(xq+y)+(ay-xr)=x(q-r)+y(a+1)\geqslant a+1.$$

从而 a 满足条件.

最后，我们证明，若整数 $a\in(0,p-1)$ 满足条件，则一定存在整数 $q\in(0,p)$，使得 $a=\left[\frac{p}{q}\right]$. 显然 $a=1$ 符合要求，下面假设 $a\geqslant 2$.

设 $p=aq+r$，其中 $q、r\in\mathbf{Z},0<r<a$. 由 $a\geqslant 2$，知 $q<\frac{p}{2}$. 取 $m=q+1<p$，则 $R(ma)=R(aq+a)=R(p+(a-r))=a-r$，于是

$$a<m+R(ma)=q+1+a-r,$$

即 $r<q+1$. 此外，若 $r=q$，则 $p=q(a+1)$，由 $1<a+1<p$ 知这不可能. 故 $r<p$，并且有

$$0\leqslant\frac{p}{q}-a=\frac{r}{q}<1,$$

由此可得 $a=\left[\dfrac{p}{q}\right]$.

6. 所求的最大值为$\dfrac{1}{2n+2}$.

首先证明,当 $\mu>\dfrac{1}{2n+2}$. 设 $U=\{(x,y)\mid 0<x、y<1\}$,考虑 $4n$ 元点集

$$C=\left\{\left(\frac{i}{n+1}\pm\varepsilon,\frac{1}{2}\pm\varepsilon\right)\middle|\ i=1,2,\cdots,n\right\},$$

其中 ε 是足够小的正数,对每个 i,4 种可能的符号组合都要考虑. 显然,对 U 中的任意边平行于U 且恰包含C 中的一个点的开矩形,其面积至多为$\left(\dfrac{i}{n+1}+\varepsilon\right)\cdot\left(\dfrac{1}{2}+\varepsilon\right)$,当 ε 足够小时,该面积小于 μ.

下面证明,给定开单位正方形 U 中的有限点集C,存在 U 中的一个开矩形,它的边平行于 U,恰包含 C 中的一个点,并且其面积不小于 $\mu_0=\dfrac{2}{|C|+4}$.

为证明这一点,首先不加证明地使用两个引理,其证明在本题解答末尾.

引理 1 设 k 为正整数,正实数 $\lambda<\dfrac{1}{\left[\dfrac{k}{2}\right]+1}$. 如果 $t_1,\cdots,t_k$ 是开区间$(0,1)$中互不相同的点,那么存在某个 t_i,使得可用$(0,1)$的一个长度不小于 λ 的开子区间将其与其他 t_j 分隔开.

引理 2 给定整数 $k\geqslant 2$ 和正整数 $m_1,\cdots,m_k$,有

$$\left[\frac{m_1}{2}\right]+\sum_{i=1}^{k}\left[\frac{m_i}{2}\right]+\left[\frac{m_k}{2}\right]\leqslant\sum_{i=1}^{k}m_i-k+2.$$

回到原题. 设 $U=\{(x,y)\mid 0<x、y<1\}$,将 C 中的点正交地投影到x 轴上,得到开区间$(0,1)$中的一系列点 $x_1<\cdots<x_k$. 设过 x_i 的竖直直线为l_i,并设 $m_i=|C\cap l_i|$,$i=1,2,\cdots,k$.

令 $x_0=0$,$x_{k+1}=1$,假设存在 i,使得 $x_{i+1}-x_{i-1}>\left(\left[\dfrac{m_i}{2}\right]+1\right)\mu_0$,由引理 1,可将 $C\cap l_i$ 中的一个点用$x_i\times(0,1)$的一个长度不小于$\dfrac{\mu_0}{x_{i+1}-x_{i-1}}$的开子区间 $x_i\times J$ 与其他点分隔开. 于是,$(x_{i-1},x_{i+1})\times J$ 是U 中的一个开矩形,它的边平行于 U,恰包含 C 中的一个点,并且其面积不小于 μ_0.

下面证明,不可能对所有的 i,均有 $x_{i+1}-x_{i-1}\leqslant\left(\left[\dfrac{m_i}{2}+1\right]\right)\mu_0$. 否则,注意到此时 $k>1$,并且 $x_1-x_0<x_2-x_0\leqslant\left(\left[\dfrac{m_1}{2}\right]+1\right)\mu_0$,$x_{k+1}-x_k<x_{k+1}-x_{k-1}\leqslant\left(\left[\dfrac{m_k}{2}\right]+1\right)\mu_0$.

结合引理 2,有

$$2=2(x_{k+1}-x_0)=(x_1-x_0)+\sum_{i=1}^{k}(x_{i+1}-x_{i-1})+(x_{k+1}-x_k)$$

$$<\left(\left(\left[\frac{m_1}{2}\right]+1\right)+\sum_{i=1}^{k}\left(\left[\frac{m_i}{2}\right]+1\right)+\left[\frac{m_k}{2}\right]+1\right)\cdot\mu_0$$

$$\leqslant\left(\sum_{i=1}^{k}m_i+4\right)\mu_0=(|C|+4)\mu_0=2,$$

矛盾.

最后我们证明两个引理.

引理 1 的证明 假设不存在 t_i,可用(0,1)的一个长度不小于 λ 的开子区间将它与其他的 t_j 分隔开.不失一般性,设 $0=t_0<t_1<\cdots<t_k<t_{k+1}=1$.由于开区间$(t_{i-1},t_{i+1})$将 t_i 与其他 t_j 分隔开,故其长度 $t_{i+1}-t_{i-1}<\lambda$.于是,若 k 是奇数,有

$$1=\sum_{i=0}^{\frac{k-1}{2}}(t_{2i+2}-t_{2i})<\lambda\left(1+\frac{k-1}{2}\right)<1;$$

若 k 是偶数,有

$$1<1+t_k-t_{k-1}=\sum_{i=0}^{\frac{k}{2}-1}(t_{2i+2}-t_{2i})+(t_{k+1}-t_{k-1})<\lambda\left(1+\frac{k}{2}\right)<1.$$

两种情形均导出矛盾.

引理 2 的证明 设 $I_0=\{i\mid i=2,\cdots,k-1,且\ m_i\ 为偶数\}$,$I_1=\{i\mid i=2,\cdots,k-1,且\ m_i\ 为奇数\}$.显然,$I_0$ 和 I_i 是$\{2,\cdots,k-1\}$的一个分划.注意到 m_i 是正整数,故当 $i\in I_0$ 时,$m_i\geqslant 2$;当 $i\in I_1$ 时,$m_i\geqslant 1$,于是

$$\sum_{i=2}^{k-1}=\sum_{i\in I_1}m_i+\sum_{i\in I_1}m_i\geqslant 2|I_0|+|I_1|=2(k-2)-|T_1|,$$

即

$$|I_1|\geqslant 2(k-2)-\sum_{i=2}^{k-1}m_i.$$

因此,

$$\left[\frac{m_1}{2}\right]+\sum_{i=1}^{k}\left[\frac{m_i}{2}\right]+\left[\frac{m_k}{2}\right]\leqslant m_1\left(\sum_{i=2}^{k-1}\frac{m_i}{2}-\frac{|I_1|}{2}\right)+m_k$$

$$\leqslant m_1+\left(\frac{1}{2}\sum_{i=2}^{k-1}m_i-(k-2)+\frac{1}{2}\sum_{i=2}^{k-1}m_i\right)+m_k$$

$$=\sum_{i=1}^{k}m_i-k+2.$$

注 如将题中的 $4n$ 改为不被 4 整除的正整数 k,求满足要求的 μ 的最大值,目前结果仍不清楚.

李 潜 翻译

2015年欧洲女子数学奥林匹克

第 一 天

2015年4月16日　明斯克

1. 在锐角$\triangle ABC$中，过C点的高的垂足为D，$\angle ABC$的平分线与CD相交于点E，与$\triangle ADE$的外接圆ω相交于另一点F. 若$\angle ADF = 45^\circ$，证明：CF与圆ω相切.

（卢森堡　供题）

2. 称2×1或1×2的方块图形为“多米诺”. 现将n^2个互不重叠的多米诺放置在$2n\times2n$的棋盘上，使得任意2×2的正方形子棋盘中至少有两个位于同一行或同一列的单元格没有被覆盖. 试问：这样的放置方法有多少种？

（土耳其　供题）

3. 设m、n是大于1的整数，$a_1, a_2, \cdots, a_m$是不超过n^m的非负整数. 证明：存在不超过n的正整数$b_1, b_2, \cdots, b_m$，使得

$$\gcd(a_1 + b_1, a_2 + b_2, \cdots, a_m + b_m) < n.$$

这里，$\gcd(x_1, x_2, \cdots, x_m)$表示$x_1, x_2, \cdots, x_m$的最大公约数.

（美国　供题）

第 二 天

2015年4月17日　明斯克

4. 试判断：是否存在正整数的无穷数列$a_1, a_2, a_3, \cdots$，使得对任意正整数n，均有

$$a_{n+2} = a_{n+1} + \sqrt{a_{n+1} + a_n}.$$

（日本　供题）

5. 设m、n为正整数，且$m > 1$. 阿纳斯塔西娅将正整数$1, 2, \cdots, 2m$划分为m对，鲍里斯从每一对中选取一个数并求出这些数的和. 证明：阿纳斯塔西娅可以选择适当的划分方法，使得鲍里斯得到的和不可能等于n.

（荷兰　供题）

6. 在$\triangle ABC$中，$AB\neq AC$，点H和G分别为垂心和重心. 直线AG与$\triangle ABC$的外接圆交于点A、P，点P'是点P关于直线BC的对称点. 证明：$\angle CAB = 60^\circ$的充要条件是$HG = GP'$.

（乌克兰　供题）

参 考 答 案

1.（法一）如图1，由$\angle CDF = 90^\circ - 45^\circ = 45^\circ$，知$DF$平分$\angle CDA$，于是点$F$在线段$AE$

的垂直平分线上. 记线段 AE 的垂直平分线与 AB 相交于点 G，并设$\angle ABC=2\beta$. 由 A、D、E、F 四点共圆，知$\angle AFE=90^\circ$，于是$\angle FAE=45^\circ$. 又 BF 平分$\angle ABC$，知$\angle FAB=90^\circ-\beta$. 于是，$\angle EAB=\angle AEG=45^\circ-\beta$，$\angle AED=45^\circ+\beta$，故$\angle GED=2\beta$. 由此可知，$\mathrm{Rt}\triangle EDG\backsim\mathrm{Rt}\triangle BDC$，则

$$\frac{GD}{CD}=\frac{DE}{DB},$$

故 $\mathrm{Rt}\triangle DEB\backsim\mathrm{Rt}\triangle DGC$. 因此，$\angle GCD=\angle DBE=\beta$. 又$\angle DFE=\angle DAE=45^\circ-\beta$，则$\angle GFD=45^\circ-\angle DFE=\beta$. 从而 G、D、C、F 四点共圆，$\angle GFC=90^\circ$. 这表明，CF 垂直于圆 ω 的半径所在的直线 FG，因此 CF 与圆 ω 相切.

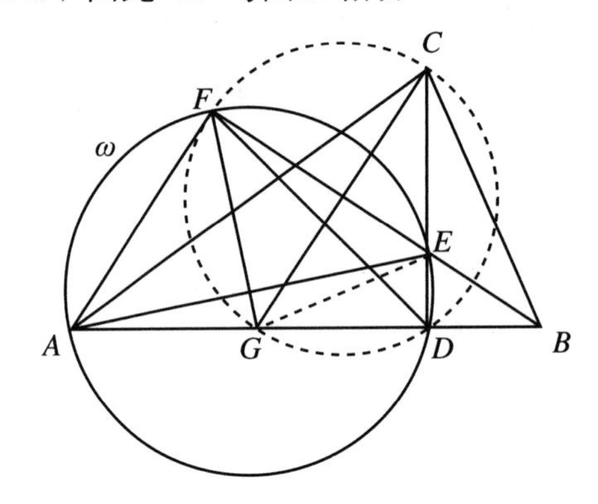

图 1

（法二）由$\angle ADF=45^\circ$可知 DF 是$\angle CDB$ 的外角平分线，而 BF 是$\angle DBC$ 的内角平分线，故点 F 是$\triangle BCD$ 的旁心，从而 CF 是$\angle BCD$ 的外角平分线. 设$\angle ABC=2\beta$，则

$$\angle ECF=\frac{1}{2}(\angle DBC+\angle CDB)=45^\circ+\beta,$$

从而

$$\begin{aligned}\angle CFE&=180^\circ-\angle ECF-\angle BCE-\angle EBC\\&=180^\circ-(45^\circ+\beta+90^\circ-2\beta+\beta)=45^\circ.\end{aligned}$$

由此可知，$\angle FDC=\angle CFE$，故 CF 与圆 ω 相切.

（法三）由$\angle ADE=90^\circ$，知 AE 是$\triangle ADE$ 的外接圆的直径，结合$\angle AEF=\angle ADF=45^\circ$，知$\triangle AEF$ 是等腰直角三角形. 不妨设点 A、E、F 的坐标分别为 $A(-1,0)$、$E(1,0)$、$F(0,1)$. 由 F、E、B 共线，可设点 $B(b,1-b)$ $(b\neq1)$. 设$\triangle AEF$ 的外接圆在点 F 处的切线与直线 ED 相交于点 C'，则可设 $C(c,1)$，由 $C'E\perp AB$，得 $c=\dfrac{2b}{b+1}$. 从而，

$$\overrightarrow{BC'}=\left(\frac{2b}{b+1}-b,b\right)=\frac{b}{b+1}(1-b,b+1),$$

$$\overrightarrow{BF}=(-b,b)=b(-1,1),\quad \overrightarrow{BA}=(-(b+1),-(1-b)).$$

显然向量$(1-b,b+1)$与$(-(b+1),-(1-b))$关于向量$\overrightarrow{FE}=(-1,1)$对称，故 BF 平分$\angle C'BA$，从而有 $C'=C$，命题得证.

（法四）同前面的证法可知点 F 在线段 AE 的垂直平分线上，且$\triangle AEF$ 是等腰直角三角形. 如图 2，设直线 BC 与 AF 相交于点 M，则 BF 既是$\triangle AMB$ 的内角平分线，也是$\triangle AMB$ 的高，从而$\triangle AMB$ 是等腰三角形，而 BF 是$\triangle AMB$ 的对称轴. 于是，

$$\angle FDA = \angle FEA = \angle MEF = 45^\circ,\quad AF = FE = FM,\quad \angle DAE = \angle EMC.$$

又

$$\begin{aligned}\angle CEM &= 180^\circ - (\angle AED + \angle FEA + \angle MEF) = 90^\circ - \angle AED\\ &= \angle DAE = \angle EMC,\end{aligned}$$

故 $EC = CM$. 结合 $EF = FM$，知四边形 $FMCE$ 是"筝形"，故$\angle EFC = \angle CFM = \angle EDF = 45^\circ$，从而 FC 与圆 ω 相切.

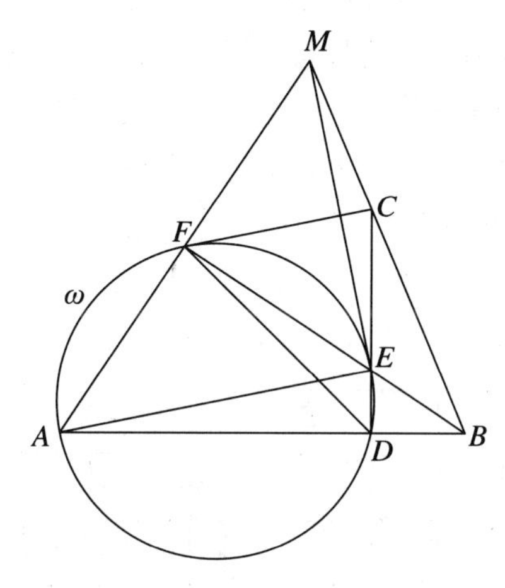

图 2

（法五）设$\angle ABF = \angle FBC = \beta$，并设圆 ω 在点 F 处的切线与直线 CD 交于点 C'，则$\angle C'FE = 45^\circ$. 于是

$$\begin{aligned}\frac{\sin\angle BDC}{\sin\angle CDF}\cdot\frac{\sin\angle DFC'}{\sin\angle C'FB}\cdot\frac{\sin\angle FBC}{\sin\angle CBD} &= \frac{\sin 90^\circ}{\sin 45^\circ}\cdot\frac{\sin(90^\circ-\beta)}{\sin 45^\circ}\cdot\frac{\sin\beta}{\sin 2\beta}\\ &= \frac{2\sin\beta\cos\beta}{\sin 2\beta} = 1,\end{aligned}$$

根据角元塞瓦定理的逆定理，直线 FC'、DC、BC 共点，即 $C = C'$，因此 CF 与圆 ω 相切.

2. 本题的答案为$(C_{2n}^{n})^2$.

将棋盘划分为 2×2 的正方形区域，那么这样的区域恰有 n^2 个，每个这样的区域中至多有两个单元格被多米诺覆盖. 因为所有的多米诺共覆盖 $2n^2$ 个单元格，所以每个 2×2 区域中恰有两个单元格被多米诺覆盖，并且这两个单元格位于同一行或同一列.

我们断言，每个 2×2 正方形区域中被覆盖的两个单元格是被同一块多米诺覆盖的. 否则，若存在某个 2×2 区域，覆盖它的一个单元格的多米诺越过了它的左边界，那么考虑它最左方的 2×2 区域即可得出矛盾.

下面考虑 $n\times n$ 的棋盘，其中每个单元格对应原 $2n\times2n$ 的棋盘的一个 2×2 区域. 如图 3，将原棋盘上的 4 种 2×2 区域分别记为 A、B、C、D. 在 $n\times n$ 的棋盘的每个单元格

中适当地填入 A、B、C、D 中的一个，即可得到满足题意的多米诺的放置方法.

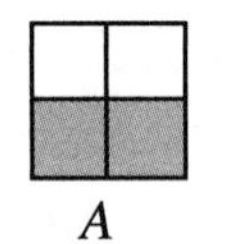
A

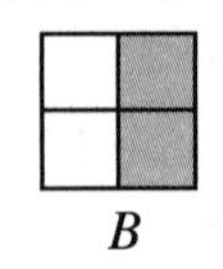
B

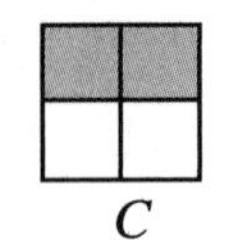
C

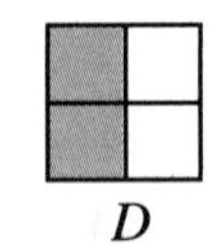
D

图 3

注意到填 A 的单元格的下方只能为 A，填 B 的单元格的右方只能为 B，因此，所有填写 A 和 B 的单元格位于棋盘的右下方，并与其余所有填写 C 和 D 的单元格被一条从棋盘的右上角到左下角且每步沿分格线向下或向左移动的折线隔开.

类似地，所有填写 A 和 D 的单元格位于棋盘的左下方，并与其余所有填写 B 和 C 的单元格被一条从棋盘的左上角到右下角且每步沿分格线向下或向右移动的折线隔开.

因此，该 $n\times n$ 棋盘可被两条这样的折线分为 4 块区域（某些区域可能没有单元格），每块区域内的单元格分别为 A、B、C、D. 反之，选取两条这样的折线将棋盘分为 4 个区域，并从底部开始沿逆时针方向在每块区域内的单元格分别全部填写 A、B、C、D，即可得到满足题目要求的棋盘. 图 4 给出了一个在 6×6 的棋盘中适当地填写 A、B、C、D 的方法，对应的 12×12 的棋盘中的多米诺的放置方法如图 5 所示.

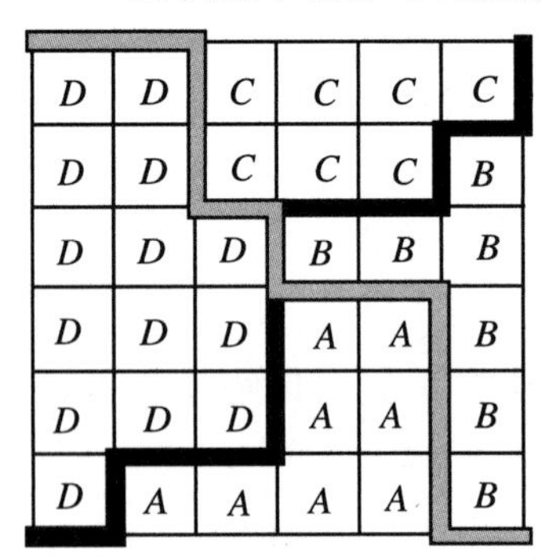

图 4

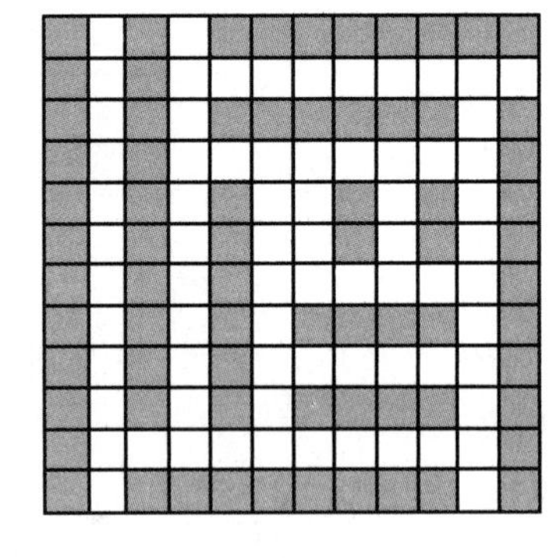

图 5

因为每条折线的选取方式均有 C_{2n}^{n} 种，所以，满足要求的放置方法共有 $(C_{2n}^{n})^2$ 种.

3.（法一）不失一般性，假设 a_1 是所有 a_i 中最小的. 若 $a_1\geqslant n^m-1$，则问题比较容易. 此时，或者所有 a_i 相等，或者 $a_1=n^m-1$，并且存在 j 使得 $a_j=n^m$. 在前一种情形中，只需取 $b_1=1$，$b_2=2$，其余的 b_i 可任意取值，则

$$\gcd(a_1+b_1,a_2+b_2,\cdots,a_m+b_m)\leqslant\gcd(a_1+b_1,a_2+b_2)=1.$$

在第二种情形中，只需取 $b_1=1$，$b_j=j$，其余的 b_j 可任意取值，则

$$\gcd(a_1+b_1,a_2+b_2,\cdots,a_m+b_m)\leqslant\gcd(a_1+b_1,a_j+b_j)=1.$$

以下假设 $a_1\leqslant n^m-2$.

假设不存在满足要求的 $b_1,b_2,\cdots,b_m$，那么，对任选的 $b_1,b_2,\cdots,b_m\in\{1,2,\cdots,n\}$，我们有

$$\gcd(a_1+b_1,a_2+b_2,\cdots,a_m+b_m)\geqslant n.$$

另一方面，我们有

$$\gcd(a_1+b_1,a_2+b_2,\cdots,a_m+b_m)\leqslant a_1+b_1\leqslant n^m+n-2.$$

于是，$\gcd(a_1+b_1,a_2+b_2,\cdots,a_m+b_m)$至多有 n^m-1 种可能的取值. 然而，m 元数组$(b_1,b_2,\cdots,b_m)$的选取方式共有 n^m 种. 根据抽屉原理，必有两个 m 元数组导致相同的最大公约数（记为 d）. 但由 $d\geqslant n$ 可知，对每个 i，恰有一种 $b_i\in\{1,2,\cdots,n\}$的选取方式，使得 a_i+b_i 被d 整除，从而至多只有一个 m 元数组$(b_1,b_2,\cdots,b_m)$所导致的最大公约数为 d，矛盾. 从而结论成立.

（法二）同法一假设 $a_1\leqslant n^m-2$. 由 $\gcd(a_1+1,a_2+1,a_3+1,\cdots,a_m+1)$与 $\gcd(a_1+1,a_2+2,a_3+1,\cdots,a_m+1)$互素，知 $a_1+1\geqslant n^2$. 将其他的 1 也依次替换为 2，在 $m-1$ 次替换后可得 $a_1+1\geqslant n^m$，从而导出矛盾.

（法三）我们来证明更强的结论：对正整数 m、$n>1$，设 $a_1,a_2,\cdots,a_m$ 为正整数，且至少有一个 $a_i\leqslant n^{2^{m-1}}$. 那么，存在整数 $b_1,b_2,\cdots,b_m\in\{1,2\}$，使得 $\gcd(a_1+b_1,\cdots,a_m+b_m)<n$.

用反证法，假设结论不成立. 此时，2^{m-1}个整数 $\gcd(a_1+b_1,\cdots,a_m+b_m)$（其中 $b_1=1$，$b_i\in\{1,2\}$，$i>1$）两两互素，这是因为对其中任意两个，一定存在某个 $i>1$，使得 a_i+1 在其中一个表达式中，而 a_i+2 在另一个表达式中. 这 2^{m-1}个数都整除 a_1+1，并且每一个都不小于 n，且至多有一个恰等于 n，于是 $a_1+1\geqslant n(n+1)^{2^{m-1}-1}$，故 $a_1\geqslant n^{2^{m-1}}$. 类似地，对每个 $a_i(i=1,2,\cdots,n)$，都有 $a_i\geqslant n^{2^{m-1}}$，矛盾.

注 显然，上界 $n^{2^{m-1}}$可以进一步改进.

4.（法一）本题的答案是否定的.

假设存在满足要求的正整数数列$\{a_n\}$. 那么，对 $n\geqslant 2$，定义 $b_n=a_{n+1}-a_n$，则由假设可知 $b_n=\sqrt{a_n+a_{n-1}}$，从而

$$\begin{aligned}b_{n+1}^2-b_n^2&=(a_{n+1}+a_n)-(a_n+a_{n-1})\\&=(a_{n+1}-a_n)+(a_n-a_{n-1})=b_n+b_{n-1}.\end{aligned}$$

由 a_n 是正整数可知，当 $n\geqslant 2$ 时，b_n 也是正整数，从而当 $n\geqslant 3$ 时，数列$\{b_n\}$是单调递增的. 因此，

$$b_n+b_{n-1}=(b_{n+1}-b_n)(b_{n+1}+b_n)\geqslant b_{n+1}+b_n,$$

即 $b_{n-1}\geqslant b_{n+1}$，这与$\{b_n\}$单调递增矛盾.

因此，不存在满足要求的正整数数列$\{a_n\}$.

（法二）假设存在这样的数列，我们通过计算每一项的值来导出矛盾.

由条件可知 $a_3=a_2+\sqrt{a_2+a_1}$，则 $a_3>a_2$. 记正整数$\sqrt{a_3+a_2}=b$，$a_3=a$，则有$\sqrt{2a}>b$. 由 $a_4=a+b$ 和$a_5=a+b+\sqrt{2a+b}$都是正整数，知$\sqrt{2a+b}$也是正整数.

考虑

$$a_6=a+b+\sqrt{2a+b}+\sqrt{2a+2b+\sqrt{2a+b}},$$

于是 $c=\sqrt{2a+2b+\sqrt{2a+b}}$ 是正整数．显然，$c>\sqrt{2a+b}$，而

$(\sqrt{2a+b}+1)^2=2a+b+2\sqrt{2a+b}+1=2a+2b+\sqrt{2a+b}+(\sqrt{2a+b}-b)+1>c^2$.

故 $\sqrt{2a+b}<c<\sqrt{2a+b}+1$，矛盾.

（法三）我们证明不存在包含 $N>5$ 项的正整数数列 $\{a_n\}$，满足

$$a_{n+2}=a_{n+1}+\sqrt{a_{n+1}+a_n} \quad ①$$

对所有 $n=1,\cdots,N-2$ 成立．此外，我们还将给出所有 5 项的这样的数列.

由该数列是正整数数列可知，对任意正整数 n，存在正整数 k，使得

$$a_{n+1}+a_n=k^2. \quad ②$$

由式①可得 $(a_{n+2}-a_{n+1})^2=a_{n+1}+a_n$，将其化为关于 a_{n+1} 的二次方程，得

$$a_{n+1}^2-(2a_{n+2}+1)a_{n+1}+a_{n+2}^2-a_n=0.$$

该方程的根为 $a_{n+1}=\dfrac{2a_{n+2}+1\pm\sqrt{D}}{2}$，这里

$$D=4(a_n+a_{n+2})+1. \quad ③$$

由 $a_{n+2}>a_{n+1}$，得

$$a_{n+1}=\frac{2a_{n+1}+1-\sqrt{D}}{2}.$$

由上式及 a_{n+1} 和 a_{n+2} 都是正整数，知 D 是某个奇数的平方．设 $D=(2m+1)^2(m\in\mathbf{N})$，代入式③，得

$$a_n+a_{n+2}=m(m+1). \quad ④$$

式①两边同时加上 a_n，并结合式②、式④，可得 $m(m+1)=k^2+k$，从而 $m=k$．故存在正整数 k，使得

$$\begin{cases}a_n+a_{n+1}=k^2,\\ a_n+a_{n+2}=k^2+k.\end{cases} \quad ⑤$$

在式⑤中分别取 $n=2、3$，知存在正整数 $k、l$，使得

$$\begin{cases}a_2+a_3=k^2,\\ a_2+a_4=k^2+k,\\ a_3+a_4=l^2,\\ a_3+a_5=l^2+l.\end{cases} \quad ⑥$$

该方程组的解为

$$a_2=\frac{2k^2-l^2+k}{2},\quad a_3=\frac{l^2-k}{2},\quad a_4=\frac{l^2+k}{2},\quad a_5=\frac{l^2+2l+k}{2}. \quad ⑦$$

由 $a_2<a_4$ 可知，$k^2<l^2$，从而 $k<l$.

考虑

$$a_6=a_5+\sqrt{a_5+a_4}=a_5+\sqrt{l^2+l+k}.$$

由 $0<k<l$，知 $l^2<l^2+l+k<(l+1)^2$．故 a_6 不可能是整数，矛盾．因此，不存在 6

项或6项以上的这样的数列.

为得出所有的5项的这样的数列，需要对可能的正整数 $k<l$，求出满足式⑦的正整数 a_2、a_3、a_4、a_5. 显然，k 和 l 的奇偶性相同. 反之，对奇偶性相同的整数 k 和 l（$k<l$），我们可以由式⑦得到 a_2、a_3、a_4、a_5，于是 $a_1=(a_3-a_2)^2-a_2$，此时还需保证 a_1 和 a_2 是正整数，即要求 $2k^2+k>l^2$，且 $2(l^2-k^2-k)^2>2k^2-l^2+k$.

(法四)易知当 n 足够大时，数列$\{a_n\}$是递增的. 于是

$$a_{n+1}<a_n+\sqrt{2a_n}, \tag{⑧}$$

并且

$$a_n<a_{n-1}+\sqrt{2a_{n-1}}. \tag{⑨}$$

令 $b_n=a_n+a_{n-1}$. 由均值不等式，得

$$\frac{\sqrt{2a_n}+\sqrt{2a_{n-1}}}{2}\leqslant\sqrt{\frac{2a_n+2a_{n-1}}{2}}. \tag{⑩}$$

式⑧与式⑨相加，并结合式⑩可得

$$b_{n+1}<b_n+\sqrt{2a_n}+\sqrt{2a_{n-1}}\leqslant b_n+2\sqrt{b_n}.$$

设 $b_n=m^2$，易知对足够大的 n，数列$\{b_n\}$递增，从而

$$m^2<b_{n+1}<m^2+2m<(m+1)^2.$$

因此，b_{n+1}不是完全平方数，矛盾.

5.(法一(a))将 $1,2,\cdots,2m$ 进行如下三种方式的划分：

$$P_1=(\{1,2\},\{3,4\},\cdots,\{2m-1,2m\}),$$

$$P_2=(\{1,m+1\},\{2,m+2\},\cdots,\{m,2m\}),$$

$$P_3=(\{1,2m\},\{2,m+1\},\{3,m+2\},\cdots,\{m,2m-1\}).$$

对每个 P_j，我们计算 $s=a_1+a_2+\cdots+a_m$，其中 $a_i\in P_{j,i}$，$P_{j,i}$ 是P_j 中的第i 个数对. 并记 $\sigma=\sum\limits_{i=1}^{m}i=\dfrac{m^2+m}{2}$.

(1) 考虑划分 P_1 及其可产生的 s 的值. 我们有

$$m^2=\sum_{i=1}^{m}(2i-1)\leqslant s\leqslant\sum_{i=1}^{m}2i=m^2+m.$$

因此，当 $n<m^2$ 或 $n>m^2+m$ 时，划分 P_1 满足要求.

(2) 考虑划分 P_2 及其可产生的 s 的值. 我们有

$$s\equiv\sum_{i=1}^{m}i\equiv\sigma\pmod m.$$

因此，当 $m^2\leqslant n\leqslant m^2+m$ 且$n\not\equiv\sigma\pmod m$时，划分 P_2 满足要求.

(3) 考虑划分 P_3 及其可产生的 s 的值. 设

$$d_i=\begin{cases}0, & 若\ a_i=i;\\ 1, & 若\ a_i\neq i.\end{cases}$$

并设 $d=\sum_{i=1}^{m}d_i$，则 $0\leqslant d\leqslant m$. 注意到若 $a_i\neq i$，则 $a_i\equiv i-1 \pmod m$. 于是，对所有 $a_i\in P_{3,i}$，有

$$a_i\equiv i-d_i \pmod m.$$

因此，

$$s\equiv\sum_{i=1}^{m}a_i\equiv i-d_i\equiv\sigma-d \pmod m.$$

此时，$s\equiv\sigma \pmod m$ 当且仅当所有的 d_i 相等，这意味着 $s=\frac{m^2+m}{2}$ 或 $s=\frac{3m^2+m}{2}$. 又 $m>1$，故

$$\frac{m^2+m}{2}<m^2<m^2+m<\frac{3m^2+m}{2}.$$

因此，当 $m^2\leqslant n\leqslant m^2+m$ 且 $n\equiv\sigma \pmod m$ 时，s 一定不等于 n，此时划分 P_3 满足要求.

综上所述，对任意正整数 n，均有结论成立.

关于法一(b)和法一(c)的注解 同法一(a)给出划分 P_1 和 P_2，注意到 $\sigma\equiv\frac{m(m+1)}{2} \pmod m$，可知若 m 是奇数，则 n 的反例只可能是 m^2 或 m^2+m；而若 m 是偶数，则 n 的反例只可能是 $m^2+\frac{m}{2}$.

由此可以得到 P_3 的其他划分方式.

(法一(b))考虑划分

$$(\{1,m+2\},\{2,m+3\},\cdots,\{m-1,2m\},\{m,m+1\}).$$

我们在模 $m+1$ 的意义下考虑所有可能的和数. 对这个划分中的前 $m-1$ 对数，每对中的两个数模 $m+1$ 是同余的. 从这些数对中各选一个数，其和模 $m+1$ 与 $\frac{1}{2}m(m+1)-m$ 同余. 若 $m+1$ 是奇数，它与 1 同余；若 $m+1$ 是偶数，它与 $1+\frac{m+1}{2}$ 同余. 而最后一对中的两个数模 $m+1$ 分别与 -1 和 0 同余，所以，所有可能取到的 n，当 $m+1$ 是奇数时同余于 0 或 1，当 $m+1$ 是偶数时同余于 $\frac{m+1}{2}$ 或 $\frac{m+1}{2}+1$. 若 m 是奇数，则 $m^2+\frac{m}{2}\equiv 1+\frac{m}{2} \pmod{m+1}$，不同余于 0 或 1；若 m 是偶数，则 $m^2\equiv 1 \pmod{m+1}$，$m^2+m\equiv 0 \pmod{m+1}$，它们均不同余于 $\frac{m+1}{2}$ 或 $\frac{m+1}{2}+1$.

(法一(c))类似地，考虑划分

$$(\{1,m\},\{2,m+1\},\cdots,\{m-1,2m-2\},\{2m-1,2m\}).$$

此时在模 $m-1$ 的意义下考虑所有的和数. 若 $m-1$ 是奇数，它与 1 或 2 同余；若 $m-1$ 是

偶数，它与$\frac{m-1}{2}+1$或$\frac{m-1}{2}+2$同余．若 m 是偶数，则 $m^2+\frac{m}{2}\equiv 1+\frac{m}{2}(\bmod m-1)$，仅当 $m=2$ 时与 1 或 2 同余；若 m 是奇数，$m^2\equiv 1(\bmod m-1)$，$m^2+m\equiv 2(\bmod m-1)$，仅当 $m=3$ 时与$1+\frac{m-1}{2}$或$2+\frac{m-1}{2}$同余．$m=2$ 和 $m=3$ 的情形需单独考虑（对每个 n 找到专门的划分方式）．

（法二）本解法不需要用到同余．用法一（a）中的划分 P_1 得到 $m^2\leqslant n\leqslant m^2+m$．考虑划分

$$(\{1,2m\},\{2,3\},\{4,5\},\cdots,\{2m-2,2m-1\}).$$

若从第一对中选取 1，则所得的和至多是 m^2；若从第一对中选取 $2m$，则所得的和至少是 m^2+m．从而 $n=m^2$ 或 $n=m^2+m$．考虑划分

$$(\{1,2m-1\},\{2,2m\},\{3,4\},\{5,6\},\cdots,\{2m-3,2m-2\}).$$

从后面的 $m-2$ 个数对中各取一个数求和，所得和数至少是$(m-2)m=m^2-2m$，至多是$(m-2)(m+1)=m^2-m-2$．而从前两个数对中任取一个数求和，可以得到 3、$2m+1$ 和 $4m-1$．因此，或者有 $n\leqslant m^2-m+1<n^2$，或者有 $m^2+1\leqslant n\leqslant m^2+m-1$，或者有 $n\geqslant m^2+2m-1>m^2+m$．综上所述，这样的三种划分方式可排除掉所有的正整数 n．

6.（法一）如图 6，设$\triangle ABC$ 的外接圆为圆 ω，圆心为 O，作圆 ω 关于直线 BC 的轴对称图形圆 ω'，显然，点 H、P'都在圆 ω 上．设边 BC 的中点为 M．由$\triangle ABC$ 是锐角三角形可知，点 O、H 都在$\triangle ABC$ 的内部．

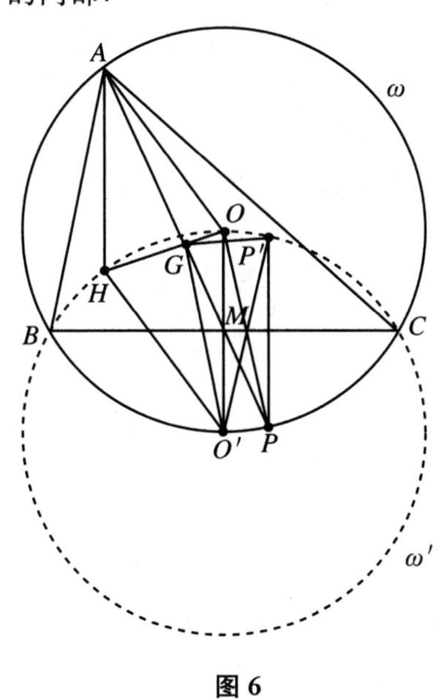

图 6

必要性　若$\angle CAB=60^\circ$，则由

$$\angle COB=2\angle CAB=120^\circ=180^\circ-60^\circ=180^\circ-\angle CAB=\angle CHB,$$

知点 O 在圆 ω'上．作点 O 关于直线 BC 的对称点 O'，则 O'在圆 ω 上并且是圆 ω'的圆心．

于是，$OO'=2OM=2R\cos\angle CAB=AH$，故 $AH=OO'=HO'=AO=R$（R 为圆 ω 和 ω' 的半径）. 从而，四边形 $AHO'O$ 是菱形，点 A 与 O' 关于 HO 对称. 由欧拉定理，知 H、G、O 三点共线，则 $\angle GAH=\angle HO'G$.

四边形 $GOPO'$ 的对角线交于点 M，由 $\angle BOM=60^\circ$，得

$$OM=MO'=MB\cot 60^\circ=\frac{MB}{\sqrt{3}},$$

于是

$$3MO\cdot MO'=MB^2=MB\cdot MC=MP\cdot MA=3MG\cdot MP,$$

故 G、O、P、O' 四点共圆. 又由 BC 是 OO' 的垂直平分线，知四边形 $GOPO'$ 的外接圆关于 BC 对称，从而点 P' 在四边形 $GOPO'$ 的外接圆上，故 $\angle GO'P=\angle GP'P$. 由 $AH/\!/PP'$，得 $\angle GPP'=\angle GAH$，从而 $\angle HO'G=\angle GO'P'$，进而 $\triangle HO'G\cong\triangle GO'P'$，因此 $HG=HP'$.

充分性　如图 7，作点 A 关于点 M 的对称点 A'，显然，点 A' 在圆 ω' 上. 由 $AB/\!/CA'$，知 $HC\perp CA'$，于是 HA' 是圆 ω' 的一条直径，从而圆 ω' 的圆心 O' 是线段 HA' 的中点. 由 $HG=GP'$ 可知 $\triangle HGO'\cong\triangle P'GO'$，于是点 H 与 G' 关于 GO' 对称，从而 $GO'\perp HP'$，$GO'/\!/A'P'$.

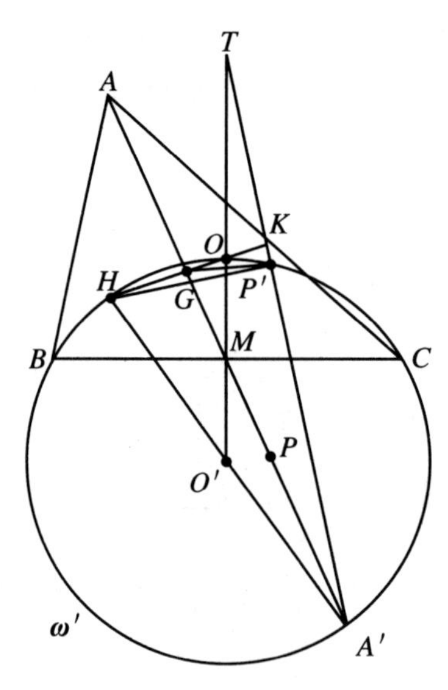

图 7

设直线 HG 与 $A'P'$ 相交于点 K，由 $AB\neq AC$，知 $K\neq O$. 易知 GO' 是 $\triangle HKA'$ 的中位线，故 $HG=GK$. 由欧拉定理，$2GO=HG$，从而 O 是线段 GK 的中点. 由 $\angle CMP=\angle CMP'$，知 $\angle GMO=\angle OMP'$，于是直线 OM 是 $\angle P'MA'$ 的外角平分线. 又 $P'O'=O'A'$，故点 O' 是 $\triangle P'MA'$ 的外接圆的弧 $\overparen{P'MA'}$ 的中点. 这表明，P'、M、O'、A' 四点共圆，故 $\angle O'MA'=\angle O'P'A'=\angle O'A'P'$.

设 OM 与 $P'A'$ 相交于点 T，则 $\triangle TO'A'\backsim\triangle A'O'M$，从而

$$\frac{O'A'}{O'M}=\frac{O'T}{O'A'},$$

即 $O'M\cdot O'T=O'A'^2$. 对$\triangle HKA'$和截线 TO'应用梅涅劳斯定理，得

$$\frac{A'O'}{O'H}\cdot\frac{HO}{OK}\cdot\frac{KT}{TA'}=3\cdot\frac{KT}{TA'}=1.$$

于是，$\frac{KT}{TA'}=\frac{1}{3}$，即 $KA'=2KT$. 对$\triangle TO'A'$和截线 HK 应用梅涅劳斯定理，得

$$1=\frac{O'H}{HA'}\cdot\frac{A'K}{KT}\cdot\frac{TO}{OO'}=\frac{1}{2}\cdot2\cdot\frac{TO}{OO'}=\frac{TO}{OO'}.$$

这表明，$TO=OO'$，从而 $O'A'^2=O'M\cdot O'T=OO'^2$，即 $O'A'=OO'$，从而 $O\in\omega'$. 因此，$2\angle CAB=\angle BOC=180^\circ-\angle CAB$，解得$\angle CAB=60^\circ$.

（法二）设$\triangle ABC$ 的外接圆为圆ω，圆心为 O. 如图 8，设点 O、G、H 关于直线BC 的对称点分别为 O'、G'、H'，易知点 H'在圆 ω 上，于是只需证明$\angle CAB=60^\circ$ 当且仅当 $G'H'=G'P$. 注意到$\triangle H'OP$ 是等腰三角形，从而 $G'H'=G'P$ 等价于点G' 在$\angle H'OP$ 的平分线上. 设$\angle H'AP=\varepsilon$，则由 $AB\neq AC$，知 $\varepsilon\neq0$，于是$\angle H'OP=2\angle H'AP=2\varepsilon$，从而 $G'H'=G'P$ 当且仅当$\angle G'OH'=\varepsilon$. 易知$\angle GDO=\angle GAH=\varepsilon$，而$\angle GO'H=\angle G'OH'$，设$\angle GO'H=\delta$，于是只需证明 $\delta=\varepsilon$ 当且仅当$\angle CAB=60^\circ$.

设点 D、F 分别为线段OO'、HG 的中点，则由欧拉定理，知 $HG=FO$，并由$\triangle GDO\backsim\triangle FO'O$，知$\angle FO'O=\varepsilon$. 如图 9，考虑$\triangle FO'O$ 和$\triangle GO'H$ 的外接圆，根据正弦定理并由 $HG=FO$，知$\triangle FO'H$ 和$\triangle GO'H$ 的外接圆关于线段FG 的垂直平分线对称当且仅当$\delta=\varepsilon$. 注意到点 O'是这两个圆的一个公共点，故 O'在以线段 FG 的垂直平分线为对称轴的轴反射变换下不变当且仅当$\delta=\varepsilon$，即 $\delta=\varepsilon$ 当且仅当$\triangle HOO'$是等腰三角形. 又 $HO'=H'O=R$，故

$$\varepsilon=\delta\Leftrightarrow OO'=R\Leftrightarrow OD=\frac{R}{2}\Leftrightarrow\cos\angle CAB=\frac{1}{2}\Leftrightarrow\angle CAB=60^\circ.$$

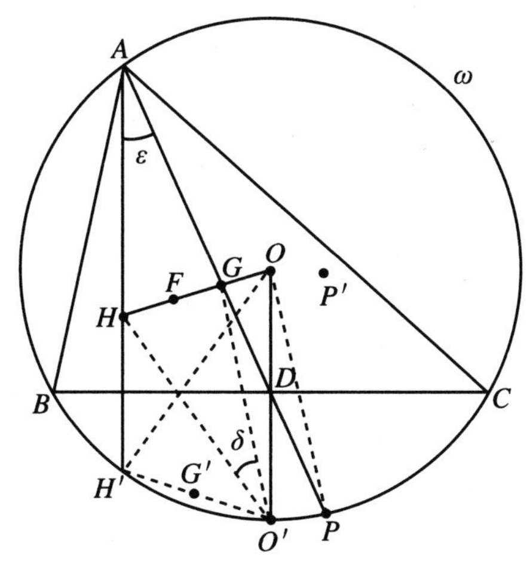

图 8

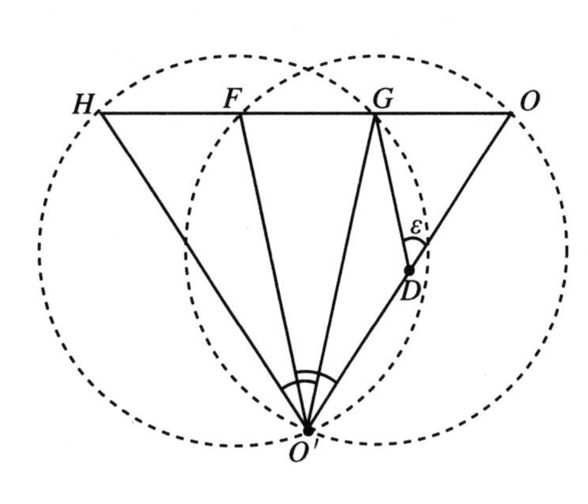

图 9

（法三）设点 H、G 关于直线 BC 的对称点分别为 H'、G'，易知点 H 在$\triangle ABC$ 的外接圆上．$HG=GP'$等价于 $H'G'=G'P$，类似于法二，这等价于点 G'在线段 $H'P$ 的垂直平分线上，这等价于 $OG'\perp H'P$（O 是$\triangle ABC$ 的外心）．

用复数 a 代表复平面上的点 A，其余类似，则 A、B、C（$c=-\overline{b}$）在复平面的单位圆上，点 G 对应的复数为 $g=\dfrac{a+b-\overline{b}}{3}$．由 BC 平行于实轴，知点 H'对应的复数为 $h'=\overline{a}=\dfrac{1}{a}$．

点 P 也在单位圆上，故$\overline{p}=\dfrac{1}{p}$．由 A、P、G 三点共线，得

$$\frac{p-a}{q-a}=\overline{\left(\frac{p-a}{g-a}\right)}.$$

经计算可得 $p=\dfrac{g-a}{1-\overline{g}a}$．由 G' 与 G 关于直线 BC 对称，可得 $g'=b+(-\overline{b})-b(-\overline{b})\overline{g}=b-\overline{b}+\overline{g}$．设 $b-\overline{b}=d$，有$\overline{d}=-d$，故

$$g=\frac{a+d}{3},\quad \overline{g}=\frac{\overline{a}-d}{3},\quad g'=d+\overline{g}=\frac{\overline{a}+2d}{3},\quad \overline{g'}=\frac{a-2d}{3},$$

$$p=\frac{g-a}{1-\overline{g}a}=\frac{d-2a}{2+ad}. \qquad ①$$

易知 $OG'\perp H'P'$等价于

$$\frac{g'}{h'-p}=-\overline{\left(\frac{g'}{h'-p}\right)}=-\frac{g'}{\frac{1}{h'}-\frac{1}{p}}=\frac{\overline{g'}h'p}{h'-p},$$

这是因为 H'和 P 在单位圆上（注意到由 $AB\neq AC$ 得$H'\neq P$）．这等价于 $g'=\overline{g'}h'p$，将式①代入并化简，知其等价于

$$a^2d^2+a^2+d^2+1=(a^2+1)(d^2+1)=0.$$

$a^2+1=0$ 不能成立，否则此时 $a=\pm\mathrm{i}$，与 $AB\neq AC$ 矛盾．于是 $d=b-\overline{b}=\pm\mathrm{i}$，从而 $\{b,c=-\overline{b}\}=\leqslant\left\{-\dfrac{\sqrt{3}}{2}+\dfrac{1}{2}\mathrm{i},\dfrac{\sqrt{3}}{2}+\dfrac{1}{2}\mathrm{i}\right\}$或$\left\{-\dfrac{\sqrt{3}}{2}-\dfrac{1}{2}\mathrm{i},\dfrac{\sqrt{3}}{2}-\dfrac{1}{2}\mathrm{i}\right\}$ 此时均有$\angle BAC=60^\circ$，从而命题得证．

李　潜　翻译

2015年亚太地区数学奥林匹克

1. 如图1,在$\triangle ABC$中,点D为边BC上一点.一条过点D的直线分别与线段AB和射线AC相交于点X和Y,$\triangle BXD$的外接圆交$\triangle ABC$的外接圆ω于点Z(不同于点B).直线ZD、ZY分别交圆ω于V、W,证明:$AB=VW$.

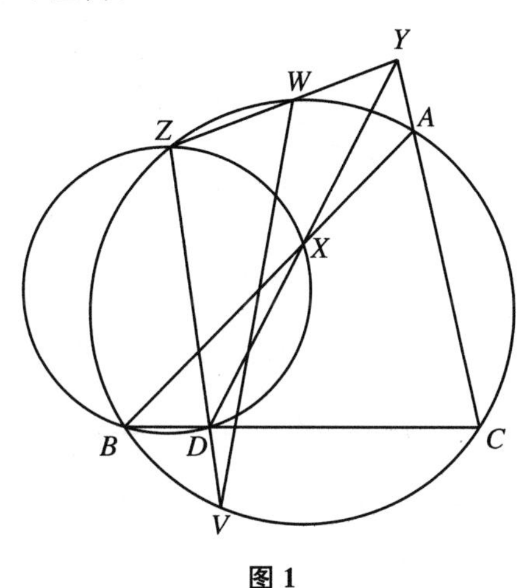

图1

2. 设集合$S=\{2,3,4,\cdots\}$.问:是否存在一个$S\to S$的函数,使得对于任意a、$b\in S$,$a\neq b$,均有$f(a)f(b)=f(a^2b^2)$.

3. 称一个实数列$a_0,a_1,\cdots$是好的,如果以下条件均成立:

(1)a_0是正整数;

(2)对于非负整数i,$a_{i+1}=2a_i+1$或$a_{i+1}=\dfrac{a_i}{a_i+2}$;

(3)存在一个正整数k,使得$a_k=2014$.

求最小的正整数n,使得存在好的实数列$a_0,a_1,\cdots$,其中$a_n=2014$.

4. 设n是正整数,考虑平面上的$2n$条直线,其中没有两条相互平行.这$2n$条直线中,有n条是蓝色的,另外有n条是红色的.令集合B表示至少在一条蓝色直线上的点的集合,集合R表示至少在一条红色直线上的点的集合,证明:存在一个圆,与集合B恰好有$2n-1$个交点,与集合R也恰好有$2n-1$个交点.

5. 求所有的正整数数列$a_0,a_1,a_2\cdots$,其中$a_0\geqslant 2015$,满足:

(1)对于所有整数$n\geqslant 1$,a_{n+2}被a_n整除;

(2)$|s_{n+1}-(n+1)a_n|=1$,其中$s_{n+1}=a_{n+1}-a_n+a_{n-1}-\cdots+(-1)^{n+1}a_0$.

参考答案

1.(法一)由于点 Z 是$\triangle BXD$、$\triangle ABC$ 外接圆的交点,所以点 Z 是直线 AB、BC、CA、XY 所围成的完全四边形的 Miquel 点,进而点 Z 在$\triangle CDY$ 的外接圆上(事实上,这一步也可以通过$\angle ZDY=\angle ZBA=\angle ZCY$ 而得到).通过该四点共圆可知$\angle VZW=180^\circ-\angle ACB$,所以在圆 ω 中,有等弦 $AB=VW$.

(法二)如图2,假设 XY 交圆ω 于点P、Q,其中点 Q 落在点X、Y 之间,我们将证明 V、W 分别是点A、B 关于PQ 的中垂线的对称点.这样的话,四边形 $AVWB$ 是一个等腰梯形,从而 $AB=VW$.

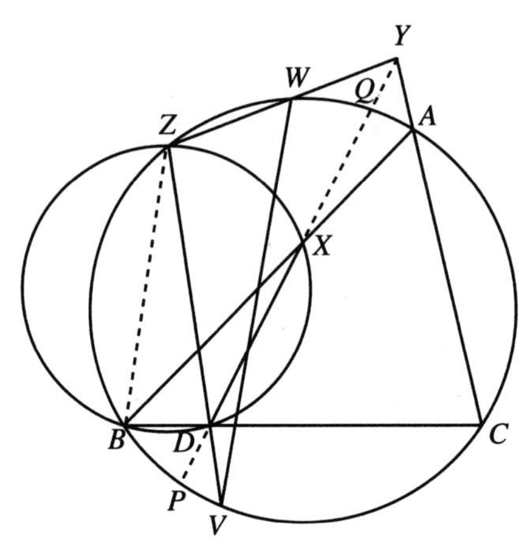

图 2

首先,$\angle BZD=\angle BXP=\angle AXY=\angle APQ+\angle BAP$,而在圆 ω 中,$\angle BZP=\angle BAV=\angle BAP+\angle PAV$,所以$\angle PAV=\angle APQ$,进而 $PQ/\!/AV$,所以 A、V 关于 PQ 的中垂线对称.

假设 W'是点 B 关于PQ 的垂直平分线的对称点,点 Z'为 YW'与圆 ω 的交点,我们只需证明 B、X、D、Z'四点共圆即可.注意到,$\angle YDC=\angle PDB=\angle PCB+\angle QPC=\angle W'PQ+\angle QPC=\angle W'PC=\angle YZ'C$,所以 D、C、Y、Z'四点共圆,进一步,$\angle BZ'D=\angle CZ'B-\angle CZ'D=\angle BAC-\angle DYC=\angle BXD$,这便证明了 B、X、D、Z'四点共圆.

2.(法一)注意到对于任意 $a\in S$,

$$\begin{aligned}f(a^6)f(a^5)f(a^3)f(a^2)f(a)&=f(a^{22})f(a^3)f(a^2)f(a)\\&=f(a^{50})f(a^2)f(a)\\&=f(a^{104})f(a).\end{aligned}$$

另一方面,

$$\begin{aligned}f(a^6)f(a^5)f(a^3)f(a^2)f(a)&=f(a^6)f(a^5)f(a^3)f(a^6)\\&=f(a^6)f(a^5)f(a^{18})=f(a^6)f(a^{46})=f(a^{104}).\end{aligned}$$

所以,$f(a)=1\in S$,矛盾.

（法二）由题意，

$$f(2^1)f(2^2)f(2^3)f(2^4)f(2^5)=f(2^6)f(2^3)f(2^4)f(2^5)=f(2^{14})f(2^5)f(2^6)$$
$$=f(2^{22})f(2^{14})=f(2^{72}).$$

另一方面，

$$f(2^1)f(2^2)f(2^3)f(2^4)f(2^5)=f(2^1)f(2^2)f(2^4)f(2^{16})$$
$$=f(2^2)f(2^4)f(2^{34})=f(2^4)f(2^{72}),$$

所以 $f(2^4)=1\notin S$，矛盾.

（法三）我们来证明不存在这样的函数 f. 对于任意 a、$b\in S$，我们取一个比它们都大的整数 c. 因为 $bc>a$，$c>b$，所以

$$f(a^4b^4c^4)=f(a^2)f(b^2c^2)=f(a^2)f(b)f(c).$$

另一方面，因为 $ac>b$，$c>a$，所以

$$f(a^4b^4c^4)=f(b^2)f(a^2c^2)=f(b^2)f(a)f(c).$$

比较这两个等式，可得 $f(b^2)f(a)=f(a^2)f(b)$，即$\dfrac{f(a^2)}{f(a)}=\dfrac{f(b^2)}{f(b)}$. 由 a、b 的任意性，可知存在一个正有理数 k，对任意 $a\in S$，均有 $f(a^2)=kf(a)$，代入题目中的等式可得对于任意 a、$b\in S$，$a\neq b$，均有 $f(ab)=\dfrac{f(a)f(b)}{k}$. 这样的话，任意 $a\in S$，

$$f(a)f(a^2)=f(a^6)=\frac{f(a)f(a^5)}{k}=\frac{f(a)f(a)f(a^4)}{k^2}=\frac{f(a)f(a)f(a^2)}{k},$$

所以 $f(a)=k$. 取 $a=2$、$b=3$ 代入原题中的等式，可知 $k=1\notin S$，矛盾.

3.（法一）显然，所有的 a_i 均为正有理数. 由题意，反过来可知 $a_i=\dfrac{a_{i+1}-1}{2}$ 或 $a_i=\dfrac{2a_{i+1}}{1-a_{i+1}}$. 所以我们得到递推式

$$a_i=\begin{cases}\dfrac{a_{i+1}-1}{2}, & a_{i+1}>1;\\[2mm] \dfrac{2a_{i+1}}{1-a_{i+1}}, & a_{i+1}<1.\end{cases}$$

即 a_i 可由 a_{i+1} 唯一确定. 那接下来我们就倒推枚举：

$\frac{2014}{1},\frac{2013}{2},\frac{2011}{4},\frac{2007}{8},\frac{1999}{16},\frac{1983}{32},\frac{1951}{64},\frac{1887}{128},\frac{1759}{256},\frac{1503}{512},\frac{991}{1024},\frac{1982}{33},\frac{1949}{66},\frac{1883}{132},$ $\frac{1751}{264},\frac{1487}{528},\frac{959}{1056},\frac{1918}{97},\frac{1821}{194},\frac{1627}{388},\frac{1239}{776},\frac{463}{1552},\frac{926}{1089},\frac{1852}{163},\frac{1689}{326},\frac{1363}{652},\frac{711}{1304},\frac{1422}{593},\frac{829}{1186},$ $\frac{1658}{357},\frac{1301}{714},\frac{587}{1428},\frac{1174}{841},\frac{333}{1682},\frac{666}{1349},\frac{1332}{683},\frac{649}{1366},\frac{1298}{717},\frac{581}{1434},\frac{1162}{853},\frac{309}{1706},\frac{618}{1397},\frac{1236}{779},\frac{457}{1558},$ $\frac{914}{1101},\frac{1828}{187},\frac{1641}{374},\frac{1267}{748},\frac{519}{1496},\frac{1038}{977},\frac{61}{1954},\frac{122}{1893},\frac{244}{1771},\frac{488}{1527},\frac{976}{1039},\frac{1952}{63},\frac{1889}{126},\frac{1763}{252},\frac{1511}{504},$ $\frac{1007}{1008},\frac{2014}{1}.$

以上一共 61 项，这便得到了答案：$k=60$.

（法二）（主要说明法一中计算出来数据的意义）由于所有的 a_i 均为正有理数，我们设 $a_{k-i}=\frac{m_i}{n_i}$，其中 $i\geqslant 0$. 特别地，$a_k=\frac{m_0}{n_0}$，$m_0=2014$，$n_0=1$. 由法一中的递推式可得

$$(m_{i+1},n_{i+1})=\begin{cases}(m_i-n_i,2n_i), & m_i>n_i;\\(2m_i,n_i-m_i), & m_i<n_i.\end{cases}$$

我们可以由简单的归纳知 $m_i+n_i=2015$，$1\leqslant m_i$、$n_i\leqslant 2014$，$(m_i,n_i)=1$. 由于最终需要 a_0 是正整数，故我们需要 $n_k=1$. 由简单的归纳法可知 $(m_i,n_i)\equiv(-2^i,2^i)\pmod{2015}$，$i=0,1,\cdots,k$. 所以题目中的 k，解 $2^k\equiv 1\pmod{2015}$ 的最小整数解即可，以下可参考法三.

（法三）对原题中的递推式做变形可知：$a_{i+1}+1=2(a_i+1)$ 或 $a_{i+1}+1=\frac{2(a_i+1)}{a_i+2}$. 因此，$\frac{1}{a_{i+1}+1}=\frac{1}{2}\cdot\frac{1}{a_i+1}$ 或 $\frac{1}{a_{i+1}+1}=\frac{1}{2}\cdot\frac{1}{a_i+1}+\frac{1}{2}$. 那么累和后可得

$$\frac{1}{a_k+1}=\frac{1}{2^k}\cdot\frac{1}{a_0+1}+\sum_{i=1}^{k}\frac{\varepsilon_i}{2^{k-i+1}},$$

其中 $\varepsilon_i=0$ 或 1. 取 $a_k=2014$，两边同乘 $2^k(a_k+1)$，知

$$2^k=\frac{2015}{a_0+1}+2015\left(\sum_{i=1}^{k}\varepsilon_i\cdot 2^{i-1}\right).$$

注意到 $(2,2015)=1$，所以只能是 $a_0+1=2015$，即 $a_0=2014$. 那么，

$$2^k-1=2015\left(\sum_{i=1}^{k}\varepsilon_i\cdot 2^{i-1}\right),$$

其中 $\varepsilon_i=0$ 或 1. 我们只需找最小的 k 使得 $2^k\equiv 1\pmod{2015}$. 因为 $2015=5\cdot 13\cdot 31$，而由费马小定理知 $2^4\equiv 1\pmod 5$，$2^{12}\equiv 1\pmod{13}$，$2^{30}\equiv 1\pmod{31}$，另一方面 $[4,12,30]=60$，所以 $2^{60}\equiv 1\pmod 5$，$2^{60}\equiv 1\pmod{13}$，$2^{60}\equiv 1\pmod{31}$，即 $2^{60}\equiv 1\pmod{2015}$. 注意到 $2^{30}\not\equiv 1\pmod{2015}$，所以 k 的最小值为 60，这便得到了原题答案.

注 本题与 2008 年俄罗斯数学奥林匹克 9 年级第 7 题类似：在一个已写有一个正整数的黑板上进行如下操作：若数 x 已写在黑板上，则可以在黑板上写数 $2x+1$ 或 $\frac{x}{x+2}$. 已知在某个时刻黑板上写有数 2008，证明：黑板上原有的数是 2008. 上述法一和法二均受到该题解法的启发.

4.（法一）首先在平面上找到一条与这 $2n$ 条直线均不平行的直线 l 及其上一点 P，将直线 l 绕点 P 逆时针旋转使得它与这 $2n$ 条中的一条直线平行. 记下这条直线后继续旋转，旋转一圈后得到了 $2n$ 条交于一点的直线（本质上就是将 $2n$ 条直线平移到一点 P）. 按照逆时针的顺序将原来的 $2n$ 条直线依次命名为 $l_1,l_2,\cdots,l_{2n}$. 显然，存在两条相邻直线 l_k、l_{k+1}，其中 $k\in\{1,2,\cdots,2n-1\}$，这两条直线的颜色不同.

现在我们建立直线坐标系的 x 轴与 y 轴. 我们考虑直线 l_k 与 l_{k+1} 的平分线. 逆时针旋

转直线 l_{k+1}，将分别与两条平分线重合，我们将先重合的平分线记为 x 轴，另一条平分线记为 y 轴. 我们将使用有向角：对于直线 s 和 s'，定义 $\angle(s,s')$ 为一个在区间 $[0,\pi)$ 中的一个数，使得直线 s 逆时针旋转角度 $\angle(s,s')$ 后与直线 s' 平行. 用 X 表示 x 轴所在直线，由有向角定义知，不存在直线 $l_i(i=1,2,\cdots,2n)$ 使得角 $\angle(X,l_i)$ 介于 $\angle(X,l_k)$ 与 $\angle(X,l_{k+1})$ 之间.

这 $2n$ 条直线两两之间的交点只有有限个，所以我们考虑一个长方形，以坐标原点为中心，直线 l_k 与 l_{k+1} 为两条对角线，包含了前述的 $2n$ 条直线两两之间的所有交点. 我们记这个长方形的边分别为 $x=\pm a$，$y=\pm b$，其中 a、$b>0$.

如图 3，考虑一个圆 C，与直线 $x=a$、直线 l_k、直线 l_{k+1} 均相切. 我们证明这个圆与集合恰好有 $2n-1$ 个交点，与集合 R 也 B 恰好有 $2n-1$ 个交点. 由于直线 l_k、l_{k+1} 的颜色不同，所以只需证明圆 C 与另外 $2n-2$ 条直线的每一条恰有 2 个交点. 注意到没有两条直线的交点在圆上，这是因为所有直线的交点在长方形内，而圆在长方形外. 现在考察这 $2n-2$ 条直线中的任意一条 L，设 L 与直线 l_k、l_{k+1} 的交点分别为 M、N(M、N 可能重合)，注意到 M、N 在矩形内部，所以 L 与矩形边的交点要么均在直线 $x=\pm a$ 上，要么均在直线 $y=\pm b$ 上. 若均在直线 $y=\pm b$ 上，那么 $\angle(X,L)$ 介于 $\angle(X,l_k)$ 与 $\angle(X,l_{k+1})$ 之间，矛盾. 那么交点只可能在直线 $x=\pm a$ 上，这样直线 L 与圆 C 恰有 2 个交点，这便完成了证明.

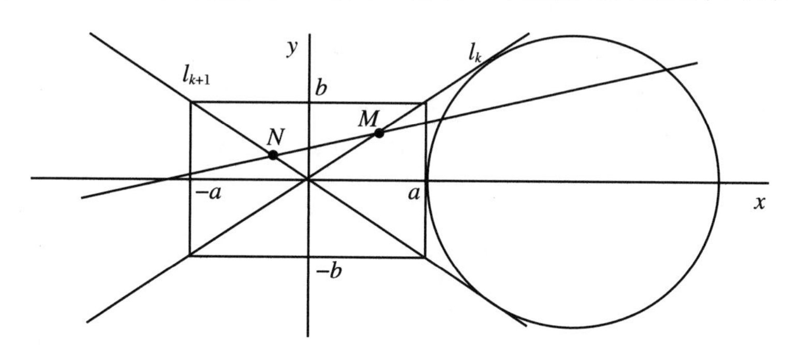

图 3

(法二)我们可以通过旋转图形保证没有一条直线是竖直的. 以斜率递增的顺序，记这 $2n$ 条直线依次为 $l_1,l_2,\cdots,l_{2n}$. 那么存在一个 $k\in\{1,2,\cdots,2n-1\}$，使得直线 l_k、l_{k+1} 颜色不同. 旋转我们的坐标系，并重新以轮换的顺序标记直线为 $l_1,l_2,\cdots,l_{2n}$，使得 $l_1,l_2,\cdots,l_{2n}$ 以斜率递增的顺序排列并且直线 l_1、l_{2n} 颜色不同. 圆 D 是以坐标原点为中心的一个足够大的圆，使得所有这 $2n$ 条直线间的交点均在圆 D 内部. 如图 4，记直线 l_i 与圆 D 的两个交点分别为 A_i、B_i，其中点 A_i 是在坐标系的一、四象限的交点(即横坐标为正的交点)，点 B_i 在另一部分的半圆上.

如图 4，以逆时针顺序，圆周上依次为 $A_1,\cdots,A_{2n},B_1,\cdots,B_{2n}$. 对于每个 i，射线 r_i 是直线 l_i 以 A_i 为起点向右延伸的射线. 令圆 C 与射线 r_1、r_{2n} 相切且整个圆均在圆 D 外，那么射线 $r_2,\cdots,r_{2n-1}$ 分别与圆 C 有两个交点，这样圆 C 便符合了题意.

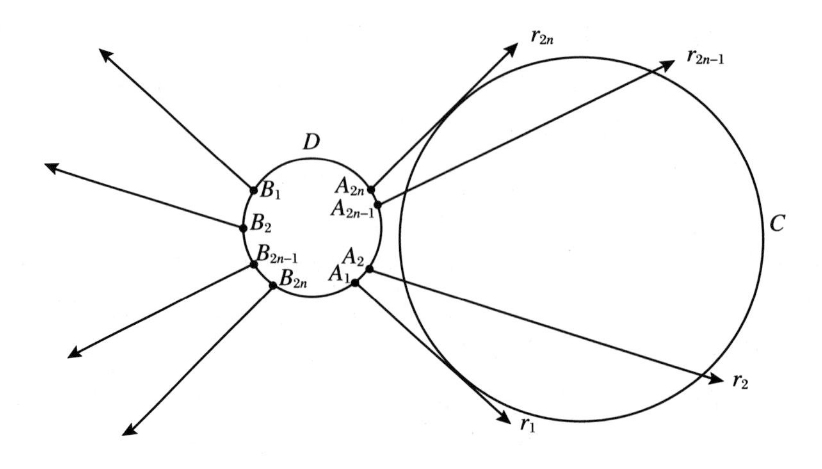

图 4

5. 答案一共有两类：

(a) $a_n = c(n+2)n!$，其中 $n \geqslant 1, a_0 = c+1$，c 是不小于 2014 的整数；

(b) $a_n = c(n+2)n!$，其中 $n \geqslant 1, a_0 = c-1$，c 是不小于 2016 的整数.

我们记数列 $\{a_n\}_{n=0}^{\infty}$ 是符合题意的正整数数列，我们将条件(2)改写为

$$s_{n+1} = (n+1)a_n + h_n,$$

其中 $h_n \in \{-1,1\}$，我们在下标中用 $n-1$ 替换 n，得到 $s_n = na_{n-1} + h_{n-1}, h_{n-1} \in \{-1,1\}$.

注意到 $a_{n+1} = s_{n+1} + s_n$，那么存在一个 $\delta_n \in \{-2,0,2\}$，使得

$$a_{n+1} = (n+1)a_n + na_{n-1} + \delta_n. \qquad ①$$

由于 $|s_2 - 2a_1| = 1$，那么 $a_0 = 3a_1 - a_2 \pm 1 \leqslant 3a_1$，那么 $a_1 \geqslant \dfrac{a_0}{3} \geqslant 671$，在式①中取 $n=2$，得 $a_3 = 3a_2 + 2a_1 + \delta_2$. 因为 $a_1 | a_3$，所以 $a_1 | 3a_2 + \delta_2$，而 $a_1 \geqslant 671$，故 $a_2 \geqslant 223$. 继续使用式①可知对每个 $n \geqslant 0$，均有 $a_n \geqslant 223$.

引理 1 对于 $n \geqslant 4, a_{n+2} = (n+1)(n+4)a_n$.

引理 1 的证明 对于 $n \geqslant 3$，

$$a_n = na_{n-1} + (n-1)a_{n-2} + \delta_{n-1} > na_{n-1} + 3.$$

将该式中的 n 用 $n-1$ 代替，得到对于 $n \geqslant 4$，

$$a_n = na_{n-1} + (n-1)a_{n-2} + \delta_{n-1} < na_{n-1} + (a_{n-1} - 3) + \delta_{n-1} < (n+1)a_{n-1}.$$

重新利用式①，将 a_{n+2} 写成 a_n、a_{n-1} 的形式，并将前述的不等式代入，知对于 $n \geqslant 3$，

$$\begin{aligned} a_{n+2} &= (n+3)(n+1)a_n + (n+2)na_{n-1} + (n+2)\delta_n + \delta_{n+1} \\ &< (n+3)(n+1)a_n + (n+2)na_{n-1} + 3(n+2) \\ &< (n^2 + 5n + 5)a_n. \end{aligned}$$

另一方面，对于 $n \geqslant 4$，

$$\begin{aligned} a_{n+2} &= (n+3)(n+1)a_n + (n+2)na_{n-1} + (n+2)\delta_n + \delta_{n+1} \\ &> (n+3)(n+1)a_n + na_n \end{aligned}$$

$$= (n^2 + 5n + 3)a_n.$$

由于 $a_n \mid a_{n+2}$,所以 $a_{n+2} = (n^2 + 5n + 4)a_n = (n+1)(n+4)a_n$.

引理 2 对于 $n \geqslant 4$, $a_{n+1} = \dfrac{(n+1)(n+3)}{n+2}a_n$.

引理 2 的证明 利用递推式

$$a_{n+3} = (n+3)a_{n+2} + (n+2)a_{n+1} + \delta_{n+2},$$

并且根据引理 1,将 a_{n+3}、a_{n+2} 写成 a_{n+1}、a_n 的形式,代入可得

$$(n+2)(n+4)a_{n+1} = (n+3)(n+1)(n+4)a_n + \delta_{n+2}.$$

因此 $n+4 \mid \delta_{n+2}$,从而 $\delta_{n+2} = 0$, $a_{n+1} = \dfrac{(n+1)(n+3)}{n+2}a_n$.

对于 $n \geqslant 1$,若存在一个 n,使得 $a_{n+1} \neq \dfrac{(n+1)(n+3)}{n+2}a_n$,不妨设 m 为使得该不等号成立的最大整数,由引理 2 可知 $1 \leqslant m \leqslant 3$,这样

$$a_{m+2} = \frac{(m+2)(m+4)}{m+3}a_{m+1}.$$

若 $\delta_{m+1} = 0$,那么我们有

$$a_{m+1} = \frac{(m+1)(m+3)}{m+2}a_m,$$

这与 m 使该式不成立矛盾.所以 $\delta_{m+1} = 0$.

由于 a_{m+2} 为整数,所以 $m+3 \mid a_{m+1}$.设 $a_{m+1} = k(m+3)$,那么

$$a_{m+2} = (m+2)(m+4)k.$$

进而

$$(m+1)a_m + \delta_{m+1} = a_{m+2} - (m+2)a_{m+1} = (m+2)k,$$

所以 $a_m \mid (m+2)k - \delta_{m+1}$.此外, $a_m \mid a_{m+2} = (m+2)(m+4)k$,所以 $a_m \mid (m+4)\delta_{m+1}$.既然 $\delta_{m+1} \neq 0$,所以 $a_m \mid 2(m+4)$,即 $a_m \leqslant 2(m+4) \leqslant 14$,这与 $a_m \geqslant 223$ 矛盾.所以对每个 $n \geqslant 1$,

$$a_{n+1} = \frac{(n+1)(n+3)}{n+2}a_n.$$

我们取 $n=1$,知 $3 \mid a_1$.令 $a_1 = 3c$,由归纳可知 $a_n = (n+2)n! \cdot c$,其中 $n \geqslant 1$.因为 $|s_2 - 2a_1| = 1$,所以 $a_0 = c \pm 1$,这便得到了我们所说的两类解.另一方面, $(n+2)n! = n! + (n+1)!$,所以

$$s_{n+1} = c(n+2)! + (-1)^n(c - a_0),$$

这便说明这两类解均符合题意.

武炳杰 整理
复旦大学数学科学学院

2015年加拿大数学奥林匹克

1. 试求所有的函数 $f:\mathbf{N}^*\to\mathbf{N}^*$,使得对任意正整数 n,均有

$$(n-1)^2 < f(n)f(f(n)) < n^2+n.$$

2. 在锐角$\triangle ABC$中,三条高 AD、BE、CF 相交于点 H. 证明:

$$\frac{AB\cdot AC+BC\cdot BA+CA\cdot CB}{AH\cdot AD+BH\cdot BE+CH\cdot CF}\leqslant 2.$$

3. 在$(4n+2)\times(4n+2)$的棋盘上有一只乌龟,这只乌龟可以在有公共边的方格之间爬行. 乌龟从位于棋盘一角处的方格开始爬行,恰经过每个方格一次,并最终回到它出发时的方格. 试求最大的正整数 k(用 n 表示),使得一定存在某一行或某一列,乌龟至少进入过 k 次.

4. 已知锐角$\triangle ABC$的外心为 O,圆心在过点 A 的高线上并且经过点 A 的圆 Γ 分别与边 AB、AC 交于点 P、Q. 若 $BP\cdot CQ=AP\cdot AQ$,证明:圆 Γ 与$\triangle BOC$的外接圆相切.

5. 设 p 为素数,且使得$\frac{p-1}{2}$也是素数,正整数 a、b、c 不能被 p 整除. 证明:存在至多 $1+\sqrt{2p}$个正整数 n,使得 $n<p$,且 p 整除 $a^n+b^n+c^n$.

参考答案

1. 满足要求的函数只有 $f(n)=n$.

假设函数 f 满足条件,下面用数学归纳法证明对任意 $n\in\mathbf{N}^*$,均有 $f(n)=n$. 取 $n=1$ 可得 $0<f(1)f(f(1))<2$,从而易得 $f(1)=1$. 假设对所有 $k<n$,都有 $f(k)=k$. 下面证明 $f(n)=n$.

用反证法. 假设 $f(n)\neq n$.

一方面,若 $f(n)\leqslant n-1$,则 $f(f(n))=f(n)$,$f(n)f(f(n))=(f(n))^2\leqslant(n-1)^2$,矛盾. 另一方面,若 $f(n)\geqslant n+1$,我们可用如下三种方法导出矛盾.

(法一)假设 $f(n)=M\geqslant n+1$,则$(n+1)f(M)\leqslant f(n)f(f(n))<n^2+n$,于是 $f(M)<n$,因此有 $f(f(M))=f(M)$,$f(M)f(f(M))=(f(M))^2<n^2\leqslant(M-1)^2$,矛盾. 从而结论得证.

(法二)首先,注意到当$|a-b|>1$时,区间$((a-1)^2,a^2+a)$和$((b-1)^2,b^2+b)$是不交的,从而$f(a)\neq f(b)$.

假设$f(n)\geqslant n+1$,则$f(f(n))=\dfrac{n^2+n}{f(n)}<n$.这表明,存在某些$a\leqslant n-1$,使得$f(a)=f(f(n))$,这与$|f(n)-a|\geqslant n+1-a\geqslant 2$矛盾.从而结论得证.

(法三)假设$f(n)\geqslant n+1$,则$f(f(n))<\dfrac{n^2+n}{f(n)}\leqslant n$,$f(f(f(n)))=f(f(n))$,这表明,$(f(n)-1)^2<f(f(n))f(f(f(n)))=(f(f(n)))^2<(f(n))^2+f(n)$,符合该条件的完全平方数只有$(f(n))^2$一个,故$f(f(n))=f(n)$.因此,$f(n)f(f(n))=(f(n))^2\geqslant(n+1)^2$,矛盾.从而结论得证.

2. (法一)设$BC=a$,$CA=b$,$AB=c$.由$\angle BFH=\angle BDH=90^\circ$,知$F$、$H$、$D$、$B$四点共圆.由圆幂定理,得$AH\cdot AD=AF\cdot AB$(该式也可由其他方法得到,例如法二).

由$AF=AC\cos A$,得$AH\cdot AD=AC\cdot AB\cos A=bc\cos A$.由余弦定理,知$\cos A=\dfrac{b^2+c^2-a^2}{2bc}$.从而$AH\cdot AD=\dfrac{b^2+c^2-a^2}{2}$.

类似地,$BH\cdot BE=\dfrac{c^2+a^2-b^2}{2}$,$CH\cdot CF=\dfrac{a^2+b^2-c^2}{2}$.因此,

$$\begin{aligned}AH\cdot AD+BH\cdot BE+CH\cdot CF&=\frac{b^2+c^2-a^2}{2}+\frac{c^2+a^2-b^2}{2}+\frac{a^2+b^2-c^2}{2}\\&=\frac{a^2+b^2+c^2}{2}.\end{aligned}\tag{①}$$

从而原不等式等价于

$$\frac{ab+bc+ca}{\frac{a^2+b^2+c^2}{2}}\leqslant 2$$

$$\Leftrightarrow a^2+b^2+c^2\geqslant ab+bc+ca$$

$$\Leftrightarrow (a-b)^2+(b-c)^2+(c-a)^2\geqslant 0.$$

上式显然成立,从而原不等式得证.显然,当$a=b=c$,即$\triangle ABC$是正三角形时,等号成立.

(法二)注意到

$$\frac{AE}{AH}=\cos\angle HAE=\frac{AD}{AC},\quad \frac{AF}{AH}=\cos\angle HAF=\frac{AD}{AB},$$

于是

$$AC\cdot AE=AH\cdot AD=AB\cdot AF.$$

类似地,我们有

$$BC\cdot BD=BH\cdot BE=BF\cdot BA,$$

$$CD\cdot CB=CH\cdot CF=CE\cdot CA.$$

从而

$$\begin{aligned}&2(AH\cdot AD+BH\cdot BE+CH\cdot CF)\\=\ &AB(AF+BF)+AC(AE+CE)+BC(BD+CD)\\=\ &AB^2+AC^2+BC^2.\end{aligned}$$

这就是法一中的式①，剩下的过程同法一.

3. 我们将证明所求的结果为 $2n+2$. 记 $m=4n+2$. 将所有行自上而下分别标记为第 1，2，…，m 行，将所有列自左而右分别标记为第 1，2，…，m 列. 由对称性，不妨设开始时乌龟位于棋盘的右上角.

首先，我们证明存在某一行（或列），乌龟至少进入过 $2n+2$ 次. 注意到乌龟每移动一次，都会进入新的一行（或列）. 设乌龟进入过 r_i 次第 i 行，进入过 c_i 次第 i 列，从而由乌龟总共移动了 m^2 次，得

$$r_1+r_2+\cdots+r_m+c_1+c_2+\cdots+c_m=m^2.$$

注意到乌龟每次进入第 1 列时，则它进入的下一列一定是第 2 列. 因此，c_1 与乌龟从第 1 列进入第 2 列的次数相等，而乌龟从第 3 列进入第 2 列至少一次，从而 $c_2>c_1$. 这表明，$r_1,\cdots,r_m,c_1,\cdots,c_m$ 这 $2m$ 个数不能全部相等，其中一定存在某个数，它严格大于 $\dfrac{m^2}{2m}=2n+1$，即至少等于 $2n+2$.

下面证明，任何一行都不可能进入超过 $2n+2$ 次. 将整个棋盘划分为 4 个 $(2n+1)\times(2n+1)$ 的子棋盘 A、B、C、D，分别包含原棋盘左上、右上、左下、右下的区域中的方格. 乌龟从位于区域 B 右上角的方格出发，开始向下移动一个单位，然后向棋盘左方移动，遍历区域 B 第 2 行的所有方格. 紧接着，乌龟向下移动一个单位，再向棋盘右方移动，遍历区域 B 第 3 行的所有方格. 如此进行下去，依次经过区域 B 中的每一行，当遍历该行的所有方格后，向下移动一个单位. 由于 $2n+1$ 是奇数，故上述过程结束时，乌龟位于区域 B 右下角的方格内. 此时，乌龟向下移动一个单位，进入区域 D，依次经过每一列中的所有方格，每遍历一列后，向棋盘左方移动一个单位，直至移动到区域 D 左下角的方格中. 此时，乌龟向左移动一个单位，进入区域 C，依次经过每一行中的所有方格，每遍历一行后，向棋盘上方移动一个单位，直至移动到区域 C 左上角的方格中. 此时，乌龟向上移动一个单位，进入区域 A，依次经过每一列中的所有方格，每遍历一列后，向棋盘右方移动一个单位，直至移动到区域 A 右上角的方格中. 最后，向右进入区域 B 并经过区域 B 第一行的所有方格，回到出发时的位置即可. 此时，对原棋盘的前 $2n+1$ 行，在区域 A 中被经过至多 $2n+1$ 次，而在区域 B 中被经过一次，合计至多 $2n+2$ 次. 类似分析可知，所有的行和列至多被经过 $2n+2$ 次.

图 1 给出了 $n=3$ 时乌龟的运动轨迹.

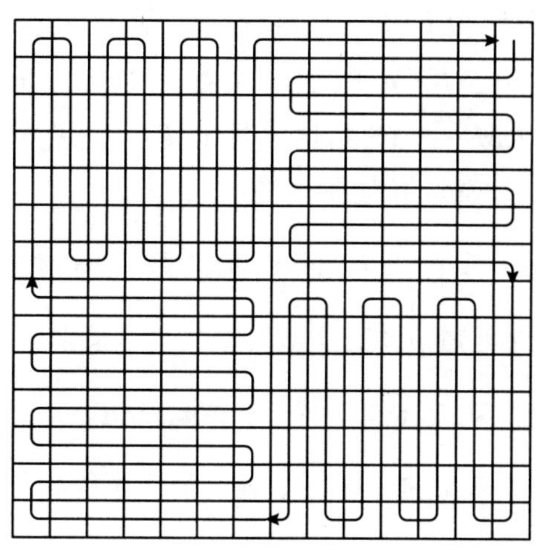

图 1

综上所述，所求的结果为 $2n+2$.

4. 如图 2，设 $\triangle BOC$ 的外接圆为圆 ω，M 是圆 ω 上点 O 的对径点，直线 AM 与圆 ω 的另一个交点为 K. 由 O 是 $\triangle ABC$ 的外心，知 O 是圆 ω 上弧 $\overset{\frown}{BOC}$ 的中点，而点 M 是圆 ω 上弧 $\overset{\frown}{BMC}$ 的中点. 于是，$\angle BKM=\angle CKM$，即 KM 平分 $\angle BKC$.

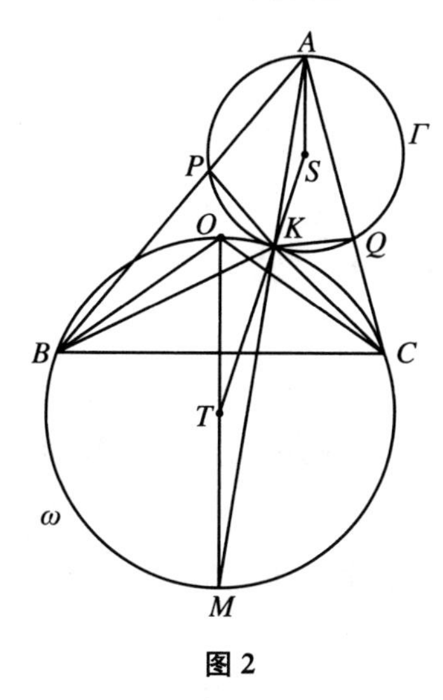

图 2

由 O 是 $\triangle ABC$ 的外心，知 $\angle BOC=2\angle BAC$. 由 B、K、O、C 都在圆 ω 上，知 $\angle BKC=\angle BOC=2\angle BAC$. 又 KM 平分 $\angle BKC$，则 $\angle BKM=\angle CKM=\angle BAC$. 从而由 A、K、M 三点共线，知 $\angle AKB=\angle AKC=180^\circ-\angle BAC$，从而

$$\angle KBA=180^\circ-\angle AKB-\angle KAB=\angle BAC-\angle KAB=\angle KAC.$$

由此可知，$\triangle KBA\backsim\triangle KAC$. 结合条件 $\frac{BP}{AP}=\frac{AQ}{CQ}$，可知 $\triangle KPA\backsim\triangle KQC$. 因此，$\angle KPA=\angle KQC=180^\circ-\angle KQA$，这表明点 K 在圆 Γ 上.

设圆 Γ 和圆 ω 的圆心分别为 S 和 T. 注意到 TM 和 AS 均与 BC 垂直，所以它们是平行的，从而 $\angle KMT=\angle KAS$. 由 $\triangle KTM$ 和 $\triangle KSA$ 都是等腰三角形，知 $\angle TKM=\angle KMT$，$\angle SKA=\angle KSA$. 从而，$\angle TKM=\angle SKA$，这表明 S、T、K 三点共线，即点 K 位于圆 Γ 和圆 ω 的连心线 ST 上，因此圆 Γ 与圆 ω 相切于点 K.

5. 首先假设 $b\pm a \pmod p$，$c\equiv\pm b \pmod p$. 于是，对任意正整数 n，有 $a^n+b^n+c^n\equiv a^n$ 或 $\pm 3a^n \pmod p$. 由条件可知 $p\neq 3$（这是因为 $\frac{3-1}{2}$ 不是素数），$p\nmid a$，故 $a^n+b^n+c^n\not\equiv 0 \pmod p$. 这种情形是平凡的. 从而我们不妨设 $b\not\equiv a \pmod p \Rightarrow ba^{-1}\not\equiv\pm 1 \pmod p$.

假设 $q=\frac{p-1}{2}$. 由费马小定理，可知 $\mathrm{ord}_p(ba^{-1})$ 整除 $p-1=2q$. 又由 $ba^{-1}\not\equiv\pm 1 \pmod p$，知 $\mathrm{ord}_p(ba^{-1})\nmid 2$. 因此，$\mathrm{ord}_p(ba^{-1})=q$ 或 $2q$.

设集合 $S=\{n \mid n<p, a^n+b^n+c^n\equiv 0 \pmod p\}$，$s_t$ 表示满足 i、$j\in S$，且 $i-j\equiv t \pmod{p-1}$ 的数对 (i,j) 的个数.

引理 设 t 是小于 $2q$ 且不等于 q 的正整数，则 $s_t\leqslant 2$.

引理的证明 考虑 i、$j\in S$，且 $j-i\equiv t \pmod{p-1}$，则有

$$
\begin{aligned}
&a^i+b^i+c^i\equiv 0 \pmod p\\
\Rightarrow\ &a^ic^{j-i}+b^ic^{j-i}+c^j\equiv 0 \pmod p\\
\Rightarrow\ &a^ic^{j-i}+b^ic^{j-i}-a^j-b^j\equiv 0 \pmod p\\
\Rightarrow\ &a^i\cdot(c^t-a^t)\equiv b^i\cdot(b^t-c^t) \pmod p.
\end{aligned}
$$

若 $c^t\equiv a^t \pmod p$，则 $c^t\equiv b^t \pmod p$，故 $(ab^{-1})^t\equiv 1 \pmod p$，这与 $\mathrm{ord}_p(ba^{-1})=q$ 或 $2q$ 且 $q\nmid t$ 矛盾. 这样，我们有

$$(ab^{-1})^i\equiv(b^t-c^t)\cdot(c^t-a^t)^{-1} \pmod p.$$

对确定的 t，上式右边是确定的，故 $(ab^{-1})^i$ 也是确定的. 由 $\mathrm{ord}_p(ba^{-1})=q$ 或 $2q$，知这样的 i 至多有两个，从而引理得证.

回到原题. 对任意 $i\in S$，S 中至少有 $|S|-2$ 个不同于 i 的元素与 i 的差不是 $q \pmod{p-1}$. 从而由引理得

$$
\begin{aligned}
&|S|\cdot(|S|-2)\sum_{t\neq q}s_t\leqslant 2\cdot(p-2)\\
\Rightarrow\ &(|S|-1)^2\leqslant 2p-3\\
\Rightarrow\ &|S|<\sqrt{2p}+1.
\end{aligned}
$$

李 潜 翻译

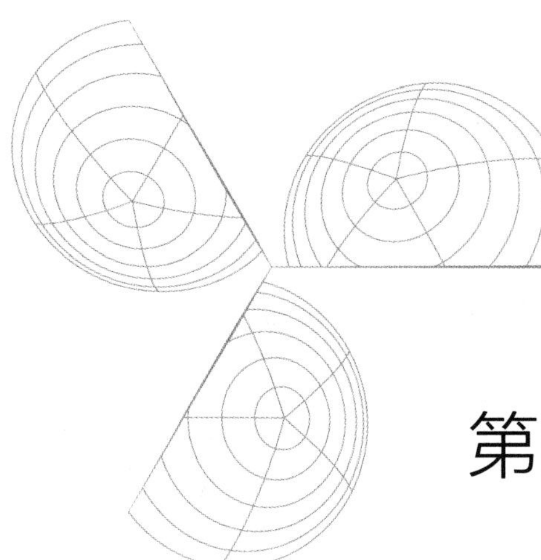

第四篇　模拟训练

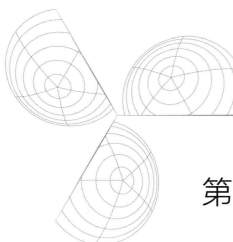

《学数学》高中数学竞赛训练题(1)

一　试

一、填空题(每小题 8 分,共 64 分)

1. 满足方程 $3^x+5^x+11^x=19^x\cdot\sqrt{x-1}$ 的不同实根个数为________.

2. 过抛物线 $y^2=8x$ 的焦点 F,作一条斜率为 2 的直线 l,若 l 交抛物线于 A、B 两点,则 $\triangle OAB$ 的面积为________.

3. 在一次投篮测试中,被测试者只要投中 3 个,即为合格,不必再投,但至多只能投 5 次.一名投篮命中率为 $\frac{2}{3}$ 的球员,其测试合格的概率为________.

4. 已知 O 是锐角 $\triangle ABC$ 的外心,$AB=6$, $AC=10$,若 $\overrightarrow{AO}=x\overrightarrow{AB}+y\overrightarrow{AC}$,且 $2x+10y=5$,则 $\cos\angle BAC$ 的值为________.

5. 设 P 是一个半径为 1 的球上一点,过 P 作该球的三条两两垂直的弦 PA、PB、PC.则点 P 到面 ABC 的距离的最大值为________.

6. 若不等式 $\sqrt{x(x^2+9)(9-x)}\leqslant\lambda(x+1)$ 对一切实数 $x\in(0,2)$ 恒成立,则实数 λ 的最小值为________.

7. 设 z 是复数,满足 $|z|=1$,则 $\left|(z+1)\left(z-\frac{1}{2}+\frac{\sqrt{3}}{2}\mathrm{i}\right)\right|$ 的最大值为________.

8. 设数列 $\{a_n\}$ 满足:$a_1=6$, $a_{n+1}=\left[\frac{5}{4}a_n+\frac{3}{4}\sqrt{a_n^2-2}\right](n\in\mathbf{N}^*)$.其中 $[x]$ 表示不超过实数 x 的最大整数,S_n 为 $\{a_n\}$ 的前 n 项和.则 S_{2015} 的个位数字为________.

二、解答题(共 56 分)

9. (16 分)已知定义在 $\mathbf{R}^+$ 上的函数 $f(x)$ 满足:

(1) $f(3)=-1$;

(2) 当 $x>1$ 时,$f(x)<0$;

(3) 对于任意 a、$b\in\mathbf{R}^+$,有 $f(ab)=f(a)+f(b)$.

又集合

$$A=\{(p,q)\mid f(p^2+1)-f(5q)-2>0,\ p、q\in\mathbf{R}^+\},$$

$$B=\left\{(p,q)\,\middle|\,f\left(\frac{p}{q}\right)+\frac{1}{2}=0,\ p、q\in\mathbf{R}^+\right\}.$$

问是否存在正实数 p、q,使得 $A\cap B\neq\varnothing$?并说明理由.

10.（20分）A 是双曲线 $\frac{x^2}{a^2}-\frac{y^2}{b^2}=1(a>0,b>0)$ 的右顶点，过 A 作直线 l_1、l_2 分别与两条渐近线平行，又过原点 O 作倾斜角为 θ 的直线 l 分别交 l_1、l_2 于 P、Q 两点.记 $OP\cdot OQ=g(\theta)$，当 $\theta\in\left[\frac{\pi}{6},\frac{\pi}{4}\right]$ 时，$g(\theta)$ 的值域为 $[4,32]$.求该双曲线的方程.

11.（20分）已知数列 $\{x_n\}$ 满足：$x_1=a$，$x_{n+1}=2-x_n^2(n=1,2,\cdots)$.若对任意的正整数 n，都有 $x_n>0$，求实数 a 的取值范围.

加　试

一、（40分）如图1，已知 H 是给定锐角 $\triangle ABC$ 的垂心，P 是 BC 边上一动点，过 P 分别作 AB、AC 的垂线，垂足分别为 E、F. EF 分别交 HB、HC 于点 M、N.求证：$\triangle HMN$ 的外接圆经过除点 H 外的另一定点.

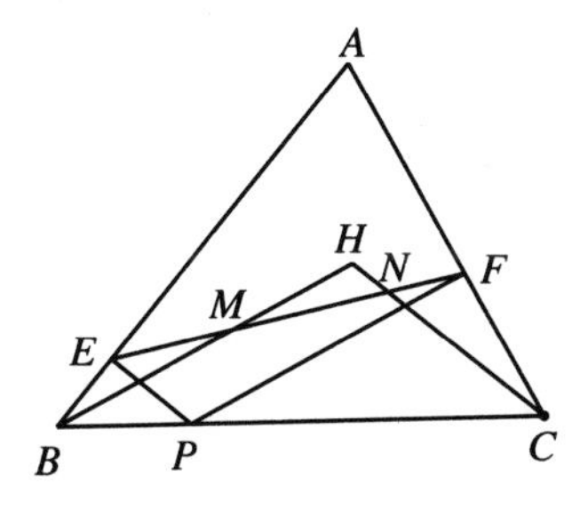

图1

二、（40分）数列 $\{f_n\}$ 满足：$f_1=f_2=1$，$f_{n+2}=f_{n+1}+f_n(n\in\mathbf{N}^*)$，若对任意正整数 n，都存在正整数 a_n、b_n，满足 $\min\left\{\frac{f_{n+1}}{f_n},\frac{f_{n+2}}{f_{n+1}}\right\}<\frac{a_n}{b_n}<\max\left\{\frac{f_{n+1}}{f_n},\frac{f_{n+2}}{f_{n+1}}\right\}$.

求证：对任意正整数 n，有 $b_n\geqslant f_{n+2}$.

三、（50分）已知 $n\in\mathbf{N}^*$，$n\geqslant 2$，满足 $1!,2!,3!,\cdots,n!$ 构成模 n 的完全剩余系.求所有符合条件的正整数 n.

四、（50分）已知给定的正整数 $n(n\geqslant 3)$.对任意满足条件：$n\mid a_i(i=1,2,\cdots,n)$ 且 $n\nmid\sum_{i=1}^{n}a_i$ 的 n 个正整数 $a_1,a_2,\cdots,a_n$，都存在 M 个由0或者1组成的不同数列 $b_1,b_2,\cdots,b_n$，使得 $n\mid\sum_{i=1}^{n}a_ib_i$ 成立.求正整数 M 的最大值.

参考答案

一　试

一、填空题

1.1.

设 $f(x)=\left(\frac{3}{19}\right)^x+\left(\frac{5}{19}\right)^x+\left(\frac{11}{19}\right)^x-\sqrt{x-1}$,则 $f(x)$ 在 $[1,+\infty)$ 上单调递减.

又 $f(1)=1>0$,$f(+\infty)<0$,故 $f(x)=0$ 仅有一个实数根.

所以方程 $3^x+5^x+11^x=19^x\cdot\sqrt{x-1}$ 的不同实根个数是 1.

2. $4\sqrt{5}$.

因为 $F(2,0)$,故 $l_{AB}: y=2x-4$,联立

$$\begin{cases} y^2=8x, \\ y=2x-4, \end{cases}$$

消去 x 得

$$y^2-4y-16=0,$$

设 $A(x_1,y_1)$、$B(x_2,y_2)$,则

$$y_1+y_2=4,\quad y_1y_2=-16,$$

于是 $|y_1-y_2|=4\sqrt{5}$. 所以

$$S_{\triangle OAB}=\frac{1}{2}\cdot|OF|\cdot|y_1-y_2|=\frac{1}{2}\times 2\times 4\sqrt{5}=4\sqrt{5}.$$

3. $\frac{64}{81}$.

由条件知测试合格的概率

$$p=\left(\frac{2}{3}\right)^3+C_3^2\cdot\left(\frac{2}{3}\right)^2\cdot\frac{1}{3}\cdot\frac{2}{3}+C_4^2\cdot\left(\frac{2}{3}\right)^2\cdot\left(\frac{1}{3}\right)^2\cdot\frac{2}{3}=\frac{64}{81}.$$

4. $\frac{1}{3}$.

由条件知,

$$\overrightarrow{AO}\cdot\overrightarrow{AC}=|\overrightarrow{AO}|\cdot|\overrightarrow{AC}|\cos\angle OAC=\frac{1}{2}|\overrightarrow{AC}|^2=50,$$

故

$$50=x\overrightarrow{AB}\cdot\overrightarrow{AC}+y\overrightarrow{AC}\cdot\overrightarrow{AC}=60x\cdot\cos\angle BAC+100y,$$

于是

$$\cos\angle BAC=\frac{50-100y}{60x}=\frac{20x}{60x}=\frac{1}{3}.$$

5. $\frac{2}{3}$.

设 $PA=x$,$PB=y$,$PC=z$,则 $x^2+y^2+z^2=4$,故

$$S_{\triangle ABC}=\frac{1}{2}\sqrt{x^2y^2+y^2z^2+z^2x^2},$$

于是点 P 到平面 ABC 的距离

$$d=\frac{xyz}{\sqrt{x^2y^2+y^2z^2+z^2x^2}}=\frac{1}{\sqrt{\frac{1}{x^2}+\frac{1}{y^2}+\frac{1}{z^2}}}\leqslant\frac{1}{\sqrt{\frac{9}{x^2+y^2+z^2}}}=\frac{2}{3},$$

当 $x=y=z=\frac{2\sqrt{3}}{3}$时等号成立.

所以,点 P 到面 ABC 的距离的最大值是$\frac{2}{3}$.

6. $\frac{9}{2}$.

因为

$$\frac{\sqrt{x(x^2+9)(9-x)}}{x+1}=\frac{\sqrt{(x^2+9)(9x-x^2)}}{x+1}\leqslant\frac{\frac{9+9x}{2}}{x+1}=\frac{9}{2},$$

当 $x^2+9=9x-x^2$ 即 $x=\frac{3}{2}$时,等号成立.

所以,λ 的最小值为$\frac{9}{2}$.

7. 3.

由 $|z|=1$ 知 z 在复平面上相应点的轨迹是单位圆. $\left|(z+1)\left(z-\frac{1}{2}+\frac{\sqrt{3}}{2}\mathrm{i}\right)\right|$则表示单位圆上任意一点 C 到点 $A(-1,0)$、$B\left(\frac{1}{2},-\frac{\sqrt{3}}{2}\right)$的距离之积,即 $|AC|\cdot|BC|$. 显然,A、B 均在单位圆上,且$\angle AOB=120^\circ$,其中 O 为坐标原点.

欲使 $|AC|\cdot|BC|$ 最大,则 C 必须与 O 在直线 AB 同侧,则$\angle ACB=60^\circ$.

由 $S_{\triangle ABC}=\frac{1}{2}|CA|\cdot|CB|\cdot\sin 60^\circ$知,必有 $S_{\triangle ABC}$最大.

而 $S_{\triangle ABC}$最大时当且仅当 $CA=CB$,此时$(S_{\triangle ABC})_{\max}=\frac{3\sqrt{3}}{4}$.

所以,$(|AC|\cdot|BC|)_{\max}=\frac{2\times\frac{3\sqrt{3}}{4}}{\frac{\sqrt{3}}{2}}=3$.

8. 0.

由 $a_1=6$, $a_2=11$, $a_3=21$,猜测 $a_n=5\cdot 2^{n-1}+1(n\in\mathbf{N}^*)$,用数学归纳法易证.

于是 $n\geqslant 2$ 时,$a_n\equiv 1(\mathrm{mod}\ 10)$,故 $S_{2015}\equiv 6+2014(\mathrm{mod}\ 10)\equiv 0(\mathrm{mod}\ 10)$.

二、解答题

9. 任取 $0<x_1<x_2$,则$\frac{x_2}{x_1}>1$,故

$$f(x_2)=f\left(\frac{x_2}{x_1}\cdot x_1\right)=f\left(\frac{x_2}{x_1}\right)+f(x_1)<f(x_1),$$

所以,$f(x)$在$\mathbf{R}^+$上为单调递减函数.

假设存在 p、q,使得 $A\cap B\neq\varnothing$,由 $f(p^2+1)-f(5q)-2>0$ 及 $f(3)=-1$ 知

$$f(p^2+1)+f(3)+f(3)>f(5q),$$

于是

$$f(9p^2+9)>f(5q),$$

故 $9p^2+9<5q$，即 $q>\frac{9}{5}(p^2+1)$.

由 $-1=f(3)=f(\sqrt{3}\cdot\sqrt{3})=2f(\sqrt{3})$ 知 $f(\sqrt{3})=-\frac{1}{2}$. 又由 $f\left(\frac{p}{q}\right)+\frac{1}{2}=0$，知 $\frac{p}{q}=\sqrt{3}$.

于是

$$\frac{\sqrt{3}}{3}p>\frac{9}{5}(p^2+1),$$

即

$$\frac{9}{5}p^2-\frac{\sqrt{3}}{3}p+\frac{9}{5}<0.$$

由 $\Delta=\left(\frac{\sqrt{3}}{3}\right)^2-4\cdot\frac{9}{5}\cdot\frac{9}{5}<0$ 知 $\frac{9}{5}p^2-\frac{\sqrt{3}}{3}p+\frac{9}{5}<0$ 无解. 所以假设不成立.

综上可知，不存在 p、q，使得 $A\cap B\neq\varnothing$.

10. 设直线 l 交双曲线于 R 点，易知

$$l_1: y-\frac{b}{a}(x-a)=0, \tag{①}$$

$$l_2: y+\frac{b}{a}(x-a)=0. \tag{②}$$

过原点 O 的直线方程设为

$$\begin{cases}x=t\cos\theta,\\ y=t\sin\theta.\end{cases} \tag{③}$$

①×②，得

$$y^2-\frac{b^2}{a^2}(x-a)^2=0. \tag{④}$$

将式③代入式④得

$$(a^2\sin^2\theta-b^2\cos^2\theta)t^2+(2ab^2\cos\theta)t-a^2b^2=0,$$

则

$$t_1t_2=OP\cdot OQ=-\frac{a^2b^2}{a^2\sin^2\theta-b^2\cos^2\theta}. \tag{⑤}$$

把式③代入双曲线方程得

$$(b^2\cos^2\theta-a^2\sin^2\theta)t^2=a^2b^2,$$

所以

$$t^2=OR^2=-\frac{a^2b^2}{a^2\sin^2\theta-b^2\cos^2\theta}. \tag{⑥}$$

由式⑤、式⑥知 $OR^2=OP\cdot OQ$.

由题设条件知，当 θ 从 $\frac{\pi}{6}$ 变化到 $\frac{\pi}{4}$ 时，必有 $OP\cdot OQ$ 从 4 变化到 32，即 OR 从 2 变化到 $4\sqrt{2}$，从而点 $\left(2\cos\frac{\pi}{6},2\sin\frac{\pi}{6}\right)$、$\left(4\sqrt{2}\cos\frac{\pi}{4},4\sqrt{2}\sin\frac{\pi}{4}\right)$ 在双曲线上，即 $(\sqrt{3},1)$、$(4,4)$ 在双曲线上，故必有

$$\begin{cases}\frac{3}{a^2}-\frac{1}{b^2}=1,\\ \frac{16}{a^2}-\frac{16}{b^2}=1.\end{cases}$$

解之有 $a^2=\frac{32}{15}$，$b^2=\frac{32}{13}$.

即所求双曲线方程为 $\frac{x^2}{\frac{32}{15}}-\frac{y^2}{\frac{32}{13}}=1$.

11. 引理 若 $x_1>1$，$x_{n+1}=2-x_n^2$（$n=1,2,\cdots$），则 $x_{2k-1}>1$（$k\in\mathbf{N}^*$）；若 $0<x_1<1$，$x_{n+1}=2-x_n^2$（$n=1,2,\cdots$），则 $x_{2k}>1$（$k\in\mathbf{N}^*$）.

引理由数学归纳法易证，证明略.

回到原题. 显然 $0<x_n<\sqrt{2}$.

当 $a=1$ 时，$x_n=1$（$n\in\mathbf{N}^*$），故 $a=1$ 符合条件.

当 $a\neq1$ 时，即 $x_1\neq1$，从而 $x_n\neq1$（$n\in\mathbf{N}^*$）.

由 $x_{n+1}-1=1-x_n^2=(1-x_n)(1+x_n)$，得

$$\frac{x_{n+1}-1}{x_n-1}=-(1+x_n),$$

故当 $n\geqslant2$ 时，

$$x_n-1=(-1)^{n-1}(1+x_1)(1+x_2)\cdots(1+x_{n-1})(x_1-1).$$

由引理知，当 $x_1>1$ 时，

$$x_{2n+1}-1=(-1)^{2n}(1+x_1)(1+x_2)\cdots(1+x_{2n})(x_1-1)>2^n(x_1-1),$$

所以，存在 $n_0\in\mathbf{N}^*$，使得 $x_{2n_0+1}>\sqrt{2}$，矛盾.

类似地，当 $0<x_1<1$ 时，

$$x_{2n}-1=(-1)^{2n-1}(1+x_1)(1+x_2)\cdots(1+x_{2n-1})(x_1-1)>2^{n-1}(1-x_1),$$

于是 $x_{2n}>1+2^{n-1}(1-x_1)$ 对任意正整数 n 均成立.

所以，存在 $n_0\in\mathbf{N}^*$，使得 $x_{2n_0}>\sqrt{2}$，矛盾.

因此，当 $a\neq1$ 时，都存在 $k\in\mathbf{N}^*$，使得 $x_k>\sqrt{2}$，矛盾.

所以，所求的实数取值范围 $a=1$.

加　　试

一、如图 2，延长 AH 交 BC 于 D，联结 DE、DF、DM、DN.

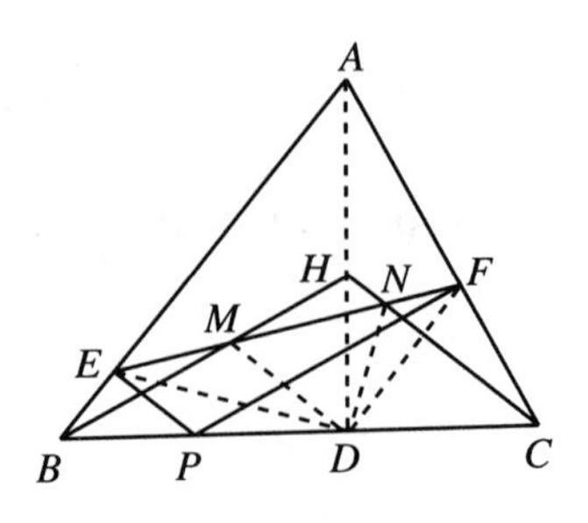

图 2

由 $PE\perp AB$，$AD\perp BC$，知 A、E、P、D 四点共圆.同理，A、E、D、F 四点共圆.所以，A、E、P、D、F 五点共圆，故 $\angle DEF=\angle DAC=\angle DBH$.因此，$B$、$D$、$M$、$E$ 四点共圆.

同理，C、D、N、F 四点共圆.于是，

$$\angle DMB=\angle DEB=\angle AFD=180^\circ-\angle CFD=180^\circ-\angle CND=\angle HND,$$

故 H、M、D、N 四点共圆，即△HMN 的外接圆经过定点 D.

二、首先证两个引理.

引理 1 若正整数 x、y、z、t、a、b 满足 $yz-xt=1$，且 $\frac{x}{y}<\frac{a}{b}<\frac{z}{t}$，则 $b\geqslant y+t$.

引理 1 的证明 因为 $\frac{x}{y}<\frac{a}{b}<\frac{z}{t}$，则 $xb<ay$，故 $xb\leqslant ay-1$.

同理 $ta\leqslant bz-1$.于是，

$$txb\leqslant t(ay-1)=tay-t\leqslant(bz-1)y-t=bzy-(y+t),$$

所以，$y+t\leqslant bzy-txb=b(yz-xt)=b$.

引理 2 对任意正整数 n，都有 $f_{n+2}\cdot f_n-f_{n+1}^2=(-1)^{n+1}$.

引理 2 的证明 对 n 应用数学归纳法.

当 $n=1$ 时，$f_3\cdot f_1-f_2^2=2\times1-1^2=1=(-1)^{n+1}$.故结论成立.

假设当 $n=k(k\geqslant1)$时，结论成立，即 $f_{k+2}\cdot f_k-f_{k+1}^2=(-1)^{k+1}$.

当 $n=k+1$ 时，

$$\begin{aligned}f_{k+3}\cdot f_{k+1}-f_{k+2}^2&=(f_{k+2}+f_{k+1})\cdot f_{k+1}-(f_{k+1}+f_k)\cdot f_{k+2}\\&=f_{k+1}^2-f_{k+2}\cdot f_k\\&=-(-1)^{k+1}=(-1)^{k+2}.\end{aligned}$$

即当 $n=k+1$ 时，结论也成立.

由归纳原理知，对任意正整数 n，都有 $f_{n+2}\cdot f_n-f_{n+1}^2=(-1)^{n+1}$.

回到原题.显然对任意 $n\in\mathbf{N}^*$，都有 $f_n\in\mathbf{N}^*$.由条件，有

$$\min\left\{\frac{f_{n+1}}{f_n},\frac{f_{n+2}}{f_{n+1}}\right\}<\frac{a_n}{b_n}<\max\left\{\frac{f_{n+1}}{f_n},\frac{f_{n+2}}{f_{n+1}}\right\}.$$

(1)若 n 为奇数，由引理 2 知 $f_{n+2}\cdot f_n-f_{n+1}^2=1$.从而$\frac{f_{n+1}}{f_n}<\frac{f_{n+2}}{f_{n+1}}$.于是有

$$\frac{f_{n+1}}{f_n} < \frac{a_n}{b_n} < \frac{f_{n+2}}{f_{n+1}}.$$

由引理1知 $b_n \geqslant f_n + f_{n+1} = f_{n+2}$.

(2)若 n 为偶数,由引理2知 $f_{n+2} \cdot f_n - f_{n+1}^2 = -1$.从而$\frac{f_{n+1}}{f_n} > \frac{f_{n+2}}{f_{n+1}}$.于是有

$$\frac{f_{n+2}}{f_{n+1}} < \frac{a_n}{b_n} < \frac{f_{n+1}}{f_n}.$$

由引理1知 $b_n \geqslant f_{n+1} + f_n = f_{n+2}$.

综上,对任意正整数 n,有 $b_n \geqslant f_{n+2}$.

三、先证明一个引理.

引理 已知 $n \in \mathbf{N}^*$,$n \geqslant 2$,$1!,2!,3!,\cdots,n!$ 构成模 n 的完系,则 n 为素数.

引理的证明 反证法.假设结论不成立,即存在合数 n 符合条件,则 $n \geqslant 4$.

当 $n=4$ 时,因为 $2! \equiv 3! \pmod 4$,矛盾.

设 $n \geqslant 5$ 且为合数时.

(1)若 $n=p^2$(其中 p 为素数),则 $3 \leqslant p < 2p < n-1$,故 $p \cdot 2p \mid (n-1)!$,于是 $n \mid (n-1)!$,即 $(n-1)! \equiv 0 \pmod n$,故 $(n-1)! \equiv n! \pmod n$,矛盾.

(2)$n=ab$(其中 a、$b \in \mathbf{N}^*$,$2 \leqslant a < b < n-1$),则 $a \cdot b \mid (n-1)!$,于是 $n \mid (n-1)!$,即 $(n-1)! \equiv 0 \pmod n$,故 $(n-1)! \equiv n! \pmod n$,矛盾.

引理得证.

回到原题,n 只可能为质数.

易知 $n=2$、3 时,结论成立.

当 $n \geqslant 5$ 且为质数时,由 Willson 定理知,

$$(n-1)! \equiv -1 \pmod n,$$

即

$$(n-1)! \equiv n-1 \pmod n,$$

又因为 $(n-1,n)=1$,所以

$$(n-2)! \equiv 1 \pmod n.$$

因为 $n \geqslant 5$,故 $n-2 > 1$,而 $(n-2)! \equiv 1! \pmod n$.于是,当 $n \geqslant 5$ 且为质数时,均不满足条件.

综上可知,符合条件的正整数 $n=2$ 或 3.

四、正整数 M 的最大值是 n.

一方面,取 $a_1 = a_2 = \cdots = a_{n-1} = 1$,$a_n = 2$,则恰有 n 个不同的数列

$$(0,0,0,\cdots,0,0),(0,1,1,\cdots,1,1),(1,0,1,\cdots,1,1),$$
$$(1,1,0,\cdots,1,1),\cdots,(1,1,0,\cdots,0,1)$$

符合条件.

因此，$M \leqslant n$.

另一方面，我们证明：对任意满足条件 $n \nmid a_i (i=1,2,\cdots,n)$ 且 $n \nmid \sum_{i=1}^{n} a_i$ 的 n 个正整数 $a_1, a_2, \cdots, a_n$，都存在 n 个由 0 或者 1 组成的不同数列 $b_1, b_2, \cdots, b_n$，使得 $n \mid \sum_{i=1}^{n} a_i b_i$ 成立.

显然，$b_1 = b_2 = \cdots = b_n = 0$ 符合条件.

因此只需要找出 $n-1$ 个不同的非全零数列 $(b_1, b_2, \cdots, b_n)$ 都满足 $n \mid \sum_{i=1}^{n} a_i b_i$ 即可.

首先证明：这种数列 $(b_1, b_2, \cdots, b_n)$ 是存在的.

事实上，令 $s_0 = 0, s_i = a_1 + a_2 + \cdots + a_i (i=1,2,\cdots,n)$，则存在 $0 \leqslant j < k \leqslant n$，使得 $s_j \equiv s_k \pmod n$，即 $n \mid \sum_{i=j+1}^{k} a_i$，令

$$b_i = \begin{cases} 1, & j+1 \leqslant i \leqslant k, \\ 0, & \text{其余 } i \end{cases}$$

即可.

设已有 k 个有上述性质的不同数列 $(b_{i_1}, b_{i_2}, \cdots, b_{i_n})$，$i=1,2,\cdots,k$，其中 $1 \leqslant k \leqslant n-2$. 每一个都满足 $n \mid \sum_{i=1}^{n} a_i b_i$，且 b_i 不全为 0，于是由条件知对每一个 i，$(b_{i_1}, b_{i_2}, \cdots, b_{i_n})$ 中至少存在 1 个 0、2 个 1.

引理 存在 $1,2,\cdots,n$ 的一个排列 $\sigma_1, \sigma_2, \cdots, \sigma_n$，使得每一个 i，$(b_{i_{\sigma_1}}, b_{i_{\sigma_2}}, \cdots, b_{i_{\sigma_n}})$ 中的元素“1”不全相连 $(i=1,2,\cdots,k)$，即对每一个 $i (i=1,2,\cdots,k)$，不存在 $1 \leqslant m_i < j < t_i \leqslant n$，使得

$$b_{i_{\sigma_j}} = \begin{cases} 1, & m_i < j < t_i, \\ 0, & \text{其余 } j. \end{cases} \quad ①$$

下面对 k 用数学归纳法证明引理.

当 $k=1$ 时，显然上述命题对任意 $n \geqslant 3$ 成立.

假设当 $1 \leqslant k \leqslant m$ 时，命题对任何 $n \geqslant k+2$ 成立.

考察 $k=m+1$ 的情形，对任何 $n \geqslant k+2$，在 $(b_{i_1}, b_{i_2}, \cdots, b_{i_n})$ 中，如果仅有 1 个元素为 0，或者仅有 2 个元素为 1，称这种元素是“坏的”. 每一个数列至多有两个“坏的”元素. 于是“坏的”元素的总数不大于 $2k = 2m+2$. 由于 $n \geqslant k+2 = m+3$，从而存在 $j (1 \leqslant j \leqslant n)$，使得 $b_{1_j}, b_{2_j}, \cdots, b_{(m+1)_j}$ 中至多有一个“坏的”元素. 不妨设 $j=1$，且 $b_{2_1}, b_{3_1}, \cdots, b_{(m+1)_1}$ 都不是“坏的”元素. 于是对任意 $2 \leqslant i \leqslant m+1$，$(b_{i_2}, b_{i_3}, \cdots, b_{i_n})$ 中至少有一个元素 0，同时至少有两个元素 1，且 $n-1 \geqslant m+2$.

由归纳假设，存在 $2,3,\cdots,n$ 的一个排列 $\sigma_2', \sigma_3', \cdots, \sigma_n'$，使得每一个 $(b_{i_{\sigma_2'}}, b_{i_{\sigma_3'}}, \cdots, b_{i_{\sigma_n'}})$ $(2 \leqslant i \leqslant m+1)$ 的元素 1 不全相连.

如果$(b_{1_1}, b_{1_{\sigma'_2}}, b_{1_{\sigma'_3}}, \cdots, b_{1_{\sigma'_n}})$中元素1全相连,当$b_{1_1}=1$时,令

$$\sigma_i=\begin{cases}\sigma'_{i+1}, & 1\leqslant i\leqslant n-1,\\ 1, & i=n.\end{cases}$$

则$(b_{i_{\sigma_1}}, b_{i_{\sigma_2}}, b_{i_{\sigma_3}}, \cdots, b_{i_{\sigma_n}})(1\leqslant i\leqslant m+1)$的所有元素1不全相连;当$b_{1_1}=0$时,则存在$2\leqslant k<t\leqslant n$使得

$$b_{i_{\sigma'_j}}=\begin{cases}1, & k\leqslant j\leqslant t,\\ 0, & \text{其余 } j.\end{cases}$$

令

$$\sigma_i=\begin{cases}\sigma'_{i+1}, & 1\leqslant i\leqslant k-1,\\ 1 & i=k,\\ \sigma'_i, & k+1\leqslant i\leqslant n.\end{cases}$$

则$(b_{i_{\sigma_1}}, b_{i_{\sigma_2}}, b_{i_{\sigma_3}}, \cdots, b_{i_{\sigma_n}})(1\leqslant i\leqslant m+1)$的所有元素"1"不全相连.

因此,引理得证.

回到原题.令$c_0=0, c_i=a_{\sigma_1}+a_{\sigma_2}+\cdots+a_{\sigma_i}(i=1,2,\cdots,n)$,则存在$0\leqslant k<t\leqslant n$,使得$c_t\equiv c_k(\mathrm{mod}\ n)$,即$n\mid\sum\limits_{j=k+1}^{t}a_{\sigma_j}$.令

$$b_{(m+1)_{\sigma_j}}=\begin{cases}1, & k+1\leqslant j\leqslant t,\\ 0, & \text{其余 } j.\end{cases}$$

显然,$(b_{(m+1)_{\sigma_1}}, b_{(m+1)_{\sigma_2}}, \cdots, b_{(m+1)_{\sigma_n}})$满足条件,且不同于$(b_{i_{\sigma_1}}, b_{i_{\sigma_2}}, b_{i_{\sigma_3}}, \cdots, b_{i_{\sigma_n}})(1\leqslant i\leqslant m)$.

由此知存在$n-1$个不同的非零数列$(b_1, b_2, \cdots, b_n)$满足条件.

综上所述,所求的正整数M的最大值为n.

李昌勇　编拟
四川师范大学数学与软件科学学院

《学数学》高中数学竞赛训练题(2)

一 试

一、填空题(每小题 8 分,共 64 分)

1. 已知圆锥的母线长为 l,底面半径为 r,如果过圆锥顶点的截面面积的最大值为$\frac{l^2}{2}$,则 l 与 r 的关系是________.

2. 以正六棱柱的 12 个顶点为顶点,可以组成的四面体的个数为________.

3. 设 $a>0, x_1, x_2, \cdots, x_n \in [0,a] (n \geqslant 2)$,且

$$x_1x_2\cdots x_n=(a-x_1)^2(a-x_2)^2\cdots(a-x_n)^2,$$

则 $x_1x_2\cdots x_n$ 的最大值为________.

4. 已知圆中长度为 2、3、4 的平行弦分别对应的圆心角为 α、β、$\alpha+\beta$ $(\alpha+\beta<\pi)$,将 $\cos\alpha$ 化成既约分数,则分子分母之和为________.

5. 在面积为 S 的矩形 $ABCD$ 中,E、F 分别是边 AB、AD 上的点,且 $S=3S_{\triangle CEF}$(这里 $S_{\triangle CEF}$ 表示$\triangle CEF$ 的面积),则$\angle ECF$ 的最大值为________.

6. 函数 $y=\frac{\sin\pi x-\cos\pi x+2}{\sqrt{x}}\left(x\in\left[\frac{1}{4},1\right]\right)$的最小值为________.

7. 已知长方体的三条棱长分别为 1、2、3,且所有的棱中没有一条棱与平面 M 平行,则长方体在平面 M 上的投影面积的最大值为________.

8. 多项式 $Q(x)=a_0+a_1x+\cdots+a_nx^n$,其中 $a_0,\cdots,a_n$ 为非负整数.已知 $Q(1)=4$,$Q(5)=152$,则 $Q(6)=$________.

二、解答题(共 56 分)

9. (16 分)已知关于 x 的方程 $a^{3x}+2pa^{2x}+(p+1)a^x+p=0 (a>0, a\neq1)$,求方程实数根的个数.

10. (20 分)已知平行四边形 $ABCD$ 的四个顶点都在双曲线$\frac{x^2}{4}-\frac{y^2}{16}=1$上,边 AB 与 y 轴交于点 $P(0,2)$且分 AB 为 $1:3$ 的两段,求四边形 $ABCD$ 的面积.

11. (20 分)已知等差数列$\{a_n\}$与等比数列$\{b_n\}$是非常数的实数列,设 $A=\{k \mid a_k=b_k, k\in\mathbf{N}^*\}$,求$|A|$的最大值(这里$|A|$表示集合 A 中元素的个数).

加　试

一、(40分)给定一个半圆周,其直径为 AB,圆心为 O,一直线与半圆周相交于 C、D 两点,与直径相交于点 $M(MB < MA, MD < MC)$,设 $\triangle AOC$ 与 $\triangle BOD$ 的外接圆的第二个交点为 K,证明:$\angle MKO$ 是直角.

二、(40分)证明:任何非负偶数都可以表示为 $(x+y)^2+3x+y$(x、$y\in\mathbf{N}$)的形式,且表达式是唯一的.

三、(40分)求所有的正整数 n,使得方程组

$$\begin{cases} x+y+z=3, \\ x^2+y^2+z^2=3, \\ x^n+y^n+z^n=3 \end{cases}$$

(x、y、$z\in\mathbf{C}$)只有唯一解 $x=y=z=1$.

四、(40分)设 T 是由大于1的正整数构成的有限集,若 T 的一个子集 S 满足对于每一个 $t\in T$,都存在某个 $s\in S$,使得 $(s,t)>1$,则称 S 为"好的".证明:T 的好子集的个数为奇数.

参考答案

一　试

一、填空题

1. $l\leqslant\sqrt{2}r$.

设过顶点的任意截面的顶角为 θ,则截面面积为 $s=\dfrac{1}{2}l^2\sin\theta$,显然,$\theta$ 的最大值是底面直径所对的角,只有当 $\theta_{\max}\geqslant 90^\circ$ 时,s 的最大值为 $\dfrac{l^2}{2}$,此时 $\sin\dfrac{\theta_{\max}}{2}=\dfrac{r}{l}\geqslant\dfrac{\sqrt{2}}{2}$,所以 $l\leqslant\sqrt{2}r$.

2. 426.

如图1,从12个点中,任意取4点,不能构成四面体的四点是共面的四点.显然,这四点来自于上底面或下底面时,有 $2C_6^4$ 个四点组,当上底面有两个点、下底面有两个点时,可能出现共面,下面计算这种四点组的个数.对于下底面的6个点中的2个点,有3种情形.

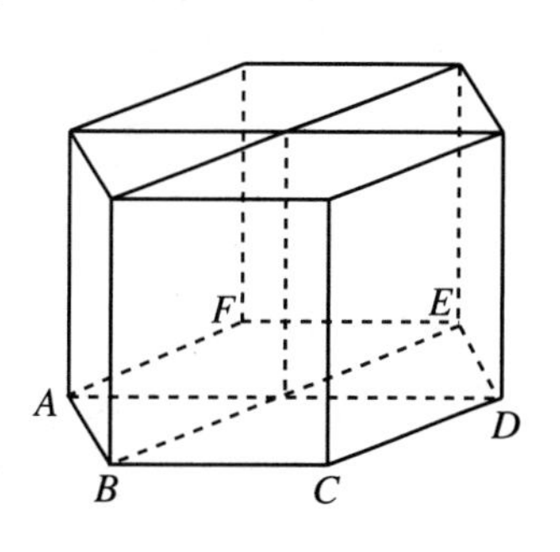

图1

(1) AB、BC、CD、DE、EF、FA,它们与上底面中的3对点共面,有18组4点共面;

(2) AC、BD、CE、DF、EA、FB,它们与上底面中的 2 对点共面,有 12 组 4 点共面;

(3) AD、BE、CF,它们与上底面的 3 对点共面,有 9 组 4 点共面.

于是,共有四面体 $C_{12}^4-2C_6^4-39=426$ 个.

3. $\left(\dfrac{\sqrt{1+4a}-1}{2}\right)^{2n}$.

由已知,得

$$\sqrt{x_1x_2\cdots x_n}=(a-x_1)(a-x_2)\cdots(a-x_n)\leqslant\left(\frac{na-(x_1+x_2+\cdots+x_n)}{n}\right)^n$$
$$\leqslant(a-\sqrt[n]{x_1x_2\cdots x_n})^n$$
$$\Rightarrow\sqrt[2n]{x_1x_2\cdots x_n}\leqslant a-\sqrt[n]{x_1x_2\cdots x_n},$$

解得

$$x_1x_2\cdots x_n\leqslant\left(\frac{\sqrt{1+4a}-1}{2}\right)^{2n},$$

当 $x_1=x_2=\cdots=x_n=\dfrac{a}{2}$时取到最大值.

4. 49.

设圆半径为 r,则

$$\sin\frac{\alpha}{2}=\frac{1}{r},\ \sin\frac{\beta}{2}=\frac{3}{2r},\ \sin\frac{\alpha+\beta}{2}=\frac{2}{r}$$
$$\Rightarrow r\sin\frac{\alpha}{2}\cos\frac{\beta}{2}+r\cos\frac{\alpha}{2}\sin\frac{\beta}{2}=2,$$

故

$$2\cos\frac{\beta}{2}+3\cos\frac{\alpha}{2}=4\Rightarrow\sqrt{4-9x}+3\sqrt{1-x}=4,$$

其中 $x=\dfrac{1}{r^2}$,解得 $x=\dfrac{15}{64}$,所以 $\cos\alpha=\dfrac{17}{32}$.

5. $\dfrac{\pi}{6}$.

如图 2,设$\angle DCF=\alpha$,$\angle ECF=\theta$,$\angle BCE=\beta$,$AD=x$,$AB=y$,则

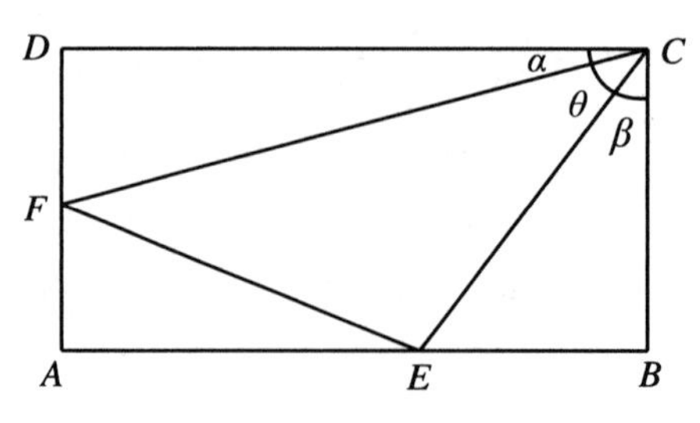

图 2

$$CE=\frac{x}{\cos\beta},\quad CF=\frac{y}{\cos\alpha}.$$

又 $S_{\triangle CEF}=\frac{1}{2}\cdot\frac{x}{\cos\beta}\cdot\frac{y}{\cos\alpha}\cdot\sin\theta=\frac{1}{3}xy$，故

$$\sin\theta=\frac{2}{3}\cos\alpha\cos\beta=\frac{1}{3}(\cos(\alpha-\beta)+\cos(\alpha+\beta))$$

$$\leqslant\frac{1}{3}(1+\cos(\alpha+\beta))=\frac{1}{3}(1+\sin\theta),$$

所以，$\sin\theta\leqslant\frac{1}{2}$，$\angle ECF=\theta\leqslant\frac{\pi}{6}$.

6. 3.

由 $\sin\pi x-\cos\pi x=\sqrt{2}\sin\left(\pi x-\frac{\pi}{4}\right)$，得 $y=\dfrac{\sqrt{2}\sin\left(\pi x-\frac{\pi}{4}\right)+2}{\sqrt{x}}$. 我们猜想最小值在 $x=1$ 取得，下面证明这一点.

(1) 当 $\frac{1}{4}\leqslant x\leqslant\frac{5}{12}$ 时，$0\leqslant\pi x-\frac{\pi}{4}\leqslant\frac{\pi}{6}$，故 $y>\dfrac{2}{\sqrt{\frac{5}{12}}}=\dfrac{4\sqrt{3}}{\sqrt{5}}=3\sqrt{\dfrac{16}{15}}>3$；

(2) 当 $\frac{5}{12}\leqslant x\leqslant\frac{3}{4}$ 时，$\frac{\pi}{6}\leqslant\pi x-\frac{\pi}{4}\leqslant\frac{\pi}{2}$，故 $y>\dfrac{\frac{\sqrt{2}}{2}+2}{\frac{\sqrt{3}}{2}}=\dfrac{4+\sqrt{2}}{\sqrt{3}}>3$；

(3) 当 $\frac{3}{4}\leqslant x\leqslant 1$ 时，$\frac{\pi}{2}\leqslant\pi x-\frac{\pi}{4}\leqslant\frac{3\pi}{4}$，故 $y\geqslant\dfrac{\sqrt{2}\sin\frac{3\pi}{4}+2}{\sqrt{1}}=3$.

故所求最小值为 3.

7. 7.

我们可以证明，将平面 M 平移，当遇到第一个顶点就停下来，此时共这个顶点的三个侧面的投影构成的六边形是长方体在 M 上的投影. 设这 3 个侧面与平面 M 所成的角分别为 α、β、γ，则投影面积为

$$2\cos\alpha+6\cos\beta+3\cos\gamma\leqslant\sqrt{(2^2+6^2+3^2)(\cos^2\alpha+\cos^2\beta+\cos^2\gamma)}.$$

由熟知的结果 $\cos^2\alpha+\cos^2\beta+\cos^2\gamma=1$，知所求的最大值为 7.

8. 254.

因为 a_i 是非负整数，$152=Q(5)\equiv a_0\pmod 5$，$Q(1)=4\Rightarrow a_i\leqslant 4$，所以，$a_0=2$. 又因为 $5^4>152=Q(5)$，所以 $a_4=a_5=\cdots=a_n=0$. 所以

$$\begin{cases}5a_1+5^2a_2^2+5^3a_3^3=150,\\ a_1+a_2+a_3=2.\end{cases}$$

由此可得 $a_2+6a_3=7$，故 $a_2=1, a_3=1, a_1=0$.

所以 $Q(6)=6^3+6^2+2=254$.

二、解答题

9. 设 $t=a^x>0$，则原方程化为

$$t^3+2pt^2+(p+1)t+p=0\ (a>0, a\neq 1). \quad ①$$

(1)当 $p>0$ 时，方程①显然无实数根.

(2)当 $p=0$ 时，方程①变为 $t^3+t=0$，没有正实数根.

(3)当 $p<0$ 时，令 $f(t)=t^3+2pt^2+(p+1)t+p$，因为 $f(0)=p<0, f(+\infty)>0$，故方程①至少有一个正实数根 x_1，由实系数方程虚根成对定理，如果方程①还有实根，则还有两个实根，设为 x_2、x_3，则

$$\begin{cases} x_1+x_2+x_3=-2p, & ② \\ x_1x_2+x_2x_3+x_3x_1=p+1, & ③ \\ x_1x_2x_3=-p. & ④ \end{cases}$$

由式④知，x_2、x_3 同号，如果 $x_2<0, x_3<0$，原方程只有一个实数根. 如果 $x_2>0, x_3>0$，由式③知，$-1<p<0, 0<p^2<1$，又 $(x_1+x_2+x_3)^3\geqslant 27x_1x_2x_3$，故有 $p^2\geqslant\frac{27}{8}$，矛盾.

综上，当 $p\geqslant 0$ 时，方程没有实数根；当 $p<0$ 时，方程只有一个实数根.

10. 引理 在已知双曲线中，一组平行弦的中点轨迹为一条直线，且直线通过对称中心.

引理的证明 设弦的倾斜角为 α，取任意平行弦中点 (x_0, y_0)，则此弦的方程为

$$\begin{cases} x=x_0+t\cos\alpha, \\ y=y_0+t\sin\alpha \end{cases}$$

(t 为参数). 代入双曲线方程，整理得

$$(4\cos^2\alpha-\sin^2\alpha)t^2+(8x_0\cos\alpha-2y_0\sin\alpha)t+4x_0^2-y_0^2-16=0.$$

由 t 的几何意义知，$8x_0\cos\alpha-2y_0\sin\alpha=0$. 这是一条过中心的直线，引理得证.

回到原题. 由引理知，四边形 $ABCD$ 的对角线相交于原点，设 $A(a,b)$，由定比分点公式知 $B(-3a, 8-3b)$，由方程组

$$\begin{cases} 4a^2-b^2-16=0, \\ 36a^2-(8-3b)2-16=0 \end{cases}$$

解得 $a=\pm\frac{2\sqrt{10}}{3}$.

由引理知

$$S_{四边形ABCD}=4S_{\triangle AOB}=2|OP||x_B-x_A|=\frac{32\sqrt{10}}{3}.$$

11. 不妨设 $a_n=a+bn(b\neq 0)$，$b_n=pq^n(pq\neq 0,q\neq 1)$，则

$$a+bn=pq^n\Rightarrow \frac{a}{p}+\frac{b}{p}n=q^n.$$

令 $s=\frac{a}{p}$，$t=\frac{b}{p}(t\neq 0)$，原问题转化为求关于 n 的方程

$$q^n-tn-s=0 \qquad ①$$

最多有多少个解.

我们可以证明：当 $q>0$ 时，方程①最多有 2 个解；当 $q<0$ 时，方程①最多有 3 个解.

当 $q>0$ 时，考虑函数 $f(x)=q^x-tx-s$，因为 $f'(x)=\ln q\cdot q^x-t$，如果 $t\ln q<0$，则 $f(x)$ 为单调函数，故方程①最多只有一个解；如果 $t\ln q>0$，由 $f'(x)=0$，得到唯一零点 $x_0=\log_q\frac{t}{\ln q}$，易知函数 $g(x)=q^x-\frac{t}{\ln q}$ 是单调函数，于是当 $x>x_0$ 时，$f'(x)$ 恒大于 0 或恒小于 0. 同理，当 $x<x_0$ 时，$f'(x)$ 恒大于 0 或恒小于 0，这样，$f(x)$ 在 $(-\infty,x_0)$ 与 $(x_0,+\infty)$ 是单调函数，故方程①最多有 2 个解.

下面讨论 $q<0$ 时的情况. 设 $t>0$.

(1) 当 $|q|>1$ 时，如果 n 为奇数，则方程①变为

$$|q|^n+tn+s=0,$$

显然最多只有一个解，即最多只有一个奇数满足方程①.

如果 n 为偶数，则方程①变为

$$|q|^n-tn-s=0,$$

同 $q>0$ 的情形，上式最多有 2 个解，即满足方程①的偶数最多有 2 个，这样，此时最多有 3 个正整数满足方程①.

(2) 当 $|q|<1$ 时，考虑函数 $f(x)=|q|^x-tx-s$，$f'(x)=|q|^x\ln|q|-tx<0$，这说明方程①最多只有一个解.

对于 $t<0$，同样可以证明，方程①最多有 3 个解.

这样，$|A|\leqslant 3$.

设 $a_n=6n-8$，$b_n=(-2)^n$，所以，$a_1=b_1$，$a_2=b_2$，$a_4=b_4$，所以 $|A|$ 的最大值为 3.

加　　试

一、如图 4，设 $\triangle AOC$、$\triangle BOD$ 的外接圆圆心分别为 O_1、O_2，联结 AK、BK、AD、DK. 设直线 MC 与 $\odot O_2$ 的另一个交点为 E，联结 AE.

因为 O、E、D、B 四点共圆，A、C、B、D 四点共圆，所以

$$\angle DBM=\angle OED=\angle ACM,$$

故

$$AC\parallel OE\Rightarrow \angle ACO=\angle COE,$$

由 $OA=OC$，$\angle CAO=\angle COE$，故 OE 为 $\odot O_1$ 的切线，所以 $\angle KOE=\angle KAO$. 注意到 $\angle KOE=\angle EDK$，于是 A、K、D、M 四点共圆，故 $\angle AKM=\angle ADM$. 又

$$\angle MDB=\angle MAC,\quad \angle AKO=\angle ACO=\angle CAO,$$

故 $\angle AKO=\angle MDB$，因此 $\angle OKM=\angle ADB=90^\circ$，结论得证.

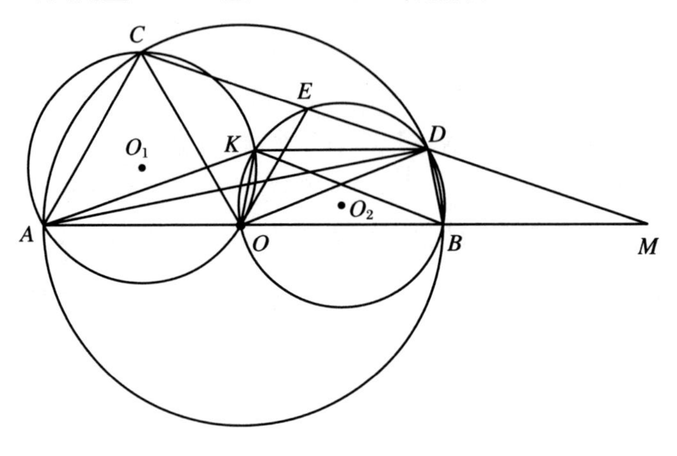

图 4

二、设非负偶数 $n=(x+y)^2+3x+y$，当 $n=0$ 时，当且仅当 $x=y=0$ 使其成立，对于 $n\geqslant 2$，设 $n\in[a^2,(a+1)^2)$，$a\in\mathbf{N}^*$，注意到 a^2+a-2、a^2+a 是两个连续的偶数，故我们考虑下面两种情况.

(1) 当 $n\in[a^2+a,(a+1)^2)$时，如果 $x+y\geqslant a+1$，那么

$$n=(x+y)^2+3x+y\geqslant(a+1)^2>n,$$

矛盾.

如果 $x+y\leqslant a-1$，那么，

$$\begin{aligned}n&=(x+y)^2+3x+y\leqslant(a-1)^2+3(a-1)\\&=a^2+a-2<a^2+a\leqslant n,\end{aligned}$$

矛盾.

故 $x+y=a$，那么，

$$n=(x+y)^2+3x+y=a^2+a+2x,$$

所以

$$x=\frac{1}{2}(n-a^2-a),\quad y=a-x=\frac{1}{2}(a^2+3a-n).$$

由于

$$a^2+a=a(a+1),\quad a^2+3a=a(a+3),$$

又 $a^2+3a>a^2+2a+1>n$，故 x、y 都是正整数且唯一确定.

(2) 当 $n\in[a^2,a^2+a-2]$时，如果 $x+y\leqslant a-2$，那么

$$n=(x+y)^2+3x+y\leqslant(a-2)^2+3(a-2)=a^2-a-2<a^2\leqslant n,$$

矛盾.

如果 $x+y\geqslant a$,那么

$$n=(x+y)^2+3x+y\geqslant a^2+a+2x\geqslant a^2+a>n,$$

矛盾.

所以,$x+y=a-1$,那么

$$n=(x+y)^2+3x+y=(a-1)^2+a-1+2x=a^2-a+2x,$$

所以,

$$x=\frac{1}{2}(n-a^2+a),\quad y=\frac{1}{2}(a^2+a-n-2).$$

易知,x、y 都是正整数,所以,x、y 是唯一确定的.

三、当 $n=1$、2 时,我们容易知道$(x,y,z)=(2,1+\omega,1+\omega^2)$($\omega=-\frac{1}{2}+\frac{\sqrt{3}}{2}\mathrm{i}$)也是方程组的解.

对于 $n\geqslant 3$,如果(x,y,z)是方程组的解,那么 x、y、z 是多项式

$$p(X)=X^3-\sigma_1X^2+\sigma_2X-\sigma_3$$

的根,其中

$$\sigma_1=x+y+z=3,$$

$$\sigma_2=xy+yz+zx=\frac{1}{2}((x+y+z)^2-(x^2+y^2+z^2))=3,$$

$$\sigma_3=xyz,$$

所以

$$p(X)=X^3-3X^2+3X-\sigma_3.$$

设 $s_n=x^n+y^n+z^n$.由 $p(x)=x^3-3x^2+3x-\sigma_3=0$,得 $x^3=3x^2-3x+\sigma_3$,同理可得 $y^3=3y^2-3y+\sigma_3$,$z^3=3z^2-3z+\sigma_3$.故

$$s_3=3(x^2+y^2+z^2)-3(x+y+z)+3\sigma_3=3\sigma_3,$$

$$s_4=3(x^3+y^3+z^3)-3(x^2+y^2+z^2)+3\sigma_3(x+y+z)=12\sigma_3-9,$$

同理可得 $s_5=30\sigma_3-27$,又 $s_3=s_4=s_5=3$,$\sigma_3=1$,所以,

$$p(X)=(X-1)^3,$$

只有唯一解 $x=y=z=1$.

设 $n\geqslant 6$,$m=\left[\frac{n}{3}\right]$,注意到 $m\geqslant 2$,选取多项式

$$q_n(X)=\mathrm{C}_n^{3m}X^{m-1}+\mathrm{C}_n^{3m-3}X^{m-2}+\cdots+\mathrm{C}_n^{6}X+\mathrm{C}_n^{3}$$

的一个复数根 r,取满足条件 $\rho^3=r$ 的ρ.

我们证明 $x=1+\rho$、$y=1+\omega\rho$、$z=1+\omega\rho^2$ 是方程组的一组解.

显然，$x+y+z=3+\rho(1+\omega+\omega^2)=3$，同样 $x^2+y^2+z^2=3$，易知

$$1+\omega^k+\omega^{2k}=3\quad(k\equiv 0(\bmod 3)),$$

$$1+\omega^k+\omega^{2k}=0\quad(k\equiv 1、2(\bmod 3)),$$

$$\begin{aligned}x^n+y^n+z^n&=(1+\rho)^n+(1+\rho\omega)^n+(1+\rho\omega^2)^n\\&=3+\sum_{k=1}^{n}\mathrm{C}_n^k\rho^k(1+\omega^k+\omega^{2k})\\&=3+3\sum_{j=1}^{m}\mathrm{C}_n^{3j}\rho^{3j}=3+3rq_n(r)=3.\end{aligned}$$

于是，所有的 $n=3,4,5$.

四、设所有满足下述条件的有序子集对(X,Y)构成的集合为 $\mathscr{A}$：X、$Y\subseteq T$，且对于所有的 $x\in X$，$y\in Y$，$(x,y)=1$. 则对于任意的$(X,Y)\in\mathscr{A}$，$X\cap Y=\varnothing$.

(1)若 X'是“好的”，则 $\mathscr{A}$ 中形如(X',Y)的子集对的个数为奇数. 事实上，此情形 $\mathscr{A}$ 中只有$(X',\varnothing)$.

(2)若 X'不是“好的”，则 $\mathscr{A}$ 中形如(X',Y)的子集对的个数为偶数.

下面来证明这个结论，设 $Z\subseteq T\setminus X'$，且包含与 X'中所有数均互质的所有正整数. 因为 X'不是“好的”，所以，Z 是非空的.

注意到$(X',Y)\in\mathscr{A}$，当且仅当 $Y\subseteq Z$，因此，Y 的个数为 2 的正整数幂，从而，$\mathscr{A}$ 中形如(X',Y)的子集对的个数为偶数. 因为$(\varnothing,\varnothing)$是 $\mathscr{A}$ 中唯一形如(X,X)的元素，且若$(X,Y)\in\mathscr{A}\setminus\{(\varnothing,\varnothing)\}$，则$(Y,X)\in\mathscr{A}\setminus\{(\varnothing,\varnothing)\}$，所以 $\mathscr{A}$ 中有奇数个元素. 由(1)、(2)可知 T 的好子集的个数为奇数.

黄军华　编拟

广东省深圳中学

《学数学》高中数学竞赛训练题(3)

一　试

一、填空题(每小题8分,共64分)

1.已知函数

$$f(x)=\begin{cases}2x^2+4x+1, & x<0,\\ \dfrac{2}{e^x}, & x\geqslant 0.\end{cases}$$

则 $y=f(x)$ 的图像上关于坐标原点 O 对称的点共有________对.

2.在三棱锥 $P-ABC$ 中,$BC=3$,$CA=4$,$AB=5$.若二面角 $P-BC-C$、$P-CA-B$、$P-AB-C$ 的大小均为45°.则三棱锥 $P-ABC$ 的体积为________.

3.若正实数 x、y、z 满足

$$\begin{cases}xyz=1,\\ \dfrac{1}{x}+y=5,\\ \dfrac{1}{y}+z=29.\end{cases}$$

则$\dfrac{1}{z}+x=$________.

4.在区间$\left(0,\dfrac{\pi}{2}\right)$内任取一个实数 x,则使得$\sin^2x$、$\sin x\cos x$、$\cos^2x$ 能够作为一个三角形三边长的概率为________.

5.设双曲线 C:$\dfrac{x^2}{a^2}-\dfrac{y^2}{b^2}=1(a>0,b>0)$的左、右焦点分别为 F_1、F_2,过点 F_2 的直线与圆 $x^2+y^2=a^2$ 相切于点 T,与双曲线 C 的左、右两支分别交于点 A、B,若$|AF_1|=|AB|$,则$\dfrac{b}{a}$的值是________.

6.设实数 x、y 满足$x^2+y^2\leqslant 5$,$f(x,y)=3|x+y|+|4y+9|+|3x-7y+18|$的最大、最小值分别为 M、m,则 $M-m=$________.

7.将4个相同的红球和4个相同的蓝球排成一排,从左至右每个球依次对应序号为1,2,…,8.若同色球之间不加区别,则4个红球对应的序号之和小于4个蓝球对应序号之和的

排列种数为________.

8.设 $x \geqslant y > 0$,若存在实数 a、b 满足 $0 \leqslant a \leqslant x$,$0 \leqslant b < y$,且

$$(x-a)^2+(y-b)^2=x^2+b^2=y^2+a^2,$$

则 $\frac{x}{y}$ 的最大值为________.

二、解答题(共 56 分)

9.(16 分)设数列 $\{a_n\}$ 的各项均为正整数,且对任意 $n\in\mathbf{N}^*$,都有 $a_{n+2}=\frac{2015+a_n}{1+a_{n+1}}$.求 a_1+a_2 的最小值.

10.(20 分)如图 1,凸四边形 $ABCD$ 的四个顶点都在椭圆 E:$\frac{x^2}{2}+y^2=1$ 上,其中 A、B 分别是椭圆 E 的上、下顶点,O 为坐标原点.设直线 CD 与 y 轴交于点 M,直线 AC 与 BD 交于点 N.证明:当点 C、D 在椭圆 E 上运动时,$\overrightarrow{OM}\cdot\overrightarrow{ON}$ 为定值.

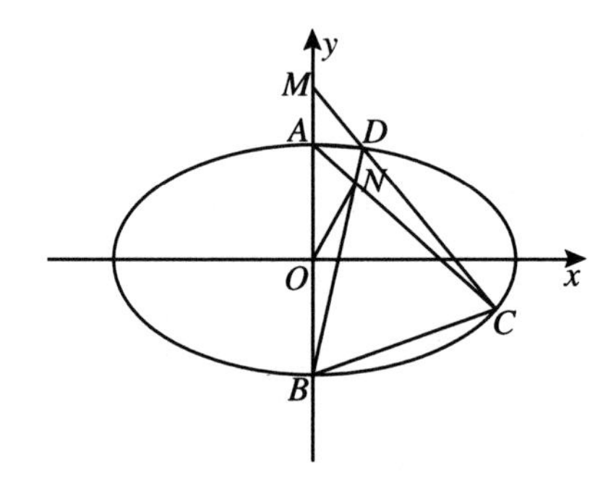

图 1

11.(20 分)设函数 $f(x)=x^2+a\ln(x+1)$,$a\in\mathbf{R}$.

(1)若函数 $f(x)$ 在 $[1,+\infty)$ 上单调递增,求 a 的取值范围;

(2)若函数 $f(x)$ 有两个极值点 x_1、x_2,且 $x_1<x_2$.求证:$0<\frac{f(x_2)}{x_1}<\ln2-\frac{1}{2}$.

加　　试

一、(40 分)如图 2,$\triangle ABC$ 的内切圆 I 与三边 BC、CA、AB 分别切于点 D、E、F,过圆心 I 且与 EF 平行的直线分别交 AB、AC 于点 M、N,过点 C 且与 AB 平行的直线交直线 EF 于点 P.求证:B、N、P 三点共线.

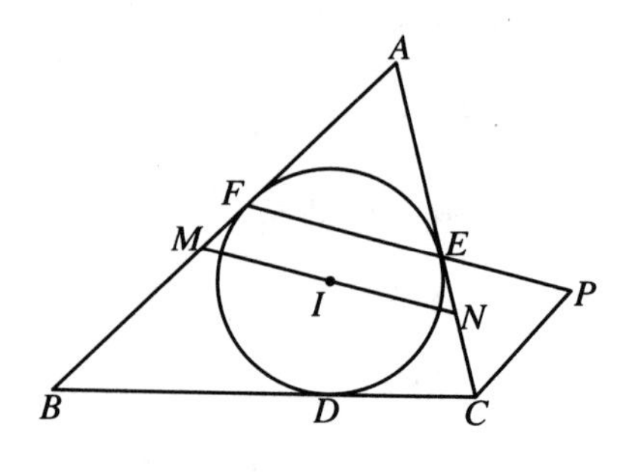

图 2

二、(40 分)设 a、b、x、y 均为非负实数,且 $a+b=27$.求实数 λ 的最大值,使得不等式

$$(ax^2+by^2+4xy)^3 \geqslant \lambda(ax^2y+bxy^2)^2$$

恒成立，并指出此时等号成立的条件.

三、（50 分）设集合 $S=\{2015,2015+1,2015+2,\cdots,2015+k\}$. 求正整数 k，使得集合 S 可划分成三个集合 A、B、C，满足：

(1) $A\cup B\cup C=S, A\cap B=B\cap C=C\cap A=\varnothing$;

(2) 集合 A、B、C 的元素和相等.

四、（50 分）设 p 为奇素数，a、b 是小于 p 的正整数. 求证：$a+b=p$ 的充要条件是，对任何小于 p 的正整数 n，均有 $\left[\frac{2an}{p}\right]+\left[\frac{2bn}{p}\right]$ 为奇数.

参考答案

一　试

一、填空题

1. 2.

函数 $y=f(x)$ 的图像如图 3 中的实线所示. 作函数 $y=\frac{2}{e^x}(x\geqslant 0)$ 的图像关于原点 O 对称的图像（虚线），其解析式为 $g(x)=-\frac{2}{e^{-x}}(x\leqslant 0)$. 由于

$$f(-1)=-1<-\frac{2}{e}=g(-1),$$

所以 $f(x)=2x^2+4x+1(x<0)$ 的图像与 $g(x)=-\frac{2}{e^{-x}}(x\leqslant 0)$ 的图像有两个不同的交点，故 $y=f(x)(x\in\mathbf{R})$ 的图像上有且仅有 2 对点关于原点 O 对称.

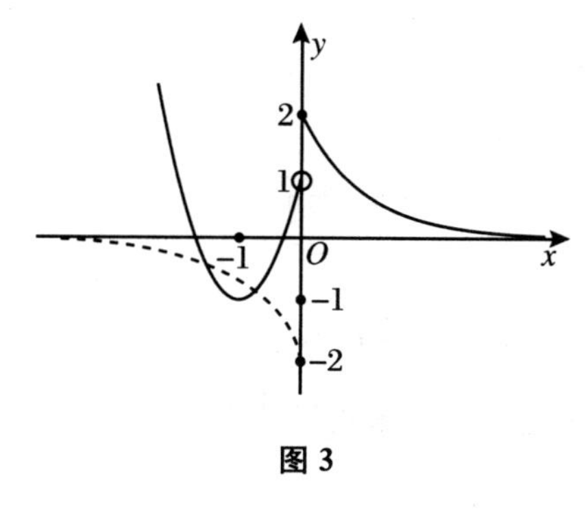

图 3

2. 2.

如图 4，作 $PO\perp$ 平面 ABC，垂足为 O. 在底面内，过点 O 分别作三边 BC、CA、AB 的垂线，垂足分别为 D、E、F，则 $\angle PDO=\angle PEO=\angle PFO=45^\circ$. 从而，$O$ 为 $\triangle ABC$ 的内心.

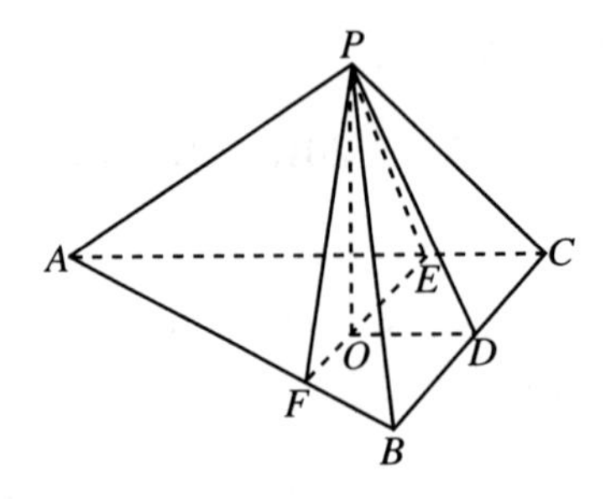

图 4

设 $PO=h$,则 $OD=OE=OF=h$,所以 $h=\frac{3+4-5}{2}=1$.

故 $V_{P-ABC}=\frac{1}{3}S_{\triangle ABC}h=\frac{1}{3}\times 6\times 1=2$.

3. $\frac{1}{4}$.

设$\frac{1}{z}+x=t$,则

$$\begin{aligned}5\times 29\times t&=\left(\frac{1}{x}+y\right)\left(\frac{1}{y}+z\right)\left(\frac{1}{z}+x\right)\\&=\frac{1}{xyz}+\frac{1}{x}+\frac{1}{y}+\frac{1}{z}+x+y+z+xyz\\&=\left(\frac{1}{x}+y\right)+\left(\frac{1}{y}+z\right)+\left(\frac{1}{z}+x\right)+2\\&=5+29+t+2\\&=36+t.\end{aligned}$$

解得 $t=\frac{1}{4}$,即$\frac{1}{z}+x=\frac{1}{4}$.

4. $\frac{\pi-2\arctan 2}{\pi}$.

由对称性,只需考虑 $x\in\left(0,\frac{\pi}{4}\right]$.

此时,$\sin^2 x\leqslant \sin x\cos x\leqslant \cos^2 x$.所以,$\sin^2 x$、$\sin x\cos x$、$\cos^2 x$ 能作为一个三角形三边长的充要条件是

$$\sin^2 x+\sin x\cos x>\cos^2 x,$$

亦即$\frac{1}{2}\sin 2x>\cos 2x$,亦即 $\tan 2x>2$.解得$\frac{\arctan 2}{2}<x\leqslant\frac{\pi}{4}$.

故所求概率为 $p=\dfrac{\frac{\pi}{4}-\frac{\arctan 2}{2}}{\frac{\pi}{4}}=\frac{\pi-2\arctan 2}{\pi}$.

5. $1+\sqrt{3}$.

如图 5，由已知及双曲线的定义，得

$$|BF_2| = |AF_2| - |AB| = |AF_2| - |AF_1| = 2a.$$

所以 $|BF_1| = 2a + |BF_2| = 4a$.

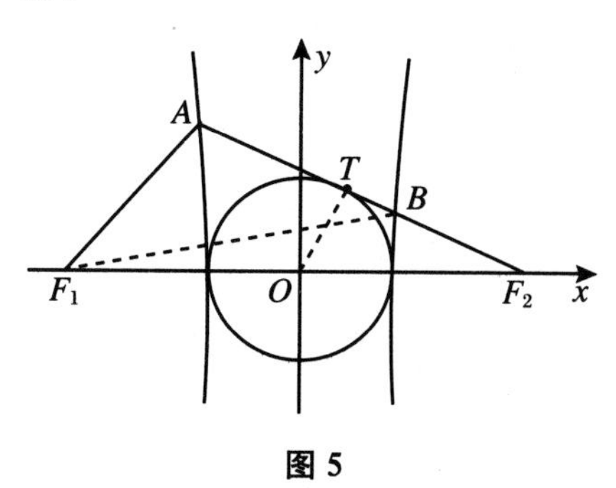

图 5

在 Rt△OTF_2 中，$|OT| = a$，$|OF_2| = c$，则 $|TF_2| = b$. 所以

$$\cos\angle F_1F_2B = \frac{|TF_2|}{|OF_2|} = \frac{b}{c}.$$

在△BF_1F_2 中，由余弦定理，得

$$\cos\angle F_1F_2B = \frac{|F_1F_2|^2 + |BF_2|^2 - |BF_1|^2}{2|F_1F_2|\cdot|BF_2|} = \frac{c^2-3a^2}{2ac}.$$

由 $\frac{c^2-3a^2}{2ac} = \frac{b}{c}$，得 $c^2-3a^2 = 2ab$，即

$$b^2 - 2ab - 2a^2 = 0.$$

解得 $b = (1+\sqrt{3})a$，即 $\frac{b}{a} = 1+\sqrt{3}$.

6. $6\sqrt{5}+3\sqrt{10}$.

由 $x^2+y^2 \leqslant 5$，得 $-\sqrt{5} \leqslant x \leqslant \sqrt{5}$，$-\sqrt{5} \leqslant y \leqslant \sqrt{5}$. 所以

$$4y+9 \geqslant -4\sqrt{5}+9 > 0.$$

又 $(3x-7y)^2 \leqslant (3^2+(-7)^2)(x^2+y^2) = 58(x^2+y^2) \leqslant 290$，所以

$$3x-7y+18 \geqslant -\sqrt{290}+18 > 0.$$

故

$$f(x,y) = 3|x+y| + (4y+9) + (3x-7y+18) = 3|x+y| + 3(x-y) + 27.$$

(1) 当 $x+y \geqslant 0$ 时，$f(x,y) = 6x+27$. 由

$$\begin{cases} x+y \geqslant 0, \\ x^2+y^2 \leqslant 5, \end{cases}$$

得 $-\frac{\sqrt{10}}{2} \leqslant x \leqslant \sqrt{5}$.

所以，当 $x=\sqrt{5}$ 时，$f(x,y)_{\max}=6\sqrt{5}+27$；当 $x=-\frac{\sqrt{10}}{2}$ 时，$f(x,y)_{\min}=-3\sqrt{10}+27$.

(2)当 $x+y\leqslant 0$ 时，$f(x,y)=-6y+27$. 由

$$\begin{cases}x+y\leqslant 0,\\x^2+y^2\leqslant 5,\end{cases}$$

得 $-\sqrt{5}\leqslant y\leqslant\frac{\sqrt{10}}{2}$.

所以，当 $y=-\sqrt{5}$ 时，$f(x,y)_{\max}=6\sqrt{5}+27$；当 $y=\frac{\sqrt{10}}{2}$ 时，$f(x,y)_{\min}=-3\sqrt{10}+27$.

综合(1)、(2)知，$M=6\sqrt{5}+27$，$m=-3\sqrt{10}+27$.

故 $M-m=6\sqrt{5}+3\sqrt{10}$.

7. 31.

8 个球对应的序号之和为 36. 将 1,2,…,8 这 8 个数平均分成两组，共有 $\frac{C_8^4}{2!}=35$ 种分法. 当两组数之和不相等时，设和较小的 4 个数为红球的序号，和较大的 4 个数为蓝球的序号，它们对应着一个符合要求的排列. 所以，只需除去两组数之和均等于 18 的情形.

设 $a_i(i=1,2,3,4)$ 表示所选出的 4 个数，且 $a_i\in\{1,2,\cdots,8\}$，不妨设 $a_1<a_2<a_3<a_4$.

下面讨论方程 $a_1+a_2+a_3+a_4=18$ 解的组数.

易知，$a_1\leqslant 3$，否则，$a_1+a_2+a_3+a_4\geqslant 4+5+6+7=22>18$. 矛盾.

同理，$a_2\leqslant 4$.

此方程共有 8 组解：(1,2,7,8)，(1,3,6,8)，(1,4,5,8)，(1,4,6,7)，(2,3,5,8)，(2,3,6,7)，(2,4,5,7)，(3,4,5,6).

因此，符合要求的排列种数为 $\frac{C_8^4}{2!}-\frac{8}{2}=31$.

8. $\frac{2\sqrt{3}}{3}$.

如图 6，作矩形 $ABCD$，使 $AB=x$，$BC=y$. 在边 AB、BC 上分别取点 P、Q，使 $AP=a$，$CQ=b$，则 $PB=x-a$，$BQ=y-b$. 因为

$$(x-a)^2+(y-b)^2=x^2+b^2=y^2+a^2,$$

所以 $PQ=QD=DP$，即 $\triangle DPQ$ 为正三角形.

设 $\angle ADP=\theta\left(0\leqslant\theta\leqslant\frac{\pi}{6}\right)$，则 $\angle CDQ=\frac{\pi}{6}-\theta$. 于是，

$$\frac{x}{y}=\frac{CD}{AD}=\frac{CD}{QD}\cdot\frac{DP}{AD}=\frac{\cos\left(\frac{\pi}{6}-\theta\right)}{\cos\theta}$$

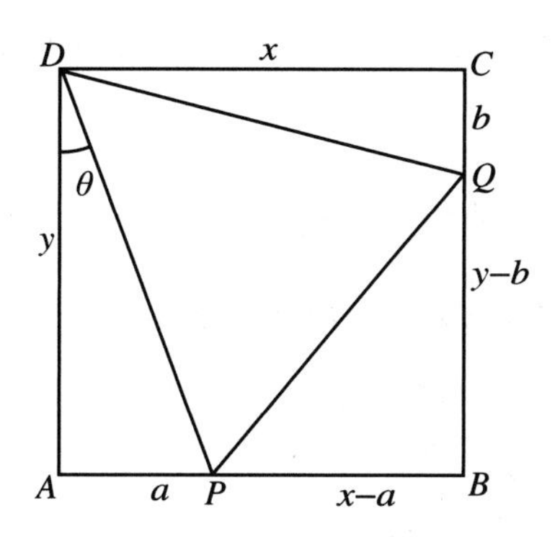

图 6

$$\leqslant \frac{1}{\cos\theta} \leqslant \frac{1}{\cos\frac{\pi}{6}} = \frac{2\sqrt{3}}{3},$$

当且仅当 $\theta=\frac{\pi}{6}$ 时,上式等号成立.

故$\frac{x}{y}$的最大值为$\frac{2\sqrt{3}}{3}$.

二、解答题

9. 由题设得

$$a_{n+2}(1+a_{n+1})=2015+a_n. \quad ①$$

从而,

$$a_{n+3}(1+a_{n+2})=2015+a_{n+1}, \quad ②$$

$$a_{n+4}(1+a_{n+3})=2015+a_{n+2}. \quad ③$$

②-①,得

$$(a_{n+3}-a_{n+1})(1+a_{n+2})=a_{n+2}-a_n,$$

③-②,得

$$(a_{n+4}-a_{n+2})(1+a_{n+3})=a_{n+3}-a_{n+1}.$$

若 $a_{n+2}-a_n\neq 0$,则 $a_{n+3}-a_{n+1}\neq 0$,$a_{n+4}-a_{n+2}\neq 0$.

因为 $1+a_{n+2}\geqslant 2$,所以 $|a_{n+2}-a_n|=(1+a_{n+2})|a_{n+3}-a_{n+1}|\geqslant 2|a_{n+3}-a_{n+1}|$.
从而

$$|a_3-a_1|\geqslant 2|a_4-a_2|\geqslant 2^2|a_5-a_3|\geqslant \cdots \geqslant 2^{n-1}|a_{n+2}-a_n|\geqslant 2^{n-1}.$$

显然,当 n 充分大时,$|a_3-a_1|$ 也充分大,这是不可能的.

因此,$a_{n+2}-a_n=0$,$n\in\mathbf{N}^*$.所以,

$$a_1=a_3=\frac{2015+a_1}{1+a_2},$$

即 $a_1a_2=2015=5\times13\times31=1\times2015=5\times403=13\times155=31\times65$.

故 a_1+a_2 的最小值为 96.

10. 设 $M(0,m)(|m|>1)$，直线 CD 的方程为 $y=kx+m(k\neq0)$，代入 $\frac{x^2}{2}+y^2=1$，得

$$(1+2k^2)x^2+4kmx+2(m^2-1)=0.$$

由 $\Delta=16k^2m^2-8(1+2k^2)(m^2-1)>0$，得 $m^2<1+2k^2$.

设 $C(x_1,y_1)$、$D(x_2,y_2)$，则

$$x_1+x_2=-\frac{4km}{1+2k^2},\quad x_1x_2=\frac{2(m^2-1)}{1+2k^2}.$$

因为

$$k_{AC}=\frac{y_1-1}{x_1}=\frac{kx_1+m-1}{x_1}=k+\frac{m-1}{x_1},$$

$$k_{BD}=\frac{y_2+1}{x_2}=\frac{kx_2+m+1}{x_2}=k+\frac{m+1}{x_2},$$

所以直线 AC、BD 的方程分别为

$$AC:y=\left(k+\frac{m-1}{x_1}\right)x+1,$$

$$BD:y=\left(k+\frac{m+1}{x_2}\right)x-1.$$

联立消去 x，得交点 N 的纵坐标为

$$y_N=\frac{2kx_1x_2+m(x_1+x_2)+(x_1-x_2)}{(x_1+x_2)+m(x_1-x_2)}$$

$$=\frac{\frac{4k(m^2-1)}{1+2k^2}-\frac{4km^2}{1+2k^2}+(x_1-x_2)}{-\frac{4km}{1+2k^2}+m(x_1-x_2)}$$

$$=\frac{-4k+(1+2k^2)(x_1-x_2)}{-4km+m(1+2k^2)(x_1-x_2)}$$

$$=\frac{1}{m}.$$

故 $\overrightarrow{OM}\cdot\overrightarrow{ON}=(0,m)\cdot\left(x_N,\frac{1}{m}\right)=1$（定值）.

11. (1) $f'(x)=2x+\frac{a}{x+1}=\frac{2x^2+2x+a}{x+1}$.

因为函数 $f(x)$ 在 $[1,+\infty)$ 上单调递增，所以对任意 $x\in[1,+\infty)$，都有 $f'(x)\geqslant0$，即 $2x^2+2x+a\geqslant0$.

又函数 $g(x)=2x^2+2x+a$ 在 $[1,+\infty)$ 上单调递增，所以 $g(x)_{\min}=g(1)=4+a\geqslant0$，

得 $a \geqslant -4$.

故 a 的取值范围为 $[-4,+\infty)$.

(2)函数 $f(x)$ 的定义域为 $[-1,+\infty)$.

因为函数 $f(x)$ 有两个极值点 x_1、x_2,所以方程 $f'(x)=0$,即 $g(x)=2x^2+2x+a=0$ 在 $(-1,+\infty)$ 上有两个不等的实根 x_1、x_2,则

$$\begin{cases}\Delta = 4-8a > 0, \\ -1 < -\dfrac{1}{2} < 0, \\ g(-1) = a > 0,\end{cases}$$

解得 $0 < a < \dfrac{1}{2}$.

因为 $x_1+x_2=-1$, $x_1x_2=\dfrac{a}{2}$,且 $x_1 < x_2$,所以

$$x_1 = -x_2-1, \quad a = 2x_1x_2 = -2x_2(x_2+1), \quad -\frac{1}{2} < x_2 < 0.$$

所以

$$\frac{f(x_2)}{x_1} = \frac{x_2^2+a\ln(x_2+1)}{x_1} = \frac{x_2^2-2x_2(x_2+1)\ln(x_2+1)}{-x_2-1}, \quad x_2 \in \left(-\frac{1}{2},0\right).$$

令 $h(x)=\dfrac{x^2-2x(x+1)\ln(x+1)}{-x-1}$, $x\in\left(-\dfrac{1}{2},0\right)$,则

$$h'(x) = \frac{x^2}{(x+1)^2}+2\ln(x+1),$$

令 $\varphi(x)=\dfrac{x^2}{(x+1)^2}+2\ln(x+1)$, $x\in\left(-\dfrac{1}{2},0\right)$,则

$$\varphi'(x) = \frac{2(x^2+3x+1)}{(x+1)^3}, \quad x \in \left(-\frac{1}{2},0\right).$$

因为 $\varphi'\left(-\dfrac{1}{2}\right)=-4<0$, $\varphi'(0)=2>0$,所以存在 $x_0\in\left(-\dfrac{1}{2},0\right)$,使得 $\varphi'(x_0)=0$.所以 $\varphi(x)$ 在 $\left(-\dfrac{1}{2},x_0\right)$ 上递减,在 $(x_0,0)$ 上递增.

又 $\varphi(0)=0$, $\varphi\left(-\dfrac{1}{2}\right)=1-2\ln2<0$,所以,对任意 $x\in\left(-\dfrac{1}{2},0\right)$,都有 $\varphi(x)<0$,即 $h'(x)<0$.所以函数 $h(x)$ 在 $\left(-\dfrac{1}{2},0\right)$ 上单调递减.故

$$0 = h(0) < h(x) < h\left(-\frac{1}{2}\right) = \ln2-\frac{1}{2},$$

即 $0<\dfrac{f(x_2)}{x_1}<\ln2-\dfrac{1}{2}$.

加　试

一、如图7,设直线 BN 与 EF 交于点 P'.

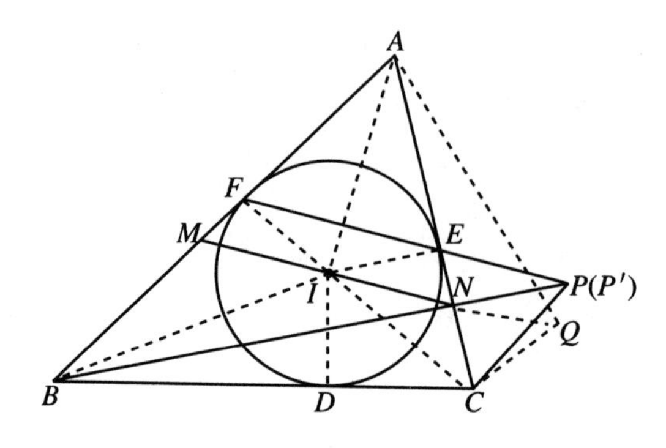

图 7

过点 C 作 AC 的垂线,交直线 MN 于点 Q,则 $\angle AIQ=\angle ACQ=90^\circ$,所以 A、I、C、Q 四点共圆.

因为 I 为 $\triangle ABC$ 的内心,所以 $\angle AIC=90^\circ+\frac{1}{2}\angle B$.所以

$$\angle AQC=180^\circ-\angle AIC=90^\circ-\frac{1}{2}\angle B=\angle BIF.$$

于是,$\mathrm{Rt}\triangle ACQ\backsim\mathrm{Rt}\triangle BFI$,则

$$\frac{AC}{BF}=\frac{QC}{IF}.$$

又 $\angle QNC=\angle INE=\angle IMF$,所以 $\mathrm{Rt}\triangle QCN\backsim\mathrm{Rt}\triangle IFM$,则

$$\frac{CN}{FM}=\frac{QC}{IF}.$$

所以 $\frac{AC}{BF}=\frac{CN}{FM}$,即 $\frac{AC}{CN}=\frac{BF}{FM}$.

又 $MN/\!/FP'$,所以 $\frac{BF}{FM}=\frac{BP'}{P'N}$.所以 $\frac{AC}{CN}=\frac{BP'}{P'N}$,则

$$\frac{AN}{CN}=\frac{BN}{P'N}.$$

所以 $CP'/\!/AB$.

又 $CP/\!/AB$,且点 P、P' 均在直线 EF 上,所以点 P' 与 P 重合,故 B、N、P 三点共线.

二、取 $a=27,b=0,x=2,y=27$,则原不等式为 $\lambda\leqslant 4$.

下面证明:当 $\lambda=4$ 时,不等式恒成立.

即证明对于非负实数 a、b、x、y,若 $a+b=27$.则有

$$(ax^2+by^2+4xy)^3\geqslant 4(ax^2y+bxy^2)^2. \qquad ①$$

当 $x=0$ 或 $y=0$ 时，不等式①显然成立.

当 $xy\neq 0$ 时，则 $x>0, y>0$，给式①两边同除以 x^3y^3，得

$$\left(\frac{ax}{y}+\frac{by}{x}+4\right)^3 \geqslant 4\left(\frac{a^2x}{y}+\frac{b^2y}{x}+2ab\right). \quad ②$$

因为

$$\begin{aligned}27\left(\frac{ax}{y}+\frac{by}{x}\right) &= (a+b)\left(\frac{ax}{y}+\frac{by}{x}\right)\\ &= \frac{a^2x}{y}+\frac{b^2y}{x}+ab\left(\frac{x}{y}+\frac{y}{x}\right)\\ &\geqslant \frac{a^2x}{y}+\frac{b^2y}{x}+2ab,\end{aligned}$$

所以，要证明式②成立，只需证明

$$\left(\frac{ax}{y}+\frac{by}{x}+4\right)^3 \geqslant 4\times 27\left(\frac{ax}{y}+\frac{by}{x}\right). \quad ③$$

因为

$$\frac{ax}{y}+\frac{by}{x}+4=\left(\frac{ax}{y}+\frac{by}{x}\right)+2+2\geqslant 3\sqrt[3]{4\left(\frac{ax}{y}+\frac{by}{x}\right)},$$

所以

$$\left(\frac{ax}{y}+\frac{by}{x}+4\right)^3 \geqslant 4\times 27\left(\frac{ax}{y}+\frac{by}{x}\right).$$

即式③成立，从而式①成立. 故 $\lambda_{\max}=4$.

当且仅当 $\frac{ax}{y}+\frac{by}{x}=2$ 时，式③等号成立. 又 $a+b=27>2$，故当且仅当 $x=0, a=27, b=0$，或 $y=0, a=0, b=27$，或 $x=0, y=0$ 时，式①等号成立.

三、集合 S 中元素和为

$$2015(k+1)+\frac{1}{2}k(k+1)=2013(k+1)+\frac{1}{2}(k+1)(k+4).$$

由条件(2)知，集合 S 中元素和能被 3 整除，而 $3\mid 2013(k+1)$，所以 $3\mid(k+1)(k+4)$. 又

$$(k+1)(k+4)=(k+1)^2+3(k+1),$$

所以 $3\mid(k+1)^2$.

因此 $3\mid k+1$，则 $k=3n-1(n\in\mathbf{N}^*)$.

(1) 当 n 为偶数，即 $k=6m-1(m\in\mathbf{N}^*)$ 时，集合 S 中元素的个数为 6 的倍数. 因此，只需从 2015 起，将每 6 个连续整数中的首尾两数划入 A，中间两数划入 B，余下的两数划入 C，则这样得到的集合 A、B、C 符合要求.

(2) 当 n 为奇数，即 $k=6m-4(m\in\mathbf{N}^*)$ 时，考虑如下情形.

若 $m=1$，则 $S=\{2015,2015+1,2015+2\}$，显然不存在符合条件的划分.

若 $m=2$，取

$$A=\{2015,2015+4,2015+8\},$$
$$B=\{2015+2,2015+3,2015+7\},$$
$$C=\{2015+1,2015+5,2015+6\},$$

这是符合条件的一个划分.

(3)若 $m=3$，集合 S 中元素比 $m=2$ 时 S 中元素多 6 个，将多出的 6 个元素按(1)的方法并入 $m=2$ 时划分的集合 A、B、C，可知所得的集合符合要求.

依此类推，若 $m>3$ 时，符合条件的划分存在.

综上，所求的正整数 $k=3n-1(n\in\mathbf{N}^*, n\geqslant 2)$.

四、必要性　若 $a+b=p$，n 是小于 p 的任一正整数.

设 $\left[\frac{2an}{p}\right]=u$，$\left[\frac{2bn}{p}\right]=v$，因为 p 为奇素数，所以 $\frac{2an}{p}$、$\frac{2bn}{p}$ 均不是整数. 因此，存在 α、β $(0<\alpha、\beta<1)$，使得

$$\frac{2an}{p}=u+\alpha,\quad \frac{2bn}{p}=v+\beta.$$

两式相加，得 $2n=u+v+(\alpha+\beta)$. 所以 $\alpha+\beta$ 为整数.

又 $0<\alpha+\beta<2$，所以 $\alpha+\beta=1$. 故 $u+v=2n-1$(奇数).

充分性　若对任何小于 p 的正整数，均有 $\left[\frac{2an}{p}\right]+\left[\frac{2bn}{p}\right]$ 为奇数.

令 $c=p-a$，则 $a+c=p$. 由必要性的证明知，对任何小于 p 的正整数 n，均有 $\left[\frac{2an}{p}\right]+\left[\frac{2cn}{p}\right]$ 为奇数.

因此，由以上两式知，对任何小于 p 的正整数 n，均有 $\left[\frac{2bn}{p}\right]+\left[\frac{2cn}{p}\right]$ 为偶数. 进而得知，对任何正整数 m，均有 $\left[\frac{2bm}{p}\right]+\left[\frac{2cm}{p}\right]$ 为偶数.

事实上，令 $m=pt+n$，$0\leqslant n<p$，则

$$\begin{aligned}\left[\frac{2bm}{p}\right]+\left[\frac{2cm}{p}\right]&=\left[\frac{2b(pt+n)}{p}\right]+\left[\frac{2c(pt+n)}{p}\right]\\&=2bt+2ct+\left[\frac{2bn}{p}\right]+\left[\frac{2cn}{p}\right]\end{aligned}$$

为偶数.

为证明充分性，只需证 $b=c$. 用反证法.

假设 $b\neq c$，不妨设 $b>c$，则 $1\leqslant b-c<p$.

因为 p 为奇素数,所以 $(2(b-c),p)=1$. 因此,存在正整数 m、k,使得

$$2(b-c)m-pk=1.$$

由此可知,k 必为奇数,且

$$\frac{2bm}{p}=\frac{2cm}{p}+\frac{1}{p}+k. \qquad ①$$

显然,$\frac{2cm}{p}+\frac{1}{p}$ 不是整数. 否则,由式①知,$\frac{2bm}{p}$ 为整数. 因为 $(2b,p)=1$,所以 $p\mid m$. 从而,$\frac{2cm}{p}$ 为整数. 故 $\frac{1}{p}$ 为整数,矛盾.

由 $\frac{2cm}{p}+\frac{1}{p}$ 不是整数,有 $\left[\frac{2cm}{p}+\frac{1}{p}\right]=\left[\frac{2cm}{p}\right]$.

对式①两边取整,得 $\left[\frac{2bm}{p}\right]=\left[\frac{2cm}{p}\right]+k$.

因此,$\left[\frac{2bm}{p}\right]+\left[\frac{2cm}{p}\right]=2\left[\frac{2cm}{p}\right]+k$ 为奇数,这与 $\left[\frac{2bm}{p}\right]+\left[\frac{2cm}{p}\right]$ 为偶数矛盾.

所以假设不成立,于是 $b=c$,即 $b=p-a$,故 $a+b=p$.

综上,$a+b=p$ 的充要条件是,对任何小于 p 的正整数 n,均有 $\left[\frac{2an}{p}\right]+\left[\frac{2bn}{p}\right]$ 为奇数.

刘康宁　编拟
陕西省西安铁一中

《学数学》高中数学竞赛训练题(4)

一　试

一、填空题(每小题 8 分,共 64 分)

1. 函数 $f(x)=\frac{x^3}{3}+\frac{ax^2}{2}+bx$ 有两个极值点 x_1、x_2 满足 $x_1\in[-1,0]$,$x_2\in[1,2]$,则 $f(x_1)$ 的取值范围是________.

2. 如图 1,在梯形 $ABCD$ 中,$AD/\!/BC$,$AC\perp BD$,$AC+BC=2AD=2BD=2$,则 AB 长为________.

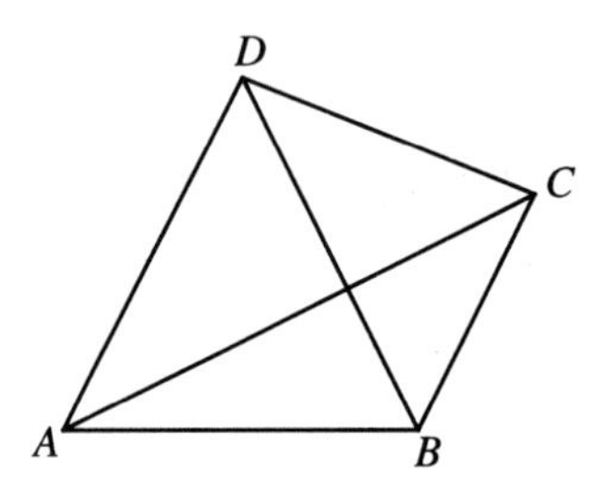

图 1

3. 设 $a\in\mathbf{R}$,$A=\{x\mid x\in\mathbf{R},x^2+4ax+3\geqslant 0\}$,$B=\{x\mid x\in\mathbf{R},x^2-2ax-6\leqslant 0\}$. 若记 $S=\{a\mid a\in\mathbf{R},[-2,1]\subseteq A\cap B\}$,则 $S=$________(用区间形式表示).

4. 已知正数数列 $\{a_n\}$ 满足 $a_1=1$,$a_2=3$,且

$$\sqrt{a_n}=-\frac{3}{2}\sqrt{a_n+a_{n+1}}+\frac{1}{2}\sqrt{a_n+\frac{a_na_{n+2}}{a_{n+1}}}.$$

若 $3^m\mid a_n(n>1)$,则 m 的最大值为________(用含 n 的式子表示).

5. 如图 2,在边长为 2 的正八边形相间的四条边上接上边长为 2 的正六边形的一半,在另四条边上接上边长也为 2 的正三角形. 若将该图形折叠后形成一个无上底面的"碗",则"碗"的容积为________.

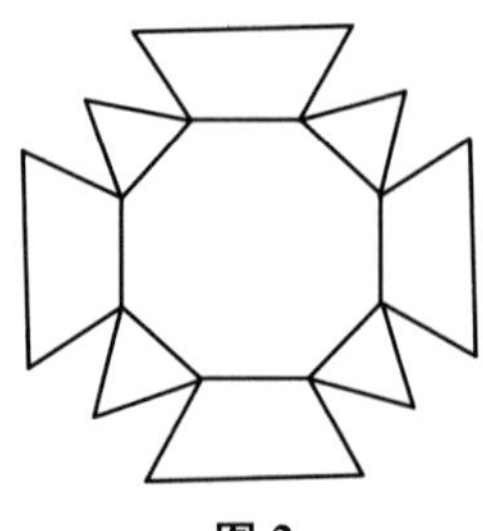

图 2

6. 袋中有 3 个黑球，2 个白球，一次摸 2 个球，摸到的黑球均退回袋中，保留白球，到第 n 次白球均被摸出. 令这种情况发生的概率是 P_n，则 $P_n=$________（用含 n 的式子表示）.

7. 已知 α、$\beta\in\left[0,\frac{\pi}{3}\right]$，则 $\sin(\alpha-\beta)+\frac{\alpha+\beta}{\sqrt{2}}$的最大值为________.

8. 设 $A=100101102103\cdots798799$ 是一个 2100 位正整数，由 100 到 799 的全体三位数按顺序排列而成，那么 A 被 126 除的余数是________.

二、解答题(共 56 分)

9. 如图 3 所示，直线 l_1 与抛物线 $\Gamma: y^2=4x$ 相交于 A、B 两点，C 为抛物线 Γ 上异于 A、B 的一点，且 $AC\perp x$ 轴，过 B 作 AC 的垂线，垂足为 M，过 C 作直线 l_2 交直线 BM 于点 N，设 l_1、l_2 的斜率分别为 k_1、k_2，且 $k_1k_2=1$.

(1)证明：线段 MN 的长为定值；

(2)证明：A、B、C、N 四点共圆.

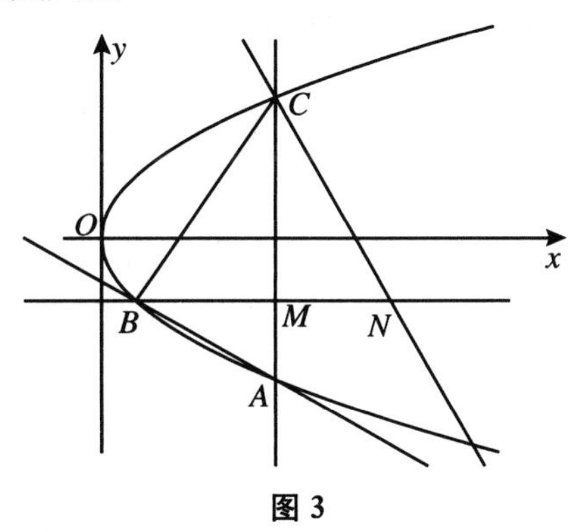

图 3

10. 设 $m>0$，$n>0$，若函数 $f(x)=\mathrm{e}^{-x}+\frac{nx}{mx+n}$在区间$[0,+\infty)$上的最小值为 1，求$\frac{m}{n}$的最大值.

11. 设数列$\{a_n\}$的各项均为正整数，其前 n 项和为S_n，我们称满足条件“对任意的 m、$n\in\mathbf{N}^*$，均有$(n-m)S_{n+m}=(n+m)(S_n-S_m)$”的数列$\{a_n\}$为“好”数列. 现已知数列$\{a_n\}$为“好”数列，且 $a_{2015}=3000$，求数列$\{a_n\}$的通项公式.

加　　试

一、(40 分)如图 4，$\triangle ABC$ 的内心为 I，D 为$\triangle ABC$ 外接圆$\odot O$ 中$\overset{\frown}{BAC}$的中点(A、D 不重合)，延长 DA 交BC 于点E，延长 DI 交$\odot O$ 于点F，求$\frac{EI^2-EF^2}{IF^2}$的值.

二、(40 分)设正实数 $a_1,a_2,\cdots,a_n$ 满足$a_1+a_2+\cdots+a_n=1$. 求证：

$$(a_1a_2+a_2a_3+\cdots+a_na_1)\left(\frac{a_1}{a_2^2+a_2}+\frac{a_2}{a_3^2+a_3}+\cdots+\frac{a_n}{a_1^2+a_1}\right)\geqslant\frac{n}{n+1}.$$

三、(50 分)证明：如果正整数 N 可以表示为都是 3 的倍数的三个整数的平方和，那么，

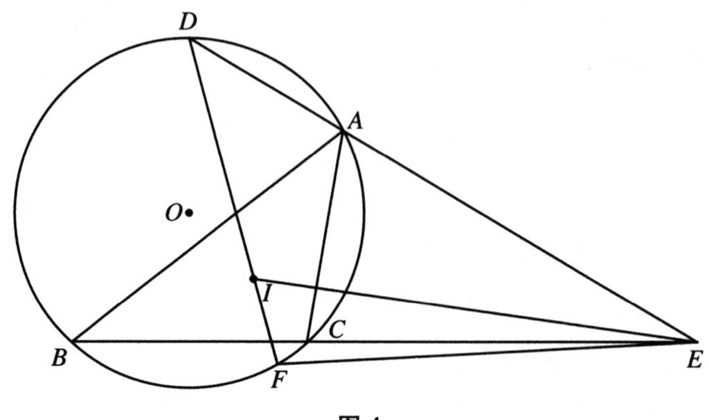

图 4

它必可表示为都不是 3 的倍数的三个整数的平方和.

四、(50 分)从集合 $A=\{1,2,3,\cdots,2015\}$ 中任取 k 个数,使得这 k 个数中,一定可以找到能构成三角形的三个数.试问满足上述条件的 k 的最小值是多少?

参考答案

一　试

一、填空题

1. $\left[0,\dfrac{7}{6}\right]$.

$f'(x)=x^2+ax+b=(x-x_1)(x-x_2)$,则 $a=-(x_1+x_2)$,$b=x_1x_2$,

$$f(x_1)=\frac{x_1^3}{3}-\frac{x_1+x_2}{2}x_1^2+x_1^2x_2=-\frac{x_1^3}{6}+\frac{x_1^2x_2}{2},$$

设 $g(x)=-\dfrac{x^3}{6}+\dfrac{x_2}{2}x^2$,$x\in[-1,0]$,

$$g'(x)=-\frac{x^2}{2}+x_2x=-\frac{1}{2}x(x-2x_2)\leqslant 0,$$

故 $g(x)$在$[-1,0]$上单调递减.所以 $g(x)_{\min}=g(0)=0$,$g(x)_{\max}=g(-1)=\dfrac{1}{6}+\dfrac{x_2}{2}\leqslant\dfrac{7}{6}$(当 $x_2=2$ 时取等号).

故 $f(x_1)$的取值范围是$\left[0,\dfrac{7}{6}\right]$.

2. $\dfrac{2\sqrt{5}}{5}$.

取 AB 中点 O,设$\angle CAB=\alpha$,$\angle CBA=\beta$,则由题可知 $\beta=\alpha+\dfrac{\pi}{2}$.

由正弦定理,得

$$\frac{AC}{\sin\beta}=\frac{BC}{\sin\alpha}=\frac{AB}{\sin(\alpha+\beta)}=\frac{AC+BC}{\sin\beta+\sin\alpha}=\frac{2}{\sin\beta+\sin\alpha},$$

将 $\beta=\alpha+\frac{\pi}{2}$ 代入，得

$$\frac{AB}{\cos2\alpha}=\frac{2}{\cos\alpha+\sin\alpha},$$

即 $AB=2(\cos\alpha-\sin\alpha)$，有 $AB=2\sin\alpha$，则 $\cos\alpha=2\sin\alpha$.

又 $\cos^2\alpha+\sin^2\alpha=1$ 且 $\alpha\in\left(0,\frac{\pi}{2}\right)$，可得 $\sin\alpha=\frac{\sqrt{5}}{5}$，故 $AB=\frac{2\sqrt{5}}{5}$.

3. $\left[-1,\frac{1}{2}\right]$.

由已知得，当 $x\in[-2,1]$ 时，

$$x^2+4ax+3\geqslant 0, \quad ①$$

$$x^2-2ax-6\leqslant 0, \quad ②$$

均恒成立.

由式①得 $(x+2a)^2+3-4a^2\geqslant 0$. 设 $f(x)=(x+2a)^2+3-4a^2$，则由函数性质得

$$\begin{cases}-2\leqslant -2a\leqslant 1,\\ f(-2a)\geqslant 0\end{cases} \quad 或 \quad \begin{cases}-2a<-2 或 -2a>1,\\ f(-2)\geqslant 0 且 f(1)\geqslant 0.\end{cases}$$

解得 $a\in\left[-1,\frac{\sqrt{3}}{2}\right]$.

由式②，设 $g(x)=x^2-2ax-6$，由函数性质得 $g(-2)\leqslant 0$ 且 $g(1)\leqslant 0$，解得 $a\in\left[-\frac{5}{2},\frac{1}{2}\right]$.

故综上，$a\in\left[-1,\frac{1}{2}\right]$，即 $S=\left[-1,\frac{1}{2}\right]$.

4. $\frac{n(n-1)}{2}$.

将等式两边同除以 $\sqrt{a_n}$，得

$$1=-\frac{3}{2}\sqrt{1+\frac{a_{n+1}}{a_n}}+\frac{1}{2}\sqrt{1+\frac{a_{n+2}}{a_{n+1}}},$$

将上式变形为

$$\sqrt{1+\frac{a_{n+2}}{a_{n+1}}}+1=3\left(\sqrt{1+\frac{a_{n+1}}{a_n}}+1\right).$$

设 $b_n=\sqrt{1+\frac{a_{n+1}}{a_n}}+1$，则 $b_{n+1}=3b_n$，其中 $b_1=3$. 即 $\{b_n\}$ 是首项为3、公比为3的等比数列. 故 $b_n=b_1\cdot 3^{n-1}=3^n$，即 $\sqrt{1+\frac{a_{n+1}}{a_n}}+1=3^n$，从而 $a_{n+1}=((3^n-1)^2-1)a_n$. 于是，当 $n>1$ 时，有

$$\begin{aligned}a_n&=((3^{n-1}-1)^2-1)a_{n-1}\\&=((3^{n-1}-1)^2-1)\cdot((3^{n-2}-1)^2-1)a_{n-2}\\&=\cdots=\prod_{k=1}^{n-1}((3^k-1)^2-1)a_1\\&=\prod_{k=1}^{n-1}((3^k-1)^2-1).\end{aligned}$$

又

$$\prod_{k=1}^{n-1}((3^k-1)^2-1)=\prod_{k=1}^{n-1}(3^k(3^k-2))=3^{\frac{n(n-1)}{2}}\cdot\prod_{k=1}^{n-1}(3^k-2),$$

从而 $3^{\frac{n(n-1)}{2}}\mid a_n$.易知 $\prod_{k=1}^{n-1}(3^k-2)$ 不为 3 的倍数,故 $m_{\max}=\dfrac{n(n-1)}{2}$.

5. $\dfrac{\sqrt[4]{8}}{3}(32+16\sqrt{2})$.

如图 5 为"碗"的一个"角".其中,面 $ACGE$、$BCHF$ 为向上翻折的半个正六边形,ABC 为向上翻折的正三角形.延长 EA、FB 交于点 D,联结 CD,则易知$\triangle ABD$ 为等腰直角三角形,$AD=BD=\sqrt{2}$,$\angle CAD=\angle CBD=\dfrac{\pi}{3}$,又 $AC=BC=2$,故

$$CD=\sqrt{AD^2+AC^2-2AD\cdot AC\cdot\cos\frac{\pi}{3}}=\sqrt{6-2\sqrt{2}}.$$

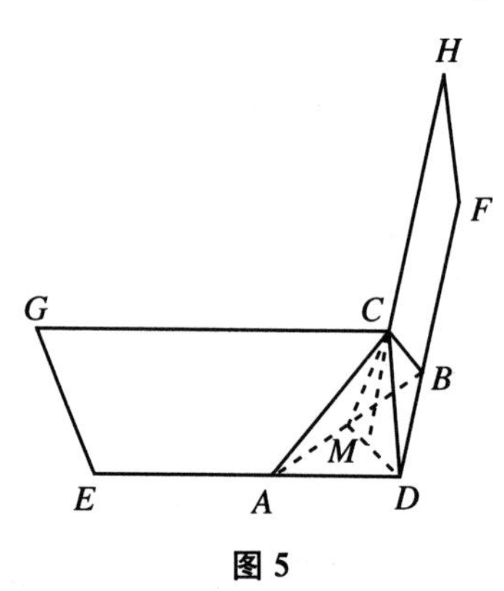

图 5

记 AB 中点为 M,联结 CM、DM.则$\triangle CMD$ 中,$CM=\sqrt{3}$,$DM=1$,$CD=\sqrt{6-2\sqrt{2}}$.由此可算得 DM 边上的高 $h=\sqrt[4]{8}$,即点 C 到面 ABD 的距离为$\sqrt[4]{8}$.故四面体 $C-ABD$ 的体积

$$V_1=\frac{1}{3}\cdot S_{\triangle ABD}\cdot h=\frac{\sqrt[4]{8}}{3}.$$

易发现,"碗"的容积可看作经 4 个图示的四面体 $C-ABD$ 拼补后的上下底面均为正方形的大棱台的体积减去这 4 个拼补的四面体的体积.其中大棱台上底正方形边长为 4,下底正方形边长为 $2+2\sqrt{2}$,高为$\sqrt[4]{8}$,由棱台体积公式 $V=\dfrac{h}{3}(S_1+S_2+\sqrt{S_1S_2})$,得大棱台的体积

$$V_2=\frac{1}{3}\cdot\sqrt[4]{8}\cdot\left((2+2\sqrt{2})^2+4^2+4(2+2\sqrt{2})\right)=\frac{\sqrt[4]{8}}{3}(36+16\sqrt{2}).$$

所以“碗”的容积 $V=V_2-4V_1=\frac{\sqrt[4]{8}}{3}(32+16\sqrt{2})$.

6. $\frac{3}{2}\left(\frac{1}{2}\right)^{n-1}-\frac{7}{5}\left(\frac{3}{10}\right)^{n-1}$.

第 n 次白球均被摸出有两种情况.第一种是最后摸出的 2 个球均为白球,其概率 $P_1=\left(\frac{C_3^2}{C_5^2}\right)^{n-1}\cdot\frac{C_2^2}{C_5^2}=\frac{1}{10}\left(\frac{3}{10}\right)^{n-1}$.

第二种是最后一次摸出 1 白 1 黑,且之前也有一次摸出 1 白 1 黑.其概率 P_2 等于最后一次之前是第 1 次摸出 1 白 1 黑,第 2 次摸出 1 白 1 黑,…,第 $n-1$ 次摸出 1 白 1 黑的概率之和,即

$$\begin{aligned}P_2&=\frac{3\times2}{C_5^2}\cdot\left(\frac{C_3^2}{C_4^2}\right)^{n-2}\cdot\frac{3\times1}{C_4^2}+\frac{C_3^2}{C_5^2}\cdot\frac{3\times2}{C_5^2}\cdot\left(\frac{C_3^2}{C_4^2}\right)^{n-3}\cdot\frac{3\times1}{C_4^2}+\left(\frac{C_3^2}{C_5^2}\right)^2\cdot\frac{3\times2}{C_5^2}\\&\quad\cdot\left(\frac{C_3^2}{C_4^2}\right)^{n-4}\cdot\frac{3\times1}{C_4^2}+\cdots+\left(\frac{C_3^2}{C_5^2}\right)^{n-2}\cdot\frac{3\times2}{C_5^2}\cdot\frac{3\times1}{C_4^2}\\&=\frac{3}{10}\left(\left(\frac{1}{2}\right)^{n-2}+\left(\frac{1}{2}\right)^{n-3}\cdot\frac{3}{10}+\left(\frac{1}{2}\right)^{n-4}\cdot\left(\frac{3}{10}\right)^2+\cdots+\left(\frac{3}{10}\right)^{n-2}\right)\\&=\frac{3}{10}\cdot\frac{\left(\frac{1}{2}\right)^{n-1}-\left(\frac{3}{10}\right)^{n-1}}{\frac{1}{2}-\frac{3}{10}}\\&=\frac{3}{2}\left(\left(\frac{1}{2}\right)^{n-1}-\left(\frac{3}{10}\right)^{n-1}\right).\end{aligned}$$

所以 $P_n=P_1+P_2=\frac{3}{2}\left(\frac{1}{2}\right)^{n-1}-\frac{7}{5}\left(\frac{3}{10}\right)^{n-1}$.

7. $\frac{\sqrt{2}}{2}+\frac{5\sqrt{2}\pi}{24}$.

令 $f(\alpha,\beta)=\sin(\alpha-\beta)+\frac{\alpha+\beta}{\sqrt{2}}$,用调整法解决,这里固定 $\alpha+\beta$ 的值.

由于 $\alpha-\beta\in\left[-\frac{\pi}{3},\frac{\pi}{3}\right]$,故 $\sin(\alpha-\beta)$关于$\alpha-\beta$ 单调递增.

若 $\alpha+\beta>\frac{\pi}{3}$,可知取 $\alpha'=\frac{\pi}{3}$、$\beta'=\alpha+\beta-\frac{\pi}{3}>0$ 时 $f(\alpha,\beta)$最大.此时,

$$f(\alpha',\beta')=\sin\left(\frac{\pi}{3}-\beta'\right)+\frac{\sqrt{2}}{2}\beta'+\frac{\sqrt{2}}{6}\pi=g(\beta'),$$

因此 $g'(\beta')=-\cos\left(\frac{\pi}{3}-\beta'\right)+\frac{\sqrt{2}}{2}$,在$\frac{\sqrt{2}}{2}-\cos\left(\frac{\pi}{3}-\beta'\right)=0$ 即 $\beta'=\frac{\pi}{12}$时取最大值,即此时

$$f(\alpha,\beta)\leqslant f\left(\frac{\pi}{3},\frac{\pi}{12}\right)=\frac{\sqrt{2}}{2}+\frac{5\sqrt{2}\pi}{24}.$$

若 $\alpha+\beta\leqslant\frac{\pi}{3}$，可知取 $\alpha'=\alpha+\beta$、$\beta'=0$ 时 $f(\alpha,\beta)$ 最大. 此时，

$$f(\alpha',\beta')=\sin\alpha'+\frac{\sqrt{2}}{2}\alpha'=h(\alpha')$$

关于 α' 单调递增，在 $\alpha'=\frac{\pi}{3}$ 时取最大值，即此时 $f(\alpha,\beta)\leqslant f\left(\frac{\pi}{3},0\right)=\frac{\sqrt{3}}{2}+\frac{\sqrt{2}\pi}{6}$.

因为 $\frac{\sqrt{2}}{2}+\frac{5\sqrt{2}\pi}{24}>\frac{\sqrt{3}}{2}+\frac{\sqrt{2}\pi}{6}$，所以原式最大值为 $\frac{\sqrt{2}}{2}+\frac{5\sqrt{2}\pi}{24}$.

8. 91.

注意到 $126=2\times7\times9$，可先求出 A 被 2、7、9 除的余数.

$$A\equiv1\pmod 2,$$

$$A\equiv100+101+102+\cdots+799=\frac{899\times700}{2}$$

$$=899\times350\equiv8\times8\equiv1\pmod 9,$$

又 $10^3\equiv-1\pmod 7$，所以

$$A\equiv799-798+797-796+\cdots+101-100\equiv350\equiv0\pmod 7.$$

故 A 被 126 除的余数即为 $0,1,\cdots,125$ 中模 2 余 1、模 9 余 1 且模 7 余 0 的数. 显然这是一个奇数，由模 9 余 1 知，该数可为 1，19，37，55，73，91，109. 又该数模 7 余 0，故该数为 91.

二、解答题

9. (1) 设 $A(x_1,y_1)$、$B(x_2,y_2)$，则 $C(x_1,-y_1)$、$M(x_1,y_2)$，直线 l_1 的方程为 $y=k_1x+b$. 由

$$\begin{cases}y=k_1x+b,\\ y^2=4x\end{cases}$$

消元整理可得

$$k_1^2x^2+(2bk_1-4)x+b^2=0.$$

所以

$$\begin{cases}x_1+x_2=\dfrac{4-2bk_1}{k_1^2},\\ x_1x_2=\dfrac{b^2}{k_1^2},\end{cases}$$

可求得

$$\begin{cases}y_1+y_2=\dfrac{4}{k_1},\\ y_1y_2=\dfrac{4b}{k_1}.\end{cases}$$

直线 l_2 的方程为：$y+y_1=k_2(x-x_1)$，所以可求得 $N\left(\frac{y_1+y_2}{k_2}+x_1,y_2\right)$. 故

$$|MN|=\frac{y_1+y_2}{k_2}=\frac{4}{k_1k_2}=4(\text{定值}).$$

（2）（法一）AB 的中点 $E\left(\frac{2-bk_1}{k_1^2},\frac{2}{k_1}\right)$，则 AB 的垂直平分线方程为

$$y-\frac{2}{k_1}=-\frac{1}{k_1}\left(x-\frac{2-bk_1}{k_1^2}\right),$$

与 AC 的垂直平分线（x 轴）交点为 $O'\left(\frac{2k_1^2-bk_1+2}{k_1^2},0\right)$，所以$\triangle ABC$ 的外接圆的方程为

$$\left(x-\frac{2k_1^2-bk_1+2}{k_1^2}\right)^2+y^2=\left(\frac{2k_1^2-bk_1+2}{k_1^2}-x_2\right)^2+y_2^2.$$

由上可知 $N(x_1+4,y_2)$．由

$$x_1+4-\frac{2k_1^2-bk_1+2}{k_1^2}+x_2-\frac{2k_1^2-bk_1+2}{k_1^2}=x_1+x_2+4-\frac{2k_1^2-bk_1+2}{k_1^2}\times 2=0,$$

得

$$\left(x_1+4-\frac{2k_1^2-bk_1+2}{k_1^2}\right)^2+y_2^2=\left(\frac{2k_1^2-bk_1+2}{k_1^2}-x_2\right)^2+y_2^2.$$

所以 A、B、C、N 四点共圆．

（法二）如图 6，易知$\triangle ABC$ 的外接圆圆心 O'在 x 轴上．作 B 关于 O'的对称点 B'，则 BB'为直径，易知点 B'的横坐标为 $2\times\frac{2k_1^2-bk_1+2}{k_1^2}-x_2$．

由 $x_1+x_2+4-\frac{2k_1^2-bk_1+2}{k_1^2}\times 2=0$，知 $2\times\frac{2k_1^2-bk_1+2}{k_1^2}-x_2=x_1+4$，所以$\angle B'NB=90^\circ$，所以 A、B、C、N 四点共圆．

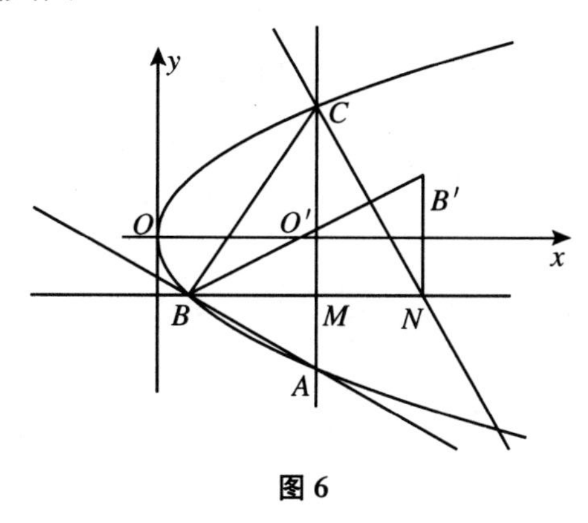

图 6

10．由题意，

$$f(x)=\mathrm{e}^{-x}+\frac{x}{\frac{m}{n}x+1},$$

令 $t=\frac{m}{n}>0$，则 $f(x)=\mathrm{e}^{-x}+\frac{x}{tx+1}$．因 $f(0)=1$，所以题意等价于 $f(x)\geqslant 1$ 在 $x\in(0,+\infty)$

上恒成立，而 $f(x)=e^{-x}+\frac{x}{tx+1}\geqslant 1$ 等价于 $e^x((t-1)x+1)-tx-1\leqslant 0$.

令 $F(x)=e^x((t-1)x+1)-tx-1$，则 $F(0)=0$，所以存在 $x_0>0$，使得函数 $F(x)$ 在 $(0,x_0)$ 上单调递减，即导数 $F'(x)=e^x((t-1)x+t)-t\leqslant 0$ 在 $(0,x_0)$ 上恒成立，而 $F'(0)=0$，所以存在 $x_1\in(0,x_0)$，导数 $F'(x)$ 在 $(0,x_1)$ 上单调递减.

令 $G(x)=F'(x)$，即导数 $G'(x)\leqslant 0$ 在 $(0,x_1)$ 上恒成立，又可求得 $G'(x)=e^x((t-1)\cdot x+2t-1)$，由 $G'(0)\leqslant 0$，解得 $t\leqslant\frac{1}{2}$.

反过来，当 $t\leqslant\frac{1}{2}$ 时，$G'(x)\leqslant 0$ 在 $[0,+\infty)$ 上恒成立，所以导数 $F'(x)$ 在 $(0,+\infty)$ 上单调递减，即导数 $F'(x)\leqslant 0$ 在 $(0,+\infty)$ 上恒成立，即函数 $F(x)$ 在 $(0,+\infty)$ 上单调递减，即最大值 $F(0)=0$.

综上所述，$\frac{m}{n}$ 的最大值为 $\frac{1}{2}$.

11. 令 $n=2,m=1$，得 $S_3=3(S_2-S_1)$，即 $a_1+a_3=2a_2$.

令 $m=1$，得

$$(n-1)S_{n+1}=(n+1)(S_n-S_1),$$

用 $n+1$ 替换 n，得

$$nS_{n+2}=(n+2)(S_{n+1}-S_1),$$

两式相减得

$$nS_{n+2}-(n-1)S_{n+1}=(n+2)(S_{n+1}-S_1)-(n+1)(S_n-S_1),$$

即

$$na_{n+2}=(n+1)a_{n+1}-a_1,$$

用 $n+1$ 替换 n，得

$$(n+1)a_{n+3}=(n+2)a_{n+2}-a_1,$$

两式相减得

$$(n+1)(a_{n+3}+a_{n+1})=(2n+2)a_{n+2},$$

即 $a_{n+3}+a_{n+1}=2a_{n+2}$.

结合 $a_1+a_3=2a_2$ 可得对任意 $n\in\mathbf{N}^*$，$a_{n+2}+a_n=2a_{n+1}$，故 $\{a_n\}$ 为等差数列，设公差为 d，则 $a_{2015}=a_1+2014d=3000$.

注意到各项均为正整数，所以 d 为非负整数，从而 $d=1$ 或 0.

当 $d=0$ 时，$a_n=3000$；当 $d=1$ 时，$a_n=n+985$.

加　试

一、如图 7，联结 AI 并延长交圆 O 于点 M，联结 DM 交 BC 于 N，联结 MB、MC、MF.

由内心的性质可知点 I、B、C 在以 M 为圆心的圆上，设此圆为$\odot M$，延长 DF 交$\odot M$ 于

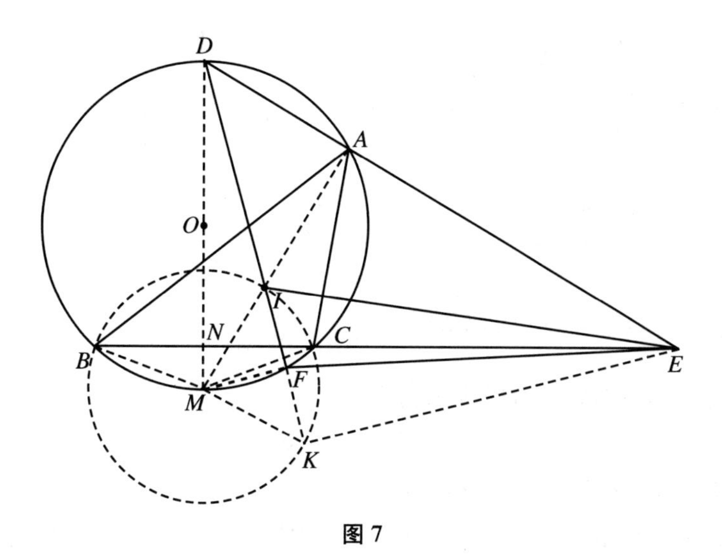

图 7

点 K，联结 MK.

由于 DM 为⊙O 的直径，故$\angle DFM=90^\circ$，又$\triangle MIK$ 为等腰三角形，则 $IF=FK$.

易知$\angle MNE=\angle MAE=90^\circ$，故 M、N、A、E 四点共圆，所以有

$$DN\cdot DM=DA\cdot DE. \quad ①$$

在 Rt$\triangle DMB$ 中，由射影定理，可得

$$DN\cdot DM=DB^2. \quad ②$$

而 BD 是⊙M 的切线，故由切割线定理，知

$$DB^2=DI\cdot DK. \quad ③$$

由式①、式②、式③，可得 $DA\cdot DE=DI\cdot DK$，所以 A、I、K、E 四点共圆，于是$\angle IKE=90^\circ$. 故

$$\frac{EI^2-EF^2}{IF^2}=\frac{IK^2-FK^2}{IF^2}=\frac{3IF^2}{IF^2}=3.$$

二、由柯西不等式，得

$$\frac{a_1}{a_2^2+a_2}+\frac{a_2}{a_3^2+a_3}+\cdots+\frac{a_n}{a_1^2+a_1}=\frac{\left(\frac{a_1}{a_2}\right)^2}{a_1+\frac{a_1}{a_2}}+\frac{\left(\frac{a_2}{a_3}\right)^2}{a_2+\frac{a_2}{a_3}}+\cdots+\frac{\left(\frac{a_n}{a_1}\right)^2}{a_n+\frac{a_n}{a_1}}$$

$$\geqslant\frac{\left(\frac{a_1}{a_2}+\frac{a_2}{a_3}+\cdots+\frac{a_n}{a_1}\right)^2}{1+\frac{a_1}{a_2}+\frac{a_2}{a_3}+\cdots+\frac{a_n}{a_1}},$$

$$(a_1a_2+a_2a_3+\cdots+a_na_1)\left(\frac{a_1}{a_2}+\frac{a_2}{a_3}+\cdots+\frac{a_n}{a_1}\right)\geqslant(a_1+a_2+\cdots+a_n)^2=1.$$

故

$$\text{左边} \geqslant \frac{\frac{a_1}{a_2}+\frac{a_2}{a_3}+\cdots+\frac{a_n}{a_1}}{1+\frac{a_1}{a_2}+\frac{a_2}{a_3}+\cdots+\frac{a_n}{a_1}} = 1-\frac{1}{1+\frac{a_1}{a_2}+\frac{a_2}{a_3}+\cdots+\frac{a_n}{a_1}}$$

$$\geqslant 1-\frac{1}{1+n\sqrt[n]{\frac{a_1}{a_2}\cdot\frac{a_2}{a_3}\cdot\cdots\cdot\frac{a_n}{a_1}}} = \frac{n}{n+1}.$$

当且仅当 $a_i=\frac{1}{n}(i=1,2,\cdots,n)$时取等号.

三、由题意可知,正整数 N 可以表示为和式

$$9^n(a^2+b^2+c^2) \tag{①}$$

其中,n 为正整数,a、b、c 为整数,a 不是 3 的倍数.

引理 所有形如和式①的正整数均可表示为 $9^{n-1}(x^2+y^2+z^2)$的形式,其中,x、y、z 为整数,且 x、y、z 都不是 3 的倍数.

引理的证明 不失一般性,可设 $a+b+c$ 不是 3 的倍数(否则,可将 a 换为 $-a$).有

$$\begin{aligned}9(a^2+b^2+c^2) &= (4a^2+4b^2+c^2)+(a^2+4b^2+4c^2)+(4a^2+b^2+4c^2)\\ &= (2a+2b-c)^2+(2b+2c-a)^2+(2a+2c-b)^2\end{aligned}$$

其中,$2a+2b-c$、$2b+2c-a$、$2a+2c-b$ 都不是 3 的倍数,因为它们被 3 除的余数都与 $2(a+b+c)$相同,而后者不是 3 的倍数.

回到原题,将引理使用 n 次则原命题得证.

四、当 $k=16$ 时,取集合

$$M=\{1,2,3,5,8,13,21,34,55,89,144,233,377,610,987,1597\}.$$

满足对任意的三个数 a、b、$c\in M$,若 $a<b<c$,则 $a+b\leqslant c$,故集合 M 不满足条件.

当 $k\leqslant 15$ 时,取出任意一个 M 的 k 元子集,均不合题意.故 $k\geqslant 17$.

下面证明 $k=17$ 时满足条件.

假设存在一个 17 元集合 $N=\{a_1,a_2,\cdots,a_{17}\}$不满足条件,即集合 N 中任意三个数 a_i、a_j、a_k,若 $a_i<a_j<a_k$,则 $a_i+a_j\leqslant a_k$.不妨设 $a_1<a_2<\cdots<a_{17}$,可得

$$a_1\geqslant 1,\quad a_2\geqslant 2,\quad a_3\geqslant a_1+a_2\geqslant 3,$$

同理可得

$$a_4\geqslant 5,\quad a_5\geqslant 8,\quad \cdots,\quad a_{16}\geqslant a_{14}+a_{15}\geqslant 1597,\quad a_{17}\geqslant a_{15}+a_{16}\geqslant 2584>2015.$$

这与 $a_{17}\in A$ 矛盾.即 $k=17$ 时满足题意.

综上可得 $k_{\min}=17$.

李维维 编拟
江苏省天一中学

《学数学》高中数学竞赛训练题(5)

一　试

一、填空题(每小题 8 分,共 64 分)

1. 已知 $\sin\alpha+\sin\beta=\frac{7}{8}$, $\cos\alpha+\cos\beta=\frac{1}{4}$, 则 $\frac{1-2\cos2(\alpha+\beta)+\sin2(\alpha+\beta)}{1+2\cos(\alpha+\beta)+\sin2(\alpha+\beta)}$ $=$________.

2. 若实数 x、y 满足

$$\frac{x}{3^3+4^3}+\frac{y}{3^3+6^3}=1,\quad \frac{x}{5^3+4^3}+\frac{y}{5^3+6^3}=1,$$

则 $x+y=$________.

3. 若函数 $f(x)=x^4+ax^3+bx^2+cx+d$ 满足 $f(1)=1$, $f(2)=2$, $f(3)=3$, 则 $f(0)+f(4)=$________.

4. 在平面直角坐标系中,平面区域 $\frac{|x+y|}{2a}+\frac{|x-y|}{2b}\leqslant 1$(其中 a、b 为不相等的两个正数)的面积为________.

5. 已知斜四棱柱 $ABCD-A_1B_1C_1D_1$ 的底面是边长为 1 的菱形,侧棱长为 x, $\angle BAD=60^\circ$, $\angle A_1AB=\angle A_1AD=45^\circ$. 则当 $x=$________时, $AC_1\perp$平面 A_1BD.

6. 已知双曲线 $\frac{x^2}{a^2}-\frac{y^2}{b^2}=1$ 的两焦点分别为 F_1、F_2,设 P 是其右支上一点,且 $\angle PF_1F_2=\alpha$, $\angle PF_2F_1=\beta$,则 $\tan\frac{\alpha}{2}\cdot\cot\frac{\beta}{2}=$________.

7. 已知正整数 $a>b$,若 $a+b=667$,且它们的最小公倍数是最大公约数的 120 倍,则满足条件的所有正整数对 (a,b) 为________.

8. 在一次校运会中有 6 名学生报名参加 3 个运动项目,若每个项目至少录用其中一人,则不同的录用情况的种数是________.

二、解答题(共 56 分)

9. (16 分)已知实数 x、y、z、a、b、c 满足

$$\sin x+\sin y=2a,\quad \cos x+\cos y=2b,\quad \tan x+\tan y=2c,$$

求证: $a(b+ac)=c(a^2+b^2)^2$.

10. (20 分)已知 a、b、c 为正实数,且 $\sqrt{a}+\sqrt{b}+\sqrt{c}=3$,求证:

$$\frac{a+b}{2+a+b}+\frac{b+c}{2+b+c}+\frac{c+a}{2+c+a}\geqslant\frac{3}{2}.$$

11.(20 分)已知双曲线 $x^2-y^2=1$,直线 l 与直线 $y=x$、双曲线右支、直线 $y=-x$ 的交点从上到下依次为 A、B、C、D.

(1)求证:$|AB|=|CD|$;

(2)若 $|AB|=|BC|=|CD|$,求证:$\triangle BOC$ 的面积为定值.

加　　试

一、(40 分)如图 1,已知 PA、PB 为 $\odot O$ 的两条切线,$AC>BC$,PC 的延长线分别与 AB 和 $\odot O$ 相交且于点 Q 和 D,E 为 AB 的中点,CI 平分 $\angle ACB$ 且交 AB 于 I.

求证:I 为 $\triangle CDE$ 的内心.

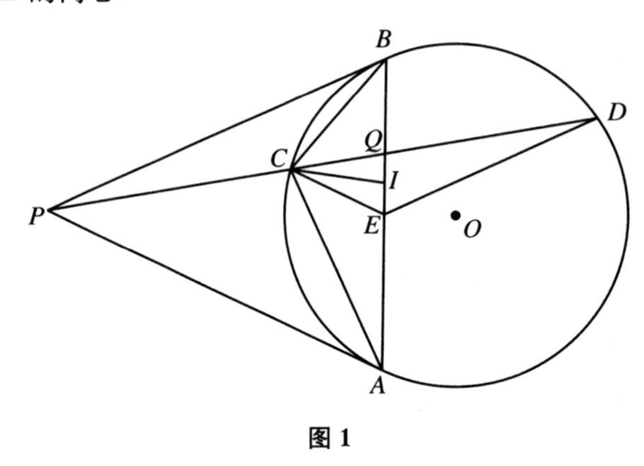

图 1

二、(40 分)已知正实数 x、y、z 满足 $\frac{1}{1+x^2}+\frac{1}{1+y^2}+\frac{1}{1+z^2}=2$.

求证:$\frac{xy}{x^2y^2+1}+\frac{yz}{y^2z^2+1}+\frac{zx}{z^2x^2+1}\leqslant\frac{6}{5}$.

三、(50 分)已知函数 $f:\mathbf{N}^*\to\mathbf{N}^*$ 满足 $f(1)=1$,$f(3)=3$,并且对任意 $n\in\mathbf{N}^*$,有:

(1) $f(2n)=f(n)$;

(2) $f(4n+1)=2f(2n+1)-f(n)$;

(3) $f(4n+3)=3f(2n+1)-2f(n)$.

问有多少个 $n\in\mathbf{N}^*$,且 $n\leqslant 2015$,使得 $f(n)=n$?

四、(50 分)已知空间 9 点集 $M=\{A_1,A_2,\cdots,A_9\}$,其中任意四点不共面,在这 9 个点间连接若干条线段,构成一个图 G,使得图中不存在四面体,问图 G 中最多有多少个三角形?

参考答案

一 试

一、填空题

1. $-\dfrac{129}{163}$.

易知 $\tan\dfrac{\alpha+\beta}{2}=\dfrac{\sin\alpha+\sin\beta}{\cos\alpha+\cos\beta}=\dfrac{7}{2}$.

由二倍角公式,得 $\tan(\alpha+\beta)=\dfrac{2\tan\dfrac{\alpha+\beta}{2}}{1-\tan^2\dfrac{\alpha+\beta}{2}}=\dfrac{2\times\dfrac{7}{2}}{1-\left(\dfrac{7}{2}\right)^2}=-\dfrac{28}{45}$.

由万能公式,得

$$\sin2(\alpha+\beta)=\frac{2\tan(\alpha+\beta)}{1+\tan^2(\alpha+\beta)}=-\frac{\dfrac{56}{45}}{1+\left(\dfrac{28}{45}\right)^2}=-\frac{2520}{2809},$$

$$\cos2(\alpha+\beta)=\frac{1-\tan^2(\alpha+\beta)}{1+\tan^2(\alpha+\beta)}=\frac{45^2-28^2}{45^2+28^2}=\frac{1241}{2809}.$$

所以原式 $=\dfrac{2809-2\times1241-2520}{2809+2\times1241-2520}=\dfrac{-2193}{2771}=-\dfrac{129}{163}$.

2. 432.

构造方程 $\dfrac{x}{t+4^3}+\dfrac{y}{t+6^3}=1$,则 3^3、5^3 是关于 t 的一元二次方程

$$t^2+(4^3+6^3-x-y)t+4^3\cdot6^3-6^3\cdot x-4^3\cdot y=0$$

的两根.所以 $x+y=3^3+5^3+4^3+6^3=432$.

3. 28.

令 $g(x)=f(x)-x$,则 $\deg g=4$,且 $g(1)=g(2)=g(3)=0$,则

$$g(x)=(x-1)(x-2)(x-3)(x-k).$$

故

$$f(0)+f(4)=g(0)+g(4)+4=28.$$

4. $8ab$.

由图像可得,平面区域为矩形,四个顶点坐标分别为 $(a+b,a-b)$、$(-a+b,-a-b)$、$(a-b,a+b)$、$(-a-b,-a+b)$.易得该矩形的面积为 $8ab$.

5. $\dfrac{\sqrt{26}-\sqrt{2}}{4}$.

设 $\overrightarrow{AB}=\boldsymbol{a}$,$\overrightarrow{AD}=\boldsymbol{b}$,$\overrightarrow{AA_1}=\boldsymbol{c}$,则

$$\overrightarrow{BD}=\overrightarrow{AD}-\overrightarrow{AB}=\boldsymbol{b}-\boldsymbol{a},$$
$$\overrightarrow{AA_1}=\overrightarrow{AD}+\overrightarrow{DD_1}+\overrightarrow{D_1C_1}=\boldsymbol{a}+\boldsymbol{b}+\boldsymbol{c},$$
$$\boldsymbol{a}^2=\boldsymbol{b}^2=1,\quad \boldsymbol{a}\cdot\boldsymbol{b}=\frac{1}{2},\quad \boldsymbol{a}\cdot\boldsymbol{c}=\boldsymbol{b}\cdot\boldsymbol{c}=\frac{\sqrt{2}}{2}x.$$

所以

$$\overrightarrow{AC_1}\cdot\overrightarrow{BD}=(\boldsymbol{a}+\boldsymbol{b}+\boldsymbol{c})\cdot(\boldsymbol{b}-\boldsymbol{a})=\boldsymbol{b}^2-\boldsymbol{a}^2+\boldsymbol{c}\cdot\boldsymbol{b}-\boldsymbol{c}\cdot\boldsymbol{a}=0,$$

所以 $AC_1\perp BD$.所以当且仅当 $AC_1\perp A_1D$(即$\overrightarrow{AC_1}\cdot\overrightarrow{A_1D}=0$)时 $AC_1\perp$平面 A_1BD.

又$\overrightarrow{A_1D}=\overrightarrow{A_1A}+\overrightarrow{AD}=\boldsymbol{b}-\boldsymbol{c}$,所以

$$\overrightarrow{AC_1}\cdot\overrightarrow{A_1D}=(\boldsymbol{a}+\boldsymbol{b}+\boldsymbol{c})\cdot(\boldsymbol{b}-\boldsymbol{c})=\boldsymbol{a}\cdot\boldsymbol{b}+\boldsymbol{b}^2-\boldsymbol{a}\cdot\boldsymbol{c}-\boldsymbol{c}^2=-x^2-\frac{\sqrt{2}}{2}x+\frac{3}{2}.$$

由 $-x^2-\frac{\sqrt{2}}{2}x+\frac{3}{2}=0$ 解得 $x=\frac{-\sqrt{2}\pm\sqrt{26}}{4}$,舍去负值,知当 $x=\frac{\sqrt{26}-\sqrt{2}}{4}$时,$AC_1\perp$平面 A_1BD.

6. $\frac{e-1}{e+1}$.

如图 2,作$\triangle PF_2F_1$的内切圆,与 F_2F_1相切于点 D.设$|F_1D|=m$,$|F_2D|=n$,内切圆的半径为 r,则 $m+n=2c$,$m-n=2a$,即

$$m=c+a,\quad n=c-a,$$

所以

$$\tan\frac{\alpha}{2}\cdot\cot\frac{\beta}{2}=\frac{r}{m}\cdot\frac{n}{r}=\frac{n}{m}=\frac{c-a}{c+a}=\frac{e-1}{e+1}.$$

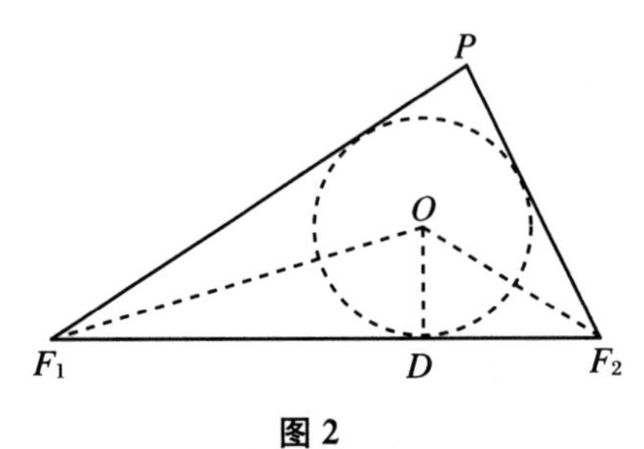

图 2

7. (552,115)或(435,232).

设$(a,b)=d$,$a=dx$,$b=dy$,则$(x,y)=1$,于是

$$xy=120,\quad dx+dy=667=23\times 29,$$

所以,

$$\begin{cases}d=23,\\ x+y=29\end{cases}\quad 或 \quad \begin{cases}d=29,\\ x+y=23.\end{cases}$$

故$(a,b)=(552,115)$或$(435,232)$.

8. 2100.

(1)3 人录用,则有 $C_6^5 \cdot A_3^3 = 120$ 种;

(2)4 人录用,则有 $C_6^4 \cdot C_4^2 \cdot A_3^3 = 540$ 种;

(3)5 人录用,则有 $C_6^5 \cdot \left(C_6^5 + \dfrac{C_3^2 \cdot C_3^2}{2}\right) \cdot A_3^3 = 900$ 种;

(4)6 人录用,则有 $\left(C_6^4 + C_6^3 \cdot C_3^2 + \dfrac{C_6^2 \cdot C_4^2}{3\times2\times1}\right) \cdot A_3^3 = 540$ 种.

因此共有 $120 + 540 + 900 + 540 = 2100$ 种.

二、解答题

9. 由 $\sin x + \sin y = 2a$, $\cos x + \cos y = 2b$, 得 $\tan\dfrac{x+y}{2} = \dfrac{a}{b}$,故

$$\sin(x+y) = \frac{2ab}{a^2+b^2}, \quad \cos(x+y) = \frac{b^2-a^2}{a^2+b^2}.$$

又 $4(a^2+b^2) = (\sin x + \sin y)^2 + (\cos x + \cos y)^2 = 2 + 2\cos(x-y)$,故

$$\cos(x-y) = 2(a^2+b^2) - 1.$$

又

$$c = \frac{1}{2}(\tan x + \tan y) = \frac{\sin x\cos y + \cos x\sin y}{2\cos x\cos y} = \frac{\sin(x+y)}{\cos(x+y)+\cos(x-y)}$$

$$= \frac{2ab}{b^2 - a^2 + 2(a^2+b^2)^2 - (a^2+b^2)} = \frac{ab}{(a^2+b^2)^2 - a^2},$$

所以

$$a(b+ac) = c(a^2+b^2)^2.$$

10. 首先,我们有

$$\frac{a+b}{2+a+b} + \frac{b+c}{2+b+c} + \frac{c+a}{2+c+a} \geqslant \frac{(\sqrt{a+b}+\sqrt{b+c}+\sqrt{c+a})^2}{6+2(a+b+c)}.$$

又

$$(\sqrt{a+b}+\sqrt{b+c}+\sqrt{c+a})^2$$
$$= 2(a+b+c)2(\sqrt{a^2+ab+ac+bc} + \sqrt{b^2+bc+ba+ca} + \sqrt{c^2+ca+cb+ab})$$
$$\geqslant 2(a+b+c) + 2(\sqrt{a^2+2a\sqrt{bc}+bc} + \sqrt{b^2+2b\sqrt{ca}+ca} + \sqrt{c^2+2c\sqrt{ab}+ab})$$
$$= 3(a+b+c) + a + b + c + 2(\sqrt{ab}+\sqrt{bc}+\sqrt{ca})$$
$$= 3(a+b+c) + (\sqrt{a}+\sqrt{b}+\sqrt{c})^2$$
$$= 9 + 3(a+b+c),$$

故

$$\frac{a+b}{2+a+b} + \frac{b+c}{2+b+c} + \frac{c+a}{2+c+a} \geqslant \frac{3}{2},$$

当 $a = b = c = 1$ 时取等号.

11. (1)若直线 l 的斜率不存在,则由对称性可得 $|AB| = |CD|$.

若直线 l 的斜率存在,则设直线 l 的方程为:$y=kx+b$,则由方程组

$$\begin{cases} y=kx+b, \\ x^2-y^2=1 \end{cases}$$

$$\Rightarrow (k^2-1)x^2+2kbx+b^2+1=0$$

$$\Rightarrow x_B+x_C=-\frac{2kb}{k^2-1},\quad x_B\cdot x_C=\frac{b^2+1}{k^2-1},$$

可得 B、C 中点的横坐标为 $x=-\frac{kb}{k^2-1}$.

由方程组

$$\begin{cases} y=kx+b, \\ x^2-y^2=0 \end{cases}$$

$$\Rightarrow (k^2-1)x^2+2kbx+b^2=0$$

$$\Rightarrow x_A+x_D=-\frac{2kb}{k^2-1},\quad x_A\cdot x_D=\frac{b^2}{k^2-1},$$

可得 A、D 中点的横坐标为 $x=-\frac{kb}{k^2-1}$.

所以 $|AB|=|CD|$.

(2)由

$$|AB|=|BC|=|CD|\Rightarrow |x_A-x_D|=3|x_B-x_C|$$

$$\Rightarrow (x_A-x_D)^2=9(x_B-x_C)^2$$

$$\Rightarrow (x_A+x_D)^2-4x_A\cdot x_D=9(x_B+x_C)^2-36x_B\cdot x_C$$

$$\Rightarrow \frac{32k^2b^2}{(k^2-1)^2}-\frac{36b^2}{k^2-1}+\frac{4b^2+4}{k^2-1}=0$$

$$\Rightarrow 8b^2+k^2-1=0,$$

又

$$S_{\triangle BOC}=\left|\frac{1}{2}(x_By_C-x_Cy_B)\right|=\left|\frac{1}{2}b(x_B-x_C)\right|$$

$$=\sqrt{\frac{b^2}{4}\cdot|(x_B+x_C)^2-4x_B\cdot x_C|}$$

$$=\sqrt{\frac{b^2}{4}\cdot\frac{4(b^2-k^2+1)}{(k^2-1)^2}}$$

$$=\frac{3}{8}.$$

所以,$\triangle BOC$ 的面积为定值 $\frac{3}{8}$.

加　试

一、如图 3,联结 PO、OB、OD、AD、BD,则由 PA、PB 为 $\odot O$ 的切线,知 $PB\perp OB$,PO

$\perp AB$，故

$$PB^2 = PE \cdot PO, \quad OB^2 = OE \cdot OP, \quad BE^2 = PE \cdot EO.$$

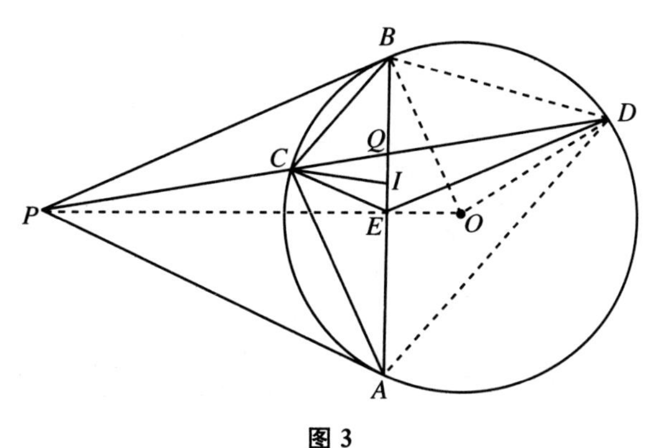

图 3

又 $PB^2 = PC \cdot PD = PE \cdot PO$，故 C、D、O、E 四点共圆，所以$\angle CEP = \angle CDO$.

又由 $OB = OD$，知 $OD^2 = OE \cdot OP$，$\angle DOE = \angle POD$，所以$\triangle DOE \backsim \triangle POD$，故

$$\angle DEO = \angle PDO = \angle CEP, \quad \angle CPE = \angle EDO.$$

又 $PO \perp AB$，知$\angle CEI = \angle DEI$，于是$\triangle CPE \backsim \triangle ODE$，从而 $CE \cdot DE = PE \cdot EO$，

$$CE \cdot DE = BE^2 = AE^2.$$

又$\angle CEA = \angle AED$，知$\triangle CEA \backsim \triangle AED$，从而$\angle ACE = \angle DAE = \angle DCB$. 结合 CI 平分$\angle ACB$，知$\angle ECI = \angle QCI$. 因此 I 为$\triangle CDE$ 的内心.

二、（法一）

$$\frac{1}{1+x^2} + \frac{1}{1+y^2} + \frac{1}{1+z^2} = 2$$

$$\Rightarrow (1+x^2)(1+y^2) + (1+y^2)(1+z^2) + (1+z^2)(1+x^2)$$

$$= 2(1+x^2)(1+y^2)(1+z^2)$$

$$\Rightarrow 1 = x^2y^2 + y^2z^2 + z^2x^2 + 2x^2y^2z^2$$

$$\Rightarrow 4 = 4x^2y^2 + 4y^2z^2 + 4z^2x^2 + 8x^2y^2z^2$$

$$\Rightarrow 4 = (2xy)^2 + (2yz)^2 + (2zx)^2 + 2xy \cdot 2yz \cdot 2zx.$$

令 $2xy = a$，$2yz = b$，$2zx = c$，则 $0 < a$、b、$c < 2$，于是

$$a^2 + b^2 + c^2 + abc = 4$$

$$\Rightarrow (a+b+c)^2 - 2(ab+bc+ca) + abc = 4$$

$$\Rightarrow (a+b+c)^2 - (2-a)(2-b)(2-c) - 4(a+b+c) + 4 = 0$$

$$\Rightarrow (a+b+c)^2 - 4(a+b+c) + 4 = (2-a)(2-b)(2-c)$$

$$\leqslant \left(\frac{2-a+2-b+2-c}{3}\right)^3 = \left(2 - \frac{a+b+c}{3}\right)^3.$$

令 $t = a + b + c$，则

$$(t-2)^2 \leqslant \left(2 - \frac{t}{3}\right)^3$$

$$\Rightarrow (t+6)^2(t-3) \leqslant 0$$
$$\Rightarrow a+b+c \leqslant 3$$
$$\Rightarrow \frac{xy}{x^2y^2+1} = \frac{2a}{a^2+4} = \frac{2a}{a^2+1+1+1+1}$$
$$\leqslant \frac{2a}{5\sqrt[5]{a^2}} = \frac{2}{5}\sqrt[5]{a^3} = \frac{2}{5}\sqrt[5]{1 \cdot 1 \cdot a \cdot a \cdot a}$$
$$\leqslant \frac{2}{25}(3a+2).$$

同理可得

$$\frac{yz}{y^2z^2+1} \leqslant \frac{2}{25}(3b+2), \quad \frac{zx}{z^2x^2+1} \leqslant \frac{2}{25}(3c+2).$$

所以

$$\frac{xy}{x^2y^2+1} + \frac{yz}{y^2z^2+1} + \frac{zx}{z^2x^2+1} \leqslant \frac{2}{25}(3a+2+3b+2+3c+2)$$
$$= \frac{2}{25}(6+3(a+b+c)) \leqslant \frac{6}{5}.$$

当 $x=y=z=\frac{\sqrt{2}}{2}$时取等号.

(法二)由$\frac{1}{1+x^2}+\frac{1}{1+y^2}+\frac{1}{1+z^2}=2$,知

$$1 = \frac{x^2}{1+x^2} + \frac{y^2}{1+y^2} + \frac{z^2}{1+z^2} \geqslant \frac{(x+y+z)^2}{3+x^2+y^2+z^2}$$
$$\Rightarrow xy+yz+zx \leqslant \frac{3}{2}$$
$$\Rightarrow 0 \leqslant xy、yz、zx \leqslant \frac{3}{2}.$$

令 $f(t)=\frac{t}{1+t^2}$,则 $f'(t)=\frac{1-t^2}{(1+t^2)^2}$,当$0<t<1$时,$f'(t)>0$.

$f''(t)=\frac{-2t(3-t^2)}{(1+t^2)^3}$,当$0<t<\frac{3}{2}$时,$f''(t)<0$.根据琴生不等式,得

$$\frac{xy}{x^2y^2+1} + \frac{yz}{y^2z^2+1} + \frac{zx}{z^2x^2+1} \leqslant 3 \times \frac{\frac{xy+yz+zx}{3}}{\left(\frac{xy+yz+zx}{3}\right)^2+1}$$
$$\leqslant 3 \times \frac{\frac{1}{2}}{\left(\frac{1}{2}\right)^2+1} = \frac{6}{5}.$$

当 $x=y=z=\frac{\sqrt{2}}{2}$时取等号.

三、问题关键是找出 $f(n)$的表达式,为此我们先求 n 较小时的函数值,经计算可得

表 1.

表 1

n	1	2	3	4	5	6	7	8	9	10	11	12	13	14	15	16	17	18
$f(n)$	1	1	3	1	5	3	7	1	9	5	13	3	11	7	15	1	17	9

把它们的前 n 个表示成二进制，可得表 2.

表 2

n	1	10	11	100	101	110	111	1000	1001	1010
$f(n)$	1	01	11	001	101	011	111	0001	1001	0101

从上面的表中可看出，$f(n)$为奇数.

我们猜想，当 $n=(\overline{a_1a_2a_3\cdots a_k})_2$时，$f(n)=(\overline{a_ka_{k-1}\cdots a_1})_2$，即 $f(n)$是把 n 的二进制倒过来写.下面用数学归纳法证明之.

当 $n=1$、2 时，由上表可得命题成立.

假设当 $n<l$ 时，命题成立.考察 $n=l$ 时的情形.

若 l 为偶数，设 $l=(\overline{a_1a_2a_3\cdots a_k0})_2$，由条件(1)，得

$$f(l)=f((\overline{a_ka_{k-1}\cdots a_10})_2)=(\overline{a_1a_2\cdots a_k})_2=(\overline{0a_1a_2\cdots a_k})_2.$$

若 $l=4m+1$，设 $l=(\overline{a_k\cdots a_101})_2$，由条件(2)可得，

$$f(l)=2f((\overline{a_k\cdots a_11})_2)-f((\overline{a_k\cdots a_1})_2)=(\overline{10a_1\cdots a_k})_2$$

若 $l=4m+3$，设 $l=(\overline{a_k\cdots a_111})_2$，由条件(3)可得，

$$f(l)=3f((\overline{a_k\ldots a_111})_2)-2f((\overline{a_k\ldots a_1})_2)=(\overline{11a_1\cdots a_k})_2.$$

从而猜测得证.

下面求满足 $f(n)=n$ 且 $n\leqslant 2015$ 的解的个数，先将 2015 化成二进制，得 $2015=(\overline{11111011111})_2$，它是一个 11 位数.显然，在所有的 r 位二进制中(前位与末位必须是 1).颠倒数字后值仍不变的恰有 $2^{[\frac{r-1}{2}]}$ 个.因此，在一位数到 10 位数中，满足 $f(n)=n$ 的 n 有 $\sum\limits_{r=0}^{10}2^{[\frac{r-1}{2}]}=2\sum\limits_{r=0}^{4}2^r=62$ 个.在 11 位数中有 $2^{[\frac{10}{2}]}=32$ 个，但其中有且仅有 1 个大于 2015，它是$(11111111111)_2$.

因此满足 $f(n)=n$ 且 $n\leqslant 2015$ 的 n 的值有 $62+32-1=93$ 个.

四、图 G 中最多有 27 个三角形.

首先，我们来证明一个引理.

引理 在一个含 n 个点的空间图中不存在三角形，则其边数不超过$\left[\dfrac{n^2}{4}\right]$.

引理的证明 设这 n 个点为 $A_1,A_2,\cdots,A_n$，其中从 A_1引出的边数最多，不妨设共有 k

条:A_1A_n,A_1A_{n-1},…,A_1A_{n-k+1},根据条件不存在三角形,则 A_n,A_{n-1},…,A_{n-k+1}之间没有边相连.从而空间图中每条边均至少有一个端点为 A_1,A_2,…,A_{n-k}中的点,而每个 $A_i(1\leqslant i\leqslant n-k)$至多引出 k 条边,因此边数至多有$(n-k)k\leqslant\left[\frac{n^2}{4}\right]$.

然后我们用反证法来证明:空间 9 点集 M 中,若任意 4 点不共面,若这个图中已有 28 个三角形,则至少有一个四面体.

假设不存在一个四面体,在 9 点集 $M=\{A_1,A_2,\cdots,A_9\}$中,由抽屉原理得,其中必有一点为至少$\left[\frac{28\times 3}{9}\right]+1=10$ 个三角形的顶点.从而,由这个点至少引出 5 条边,设这个点为 A_1.

(1)若从点 A_1引出 5 条边 A_1A_2、A_1A_3、A_1A_4、A_1A_5、A_1A_6,依题意得,由于没有四面体,那么由 A_2、A_3、A_4、A_5、A_6这 5 个点构成的子图中没有三角形,由引理可得,这个子图中至多有 6 条边.从而,以点 A_1为顶点的三角形至多有 6 个,矛盾.

(2)若从点 A_1引出 6 条边 A_1A_2、A_1A_3、A_1A_4、A_1A_5、A_1A_6、A_1A_7,依题意得,由于没有四面体,那么由 A_2、A_3、A_4、A_5、A_6、A_7这 6 个点构成的子图中没有三角形,由引理可得,这个子图中至多有 9 条边.从而,以点 A_1为顶点的三角形至多有 9 个,矛盾.

(3)若从点 A_1引出 7 条边 A_1A_2、A_1A_3、A_1A_4、A_1A_5、A_1A_6、A_1A_7、A_1A_8,依题意得,由于没有四面体,那么由 A_2、A_3、A_4、A_5、A_6、A_7、A_8这 7 个点构成的子图中没有三角形,由引理可得,这个子图中至多有 12 条边.从而,以点 A_1为顶点的三角形至多有 12 个,不以 A_1为顶点的三角形必以 A_9为顶点,类似地也至多有 12 个三角形,那么三角形总数不超过 $12+12=24<28$,矛盾.

(4)若从点 A_1引出 8 条边 A_1A_2、A_1A_3、A_1A_4、A_1A_5、A_1A_6、A_1A_7、A_1A_8、A_1A_9,依题意得,由于没有四面体,那么由 A_2、A_3、A_4、A_5、A_6、A_7、A_8、A_9这 8 个点构成的子图中没有三角形,由引理可得,这个子图中至多有 16 条边.从而,原图中至多有 16 个三角形,矛盾.

因此,满足要求的三角形至多有 27 个.

最后构造在这个 9 点集的图中,存在 27 个三角形的情况.

将这个 9 点集分成三组:$\{A_1,A_2,A_3\}$、$\{A_4,A_5,A_6\}$、$\{A_7,A_8,A_9\}$,使得同组中任意两点不连线,而不同组的两点均连线,这样有 $3\times3\times3=27$ 个三角形,而没有四面体.

宋红军　编拟

浙江省富阳中学

《学数学》高中数学竞赛训练题(6)

一　试

一、填空题(每小题8分,共64分)

1. 已知集合 $A=\{1,2,3,4,5,6,7\}$,对 $X\subseteq A$,定义 $S(X)$ 为 X 中所有元素之和,特别地,$S(\varnothing)=0$. 则全体 $S(X)$ 的总和 $S=$________.

2. 函数 $f(x)=\dfrac{\lg x\cdot\lg x^2+\lg x^3+3}{\lg^2 x+\lg x^2+2}(x>0)$ 的最大值为________.

3. 关于的 x 方程 $\dfrac{1}{4}\log_2 x=\sin(5\pi x)$ 共有________个实根.

4. 对于任意的实数数列 $A=(a_1,a_2,a_3,\cdots)$,定义 ΔA 为数列 $(a_2-a_1,a_3-a_2,a_4-a_3,\cdots)$,其中第 n 项为 $a_{n+1}-a_n$. 若 $\Delta(\Delta A)$ 的所有项均为1,$a_{20}=a_{15}=0$,则 $a_1=$________.

5. 如图1,在直三棱柱 $A_1B_1C_1-ABC$ 中,平面 $A_1BC\perp$ 平面 ABB_1A_1,且 $AC=\sqrt{3}AA_1$,则 AC 与平面 A_1BC 所成角 θ 的取值范围是________.

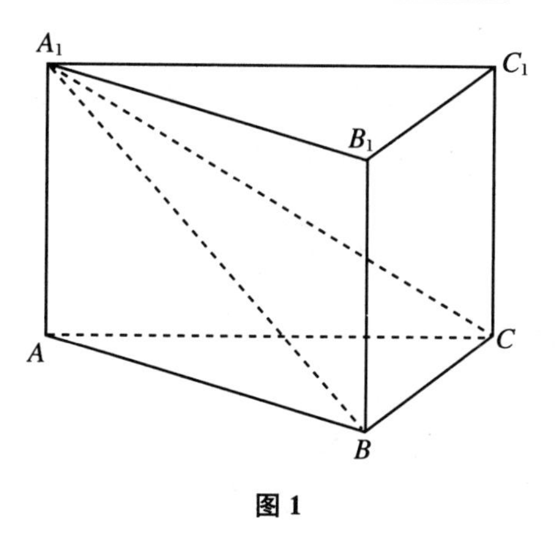

图1

6. 实数 a、b 满足不等式 $b^3+b\leqslant a-a^3$,则 $a+b$ 的最大值为________.

7. 已知 y 轴上有一定点 $A(0,p)$,x 轴上有两相异动点 M、N(M 在 N 左侧),使得 $\triangle AMN$ 的外心 O 在抛物线 $x^2=2py(p>0)$ 上,记 $|AM|=l_1$,$|AN|=l_2$,则 $\dfrac{l_1}{l_2}+\dfrac{l_2}{l_1}$ 的最大

值为________.

8. 一种单人纸牌游戏，其规则如下：将7对不相同的纸牌放入一个书包中，游戏者每次随机地从书包中抽牌并放回，不过当抽到成对的牌时，就将成对的牌放到一边，如果游戏者每次总取三张牌(所剩的若不够三张牌就全部取完即可)，若抽到三张牌中两两互不成对，游戏就结束，否则抽牌继续进行直到书包中没有纸牌为止. 则书包空的概率为________.

二、解答题(共56分)

9.(16分)设实数 $a \geqslant 2$，方程 $x^2 - ax + 1 = 0$ 的两根是 x_1、x_2，$S_n = x_1^n + x_2^n$($n = 1,2,\cdots$). 求出 a 的所有值，使得$\dfrac{S_1}{S_2} + \dfrac{S_2}{S_3} + \cdots + \dfrac{S_n}{S_{n+1}} > n - 1$($n = 1,2,\cdots$).

10.(20分)过点 $A(-4, m)$ 作直线 l 交椭圆$\dfrac{x^2}{4} + \dfrac{y^2}{3} = 1$于点 B、C. 点 Q 在弦 BC 上，且满足$\dfrac{BQ}{QC} = \dfrac{AB}{AC}$.

(1)求 $m = 0$ 时，点 Q 的轨迹；

(2)当 A 点变化时，证明点 Q 的轨迹恒过一个定点.

11.(20分)求所有复数 a($a \neq 0$)、b，使得对方程 $z^4 - az^3 - bz - 1 = 0$ 的每一个复根 ω 都有不等式 $|a - \omega| \geqslant |\omega|$ 成立.

加　试

一、(40分)已知四边形 $ABCD$ 为圆内接四边形，设点 E、F、G、H 分别为边 AB、BC、CD、DA 的中点. 设$\triangle AHE$、$\triangle BEF$、$\triangle CFG$、$\triangle DGH$ 的垂心分别为点 W、X、Y、Z，证明：四边形 $WXYZ$ 的面积与四边形 $ABCD$ 的面积相等.

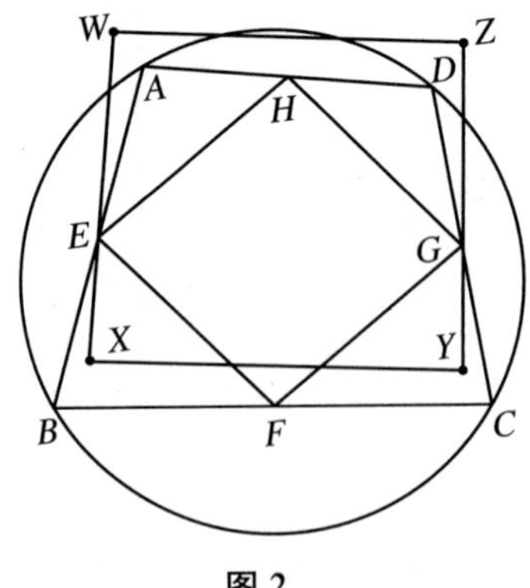

图2

二、(40分)已知至少含有3个元素的正整数集合 A 满足如下条件：如果移去 A 中任意

一个元素，剩下的元素构成的集合可以分划成为两个元素之和相等的子集．求 $|A|$ 的最小值．

三、(50分)证明：对任意的正实数 $a_1,a_2,\cdots,a_n(n\geqslant 3)$，有

$$\frac{a_1}{a_2+a_3}+\frac{a_2}{a_3+a_4}+\cdots+\frac{a_n}{a_1+a_2}\geqslant(\sqrt{2}-1)n.$$

四、(50分)试判断满足 $(n!+1)\mid(2015n)!$ 的所有正整数 n 构成的集合是有限集还是无限集，并给出证明．

参考答案

一　试

一、填空题

1．1792．

对集合 A 中任意一个元素，都恰出现在 A 的 2^6 个子集里，故全体 $S(X)$ 的总和 $S=(1+2+\cdots+7)\cdot 2^6=1792$．

2．$\frac{5}{2}$．

设 $t=\lg x$，则 $f(x)=F(t)=\frac{2t^2+3t+3}{t^2+2t+2}$，由判别式法可得 $F(t)$ 的最大值为 $\frac{5}{2}$，即当 $x=\frac{1}{100}$时，$f(x)$取最大值$\frac{5}{2}$．

3．79．

由$\frac{1}{4}\log_2 x=1$，得 $x=16$．故交点在区间$[0,16]$之内．函数 $y=\sin(5\pi x)$的周期为$\frac{2}{5}$，区间$[0,16]$恰由 $16\div\frac{2}{5}=40$ 个周期组成，每个周期是恰有 2 个交点，唯独第三个周期仅有一个交点$(1,0)$．所以满足$\frac{1}{4}\log_2 x=\sin(5\pi x)$的实数 x 共有 79 个．

4．133．

设数列 ΔA 的第一项为d，则数列 ΔA 为$(d,d+1,d+2,\cdots)$，其中第 n 项为$d+(n-1)$．因此数列 A 可写成$a_n=a_1+(n-1)d+\frac{1}{2}(n-1)(n-2)$，这说明 a_n 是关于n 的二次多项式，且最高次项系数为$\frac{1}{2}$．因 $a_{20}=a_{15}=0$，故必有 $a_n=\frac{1}{2}(n-15)(n-20)$，从而 a_1

$=133$.

5. $(0^\circ, 30^\circ)$.

如图3，作 $AD \perp A_1B$ 于 D，则 $AD \perp$ 平面 A_1BC，所以 $\angle ACD = \theta$. 设 $AA_1 = a$，$AB = x$，则 $AD = \dfrac{ax}{\sqrt{a^2+x^2}} = \sqrt{3}a \cdot \sin\theta$，故 $x^2 = \dfrac{3a^2\sin^2\theta}{1-3\sin^2\theta}$. 易证 $BC \perp$ 面 A_1ABB_1，故 $\angle CBA = 90^\circ$，从而 $AB < AC$，即 $x < \sqrt{3}a$，于是 $0 < \dfrac{3a^2\sin^2\theta}{1-3\sin^2\theta} < 3a^2$，解得 $\sin\theta < \dfrac{1}{2}$.

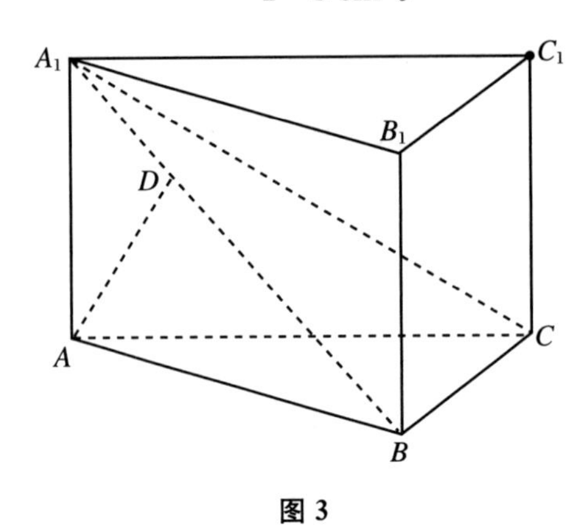

图 3

又 $0^\circ < \theta < 90^\circ$，所以 $0^\circ < \theta < 30^\circ$.

6. $\sqrt[4]{\dfrac{4}{3}}$.

设 $a+b=c$，则

$$(c-a)^3 + c - a \leqslant a - a^3 \Leftrightarrow 3ca^2 - (3c^2+2)a + c^3 + c \leqslant 0.$$

如果 $c > 0$，那么

$$0 \leqslant \Delta = (3c^2+2)^2 - 12c(c^3+c) = 4 - 3c^4 \Rightarrow c \leqslant \sqrt[4]{\frac{4}{3}}.$$

当且仅当 a 是对应的二次方程的根时，等号成立. 所以 $a+b$ 的最大值为 $\sqrt[4]{\dfrac{4}{3}}$.

7. $2\sqrt{2}$.

设 $O(x_0, y_0)$，则圆 O 的方程为

$$(x-x_0)^2 + (y-y_0)^2 = x_0^2 + (y_0-p)^2,$$

由 $y=0$，得 $M(x_0-p, 0)$、$N(x_0+p, 0)$. 从而 $|MN| = 2p$. 所以

$$l_1 = \sqrt{p^2 + (x_0-p)^2}, \quad l_2 = \sqrt{p^2 + (x_0+p)^2},$$

则

$$\frac{l_1}{l_2}+\frac{l_2}{l_1}=\frac{l_1^2+l_2^2}{l_1l_2}=\frac{2x_0^2+4p^2}{\sqrt{x_0^4+4p^4}}\leqslant 4\cdot\frac{\sqrt{\frac{x_0^4+4p^4}{2}}}{\sqrt{x_0^4+4p^4}}=2\sqrt{2},$$

当 $x_0=2p^2$ 取等号. 从而$\frac{l_1}{l_2}+\frac{l_2}{l_1}$的最大值为 $2\sqrt{2}$.

8. $\frac{27}{5005}$.

设 $P(n)$是开始时书包有 n 对互不相同的牌,按本题规则抽牌而使书包空的概率,则 $P(2)=1$. 设书包中有 n 对互不相同的牌,其中整数 $n\geqslant 2$,则前三张牌中有两张成对的概率为$\frac{C_n^1C_{2n-2}^1}{C_{2n}^3}=\frac{3}{2n-1}$. 由此可知

$$P(n)=\frac{3}{2n-1}P(n-1)\ (n\geqslant 3).$$

反复利用这个递推公式,有

$$P(n)=\frac{3}{2n-1}\cdot\frac{3}{2n-3}\cdot\cdots\cdot\frac{3}{5}P(2),$$

从而 $P(7)=\frac{27}{5005}$.

二、解答题

9. 首先我们断言数列$\left\{\frac{S_n}{S_{n+1}}\right\}$是单调不增的,事实上由题可知 x_1、$x_2>0$,且 $x_1x_2=1$,故

$$\frac{S_{n-1}}{S_n}\geqslant\frac{S_n}{S_{n+1}}\Leftrightarrow(x_1^{n-1}+x_2^{n-1})(x_1^{n+1}+x_2^{n+1})\geqslant(x_1^n+x_2^n)^2$$

$$\Leftrightarrow x_1^{n-1}x_2^{n+1}+x_2^{n-1}x_1^{n+1}\geqslant 2x_1^nx_2^n$$

$$\Leftrightarrow(x_1x_2)^{n-1}(x_1-x_2)^2\geqslant 0,$$

这显然成立.

由此,$n\cdot\frac{S_1}{S_2}\geqslant\frac{S_1}{S_2}+\frac{S_2}{S_3}+\cdots+\frac{S_n}{S_{n+1}}>n-1\Rightarrow\frac{S_1}{S_2}>1-\frac{1}{n}$,两边对 n 取极限,可得$\frac{S_1}{S_2}\geqslant 1$.

另一方面,使用韦达定理,有 $S_1=a$,$S_2=a^2-2$,所以

$$\frac{a}{a^2-2}\geqslant 1\Leftrightarrow\frac{(a+1)(a-2)}{a^2-2}\leqslant 0,$$

注意到 $a\geqslant 2$,故 $a=2$. 当 $a=2$ 时,则 $x_1=x_2=1$,$S_n=2(n=1,2,\cdots)$,从而

$$\frac{S_1}{S_2}+\frac{S_2}{S_3}+\cdots+\frac{S_n}{S_{n+1}}=n>n-1.$$

这表明 $a=2$.

10. 设直线 l 的参数方程为$\begin{cases} x=-4+t\cos\theta, \\ y=m+t\sin\theta \end{cases}$（$t$ 为参数）. 代入椭圆方程，并整理得

$$(3\cos^2\theta+4\sin^2\theta)t^2+(8m\sin\theta-24\cos\theta)t+4m^2+36=0. \qquad ①$$

所以

$$t_1+t_2=\frac{24\cos\theta-8m\sin\theta}{3\cos^2\theta+4\sin^2\theta},\quad t_1t_2=\frac{4m^2+36}{3\cos^2\theta+4\sin^2\theta}. \qquad ②$$

设 $AB=t_1,AC=t_2,AQ=t$，则由$\frac{BQ}{QC}=\frac{AB}{AC}$，得$\frac{t-t_1}{t_2-t}=\frac{t_1}{t_2}$，整理得 $t(t_1+t_2)=2t_1t_2$. 将式②代入可知

$$t(24\cos\theta-8m\sin\theta)=2(4m^2+36),$$

解得

$$t=\frac{m^2+9}{3\cos\theta-m\sin\theta}.$$

代入直线 l 的参数方程，得点 Q 的轨迹的参数方程为

$$\begin{cases} x=-4+\dfrac{m^2+9}{3\cos\theta-m\sin\theta}\cdot\cos\theta, \\ y=m+\dfrac{m^2+9}{3\cos\theta-m\sin\theta}\cdot\sin\theta \end{cases}（\theta 为参数）.$$

消去 θ，得 $my-3(x+1)=0$.

(1)当 $m=0$ 时，点 Q 的轨迹方程为$\begin{cases} x=-1, \\ y=3\tan\theta. \end{cases}$ 而当 $m=0$ 时，式①作为 t 的二次方程，要有两不等根，由判别式恒大于零可得 $\tan\theta\in\left(-\frac{1}{2},\frac{1}{2}\right)$，从而 $y\in\left(-\frac{3}{2},\frac{3}{2}\right)$，故点 Q 的轨迹为直线 $x=-1$ 被椭圆截下的弦（不含端点）.

(2)当点 A 变化也即 m 变化时，点 Q 的轨迹恒过定点$(-1,0)$.

11. 设 $z_k(1\leqslant k\leqslant 4)$是给定方程的根. 利用韦达定理，有

$$z_1+z_2+z_3+z_4=a,\quad z_1^2+z_2^2+z_3^2+z_4^2=a^2.$$

设 $u_k=\frac{2z_k}{a}=x_k+\mathrm{i}y_k(1\leqslant k\leqslant 4,x_k、y_k\in\mathbf{R})\Rightarrow u_k^2=x_k^2-y_k^2+2\mathrm{i}x_ky_k$，则

$$x_1+x_2+x_3+x_4=2, \qquad ①$$

$$x_1^2+x_2^2+x_3^2+x_4^2=4+y_1^2+y_2^2+y_3^2+y_4^2. \qquad ②$$

另一方面，有

$$|a-z_k|\geqslant|z_k|\Leftrightarrow|2-u_k|\geqslant|u_k|(2-x_k)^2+y_k^2\geqslant x_k^2+y_k^2\Leftrightarrow x_k\leqslant 1.$$

由等式①有，$x_k \geqslant -1 \Rightarrow x_k^2 \leqslant 1$，与等式②联立，可得 $x_k = \pm 1, y_k = 0$. 所以等式①表明 $x_k(1 \leqslant k \leqslant 4)$中，有三个等于1，第四个等于$-1$.

假设 $z_1 = z_2 = z_3 = -z_4$，则 $z_1 z_2 z_3 z_4 = -1 \Rightarrow z_1 = \pm 1, \pm \mathrm{i}$. 因此可得

$$(a,b)=(2,-2),(-2,2),(2\mathrm{i},2\mathrm{i}),(-2\mathrm{i},-2\mathrm{i}).$$

加　　试

一、先证明一个引理.

引理　如图4，点 O、H 分别为$\triangle ABC$ 的外心、垂心，点 M 为边 BC 的中点，则 $AH = 2OM$.

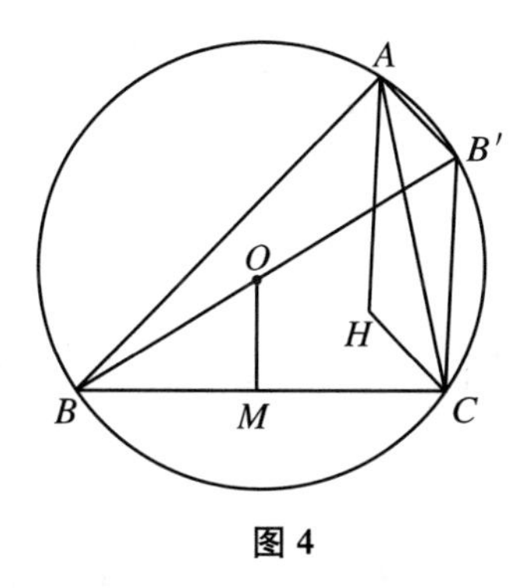

图4

引理的证明　过点 B 作圆 O 的直径 BB'，则易知 $AB' \perp AB$，$CB' \perp CB$，从而四边形 $AHCB'$为平行四边形，即 $AH = CB'$. 另一方面，在$\triangle BCB'$中，OM 为中位线，故 $AH = CB' = 2OM$.

回到原题.设$\triangle ABD$ 的外心为O，BD 的中点为M，$\triangle AHE$ 的外心为O_A，EH 的中点为M_A，由引理有 $AW \perp EH$，且 $AW = 2O_AM_A$. 又 E、H 分别为 AB、AD 中点，故 $OM = 2O_AM_A$，$EH /\!/ BD$，从而有 $AW = OM$，且 $AW \perp BD$. 同理，对$\triangle CFG$ 与$\triangle CBD$ 而言，有 $CY = OM$，且 $CY \perp BD$，故 $AW /\!/ CY$，且 $AW = CY$，由此可得四边形 $AWYC$ 为平行四边形，从而 $WY = AC$，$WY /\!/ AC$. 同理可得 $XZ = BD$，$XZ /\!/ BD$，借助四边形的面积公式可得 $S_{\text{四边形}ABCD} = S_{\text{四边形}WXYZ}$.

二、设 $A = \{a_1, a_2, \cdots, a_n\}$是一个满足条件的集合，设 $S = a_1 + a_2 + \cdots + a_n$，由已知条件可知，$S - a_i(i = 1,2,\cdots,n)$是偶数. 假设 S 是偶数，则所有数 $a_i(i = 1,2,\cdots,n)$是偶数. 设 $a_i = 2b_i(i = 1,2,\cdots,n)$，则不难看出集合 $B = \{b_1, b_2, \cdots, b_n\}$也满足条件. 所以不妨假设 S 是奇数，从而 $a_1, a_2, \cdots, a_n$ 以及n 均为奇数.

下面我们来证明$|A|$的最小值为7.

一方面,7 元集合$\{1,3,5,7,9,11,13\}$满足题中条件. 另一方面,显然三元集合不满足题中条件,下面证明五元集合均不满足题中条件. 若 $A=\{a_1,a_2,a_3,a_4,a_5\}$满足条件,且 $a_1<a_2<a_3<a_4<a_5$. 考虑集合 $A\backslash\{a_1\}$,我们得到 $a_2+a_5=a_3+a_4$ 或者 $a_2+a_3+a_4=a_5$. 考虑集合 $A\backslash\{a_2\}$,我们得到 $a_1+a_5=a_3+a_4$ 或者 $a_1+a_3+a_4=a_5$. 容易验证,结合起来共四种情况均不成立. 综上可知$|A|$的最小值为 7.

三、原不等式等价于

$$\frac{a_1+a_2+a_3}{a_2+a_3}+\frac{a_2+a_3+a_4}{a_3+a_4}+\cdots+\frac{a_n+a_1+a_2}{a_1+a_2}\geqslant\sqrt{2}n,$$

故只需证明

$$\frac{a_1+a_2+a_3}{a_2+a_3}\cdot\frac{a_2+a_3+a_4}{a_3+a_4}\cdot\cdots\cdot\frac{a_n+a_1+a_2}{a_1+a_2}\geqslant(\sqrt{2})^n \qquad ①$$

即可.

注意到

$$(a_i+a_{i+1}+a_{i+2})^2=\left(a_i+\frac{a_{i+1}}{2}+\frac{a_{i+1}}{2}+a_{i+2}\right)^2\geqslant4\left(a_i+\frac{a_{i+1}}{2}\right)\left(\frac{a_{i+1}}{2}+a_{i+2}\right),$$

从而有

$$\begin{aligned}\prod_{i=1}^{n}(a_i+a_{i+1}+a_{i+2})^2&\geqslant\prod_{i=1}^{n}(2a_i+a_{i+1})\prod_{i=1}^{n}(a_{i+1}+2a_{i+2})\\&\geqslant\prod_{i=1}^{n}(2a_i+a_{i+1})\prod_{i=1}^{n}(a_i+2a_{i+1})\\&\geqslant\prod_{i=1}^{n}2(a_i+a_{i+1})^2=2^n\prod_{i=1}^{n}(a_i+a_{i+1})^2,\end{aligned}$$

此即式①.

四、注意到$(n!)^{2015}\mid(2015n)!$,$(n!,n!+1)=1$,则$(n!)^{2016}+(n!)^{2015}\mid(2015n)!$. 设函数

$$f(n)=\frac{(2015n)!}{(n!)^{2016}+(n!)^{2015}},$$

则

$$f(n)\geqslant f(n+1)\Leftrightarrow(n+1)^{2015}\frac{(n+1)!+1}{n!+1}\geqslant(2015n+2015)(2015n+2014)\cdots(2015n+1),$$

注意到$\frac{(n+1)!+1}{n!+1}>n$,故

$$(2015n+2015)(2015n+2014)\cdots(2015n+1)<(2015n+2015)^{2015}=2015^{2015}(n+1)^{2015},$$

此式表明当 n 足够大时，函数 $f(n)$ 单调递减.

若存在无穷多个 n 使得 $f(n)$ 是整数，则必存在数列 $\{a_n\}$ 使得 $f(a_k)=f(a_{k+1})=\cdots$，从而有 $f(a_k)=f(a_k+1)=f(a_k+2)=\cdots$. 此即对任意的 $t>a_k$，有

$$\frac{(2015t+2015)!}{(t+1)!^{2016}+(t+1)!^{2015}}=\frac{(2015t)!}{(t!)^{2016}+(t!)^{2015}},$$

整理得 $(2015t+2015)(2015t+2014)\cdots(2015t+1)=(t+1)^{2015}\dfrac{(t+1)!+1}{t!+1}$.

注意到 $(t!+1,(t+1)!+1)=1$，故对任意的 $t>a_k$，有 $t!+1\mid(t+1)^{2015}$ 成立. 这与 $t!+1>(t+1)^{2015}$ 矛盾. 即满足要求的正整数 n 构成的是有限集.

石泽晖　编拟
吉林大学附属中学

《学数学》高中数学竞赛训练题(7)

一　试

一、填空题(每小题8分,共64分)

1. 已知$|z_1|=2,|z_2|=3,|z_1+z_2|=4$,则$\frac{z_1}{z_2}=$________.

2. 已知数列$\{a_n\}$满足$a_1=1,a_{20}=58$,且$a_{n+1}+a_{n-1}\leqslant 2a_n(n\geqslant 2)$,则$a_{10}$的最小值为________.

3. 求和$1+(1+(1+2))+(1+(1+2)+(1+2+3))+\cdots+(1+(1+2)+\cdots+(1+2+\cdots+n))=$________.

4. 一个几何体的三视图如图1所示,其中$\angle DBC=120^\circ$.则它的外接球半径为________.

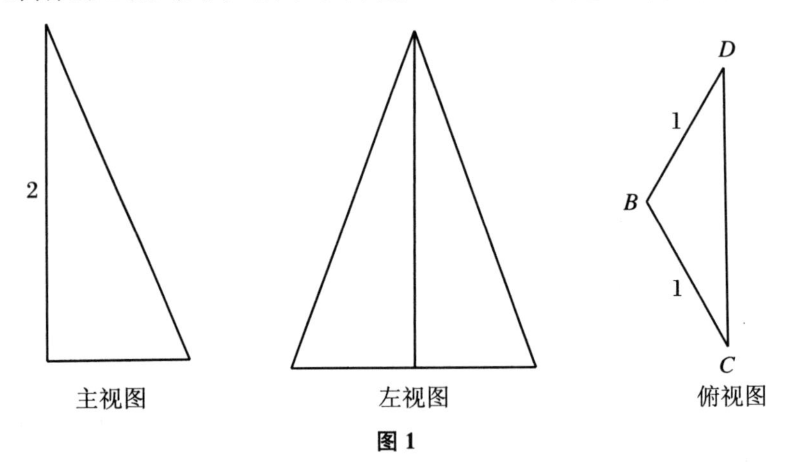

图1

5. 可导函数$f(x)$满足$x^2f'(x)+2xf(x)=\frac{e^x}{x},f(2)=\frac{e^2}{8}$,则$x>0$时,$f(x)$的单调递增区间为________.

6. 有7盏灯排成一行,用三种颜色将它们染色,使得相邻两灯颜色不同,并且每种颜色至少染两盏,不同的染色方法共有________种.

7. 设边长为1的正三角形ABC的边BC上有n等分点,沿B到C的方向,依次为P_1,$P_2,\cdots,P_{n-1}$.设$S_n=\overrightarrow{AB}\cdot\overrightarrow{AP_1}+\overrightarrow{AP_1}\cdot\overrightarrow{AP_2}+\cdots+\overrightarrow{AP_{n-1}}\cdot\overrightarrow{AC}$,则$S_n=$________.

8. 方程组

$$\begin{cases}3\left(x+\dfrac{1}{x}\right)=4\left(y+\dfrac{1}{y}\right)=5\left(z+\dfrac{1}{z}\right),\\ xy+yz+zx=1\end{cases}$$

的解为________.

二、解答题(共 56 分)

9.(16 分)已知 a、b、$c>0$,求 $\dfrac{a^3}{c(a^2+bc)}+\dfrac{b^3}{a(b^2+ca)}+\dfrac{c^3}{b(c^2+ab)}$ 的最小值.

10.(20 分)已知 A、$B\in(0,\pi)$,且 $\cos A+\cos B-\cos(A+B)=\dfrac{3}{2}$.求证:$A=B=\dfrac{\pi}{3}$.

11.(20 分)求经过点$(-1,-2)$与$(0,2)$,且以两直线 $x+y+2=0$、$x-y+2=0$ 为对称轴的二次曲线方程.

加　　试

一、(40 分)求所有的整数 m、n,使得 $mn\mid(3^m+1)$,$mn\mid(3^n+1)$.

二、(40 分)如图 2,圆 O 和圆 O'互相外切,自圆 O 上任一点 P 作 O'的切线 PA、PB,切点分别为 A、B,M、N 分别是 PA、PB 的中点,延长 MN 与圆 O 交于 C.求证:$OC\perp PA$.

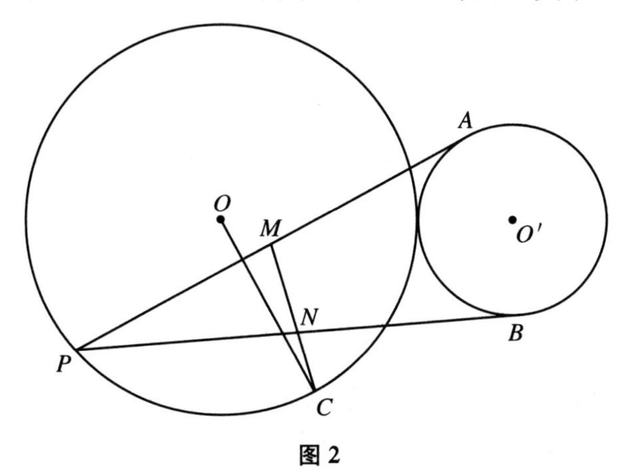

图 2

三、(50 分)已知集合 $S=\{1,2,\cdots,n\}$,对于集合 $A=\{a_1,a_2,\cdots,a_k\}\subseteq S(a_1>a_2>\cdots>a_k)$,记 $f(A)=a_1-a_3+a_5-a_7+\cdots$.求 $\sum\limits_{A\subseteq S}f(A)$.

四、(50 分)已知正整数 $n(n\geqslant 3)$.将正 n 边形 $P_1P_2\cdots P_n$ 的每条边和每条对角线标上一个不超过 r 的正整数,且满足:

(1)每个正整数 $1,2,\cdots,r$ 都出现在边或对角线所标的数中;

(2)每个三角形 $P_iP_jP_k$ 中,有两条边标的数相等,且大于第三边上标的数.

求:满足上述条件的最大整数 r,对于这个最大值 r,满足上述条件的标法有多少种?

参考答案

一　试

一、填空题

1. $\frac{1\pm\sqrt{15}}{6}$.

由

$$\begin{aligned}16=|z_1+z_2|^2&=(z_1+z_2)\overline{(z_1+z_2)}\\&=z_1\overline{z_1}+z_2\overline{z_1}+z_1\overline{z_2}+z_2\overline{z_2}\\&=4+z_2\overline{z_1}+z_1\overline{z_2}+9,\end{aligned}$$

得

$$z_2\overline{z_1}+z_1\overline{z_2}=3\Rightarrow z_2\cdot\frac{4}{z_1}+z_1\cdot\frac{9}{z_2}=3.$$

令$\frac{z_1}{z_2}=t$,则$\frac{4}{t}+9t=3$,得$9t^2-3t+4=0$.解得 $t=\frac{1\pm\sqrt{15}}{6}$,即$\frac{z_1}{z_2}=\frac{1\pm\sqrt{15}}{6}$.

2. 28.

由已知的不等式可知此数列任意连续三项满足“上凸”的关系,而a_1、a_{20}的值已经确定,则当$\{a_n\}$为等差数列时,a_{10}有最小值,于是由 $a_1=1$,$a_{20}=58$,解出公差为3,所以 a_{10}的最小值为28.

3. $\frac{1}{24}n(n+1)(n+2)(n+3)$.

$1+2+3+\cdots+n=C_1^1+C_2^1+C_3^1+\cdots+C_n^1=C_{n+1}^2$,

$1+(1+2)+\cdots+(1+2+\cdots+n)=C_2^2+C_3^2+C_4^2+\cdots+C_{n+1}^2=C_{n+2}^3$,

$1+(1+(1+2))+(1+(1+2)+(1+2+3))+\cdots+(1+(1+2)+\cdots+(1+2+\cdots+n))$

$=C_3^3+C_4^3+C_5^3+\cdots+C_{n+2}^3=C_{n+3}^4=\frac{1}{24}n(n+1)(n+2)(n+3)$.

4. $\sqrt{2}$.

该几何体与图3中的正六棱柱的外接球相同,于是所求半径为 $OA=\sqrt{2}$.

5. $(0,+\infty)$.

由已知得

$$(x^2f(x))'=\frac{e^x}{x}.$$

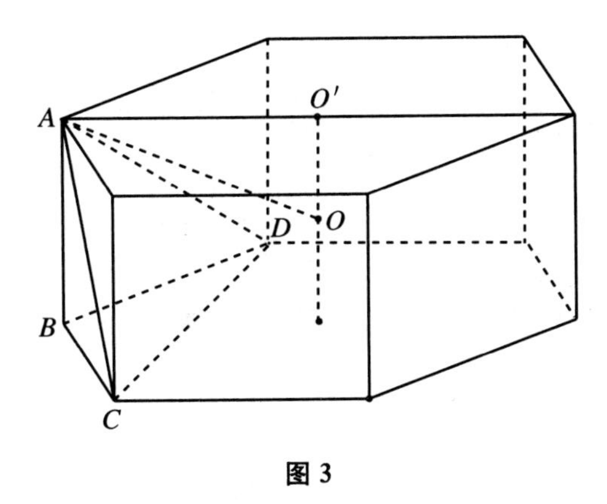

图 3

令

$$g(x)=x^2f(x),$$

则

$$g(2)=2^2f(2)=\frac{e^2}{2},\quad g'(x)=\frac{e^x}{x}.$$

$$f(x)=\frac{g(x)}{x^2}\ (x>0),\quad f'(x)=\frac{g'(x)\cdot x^2-2x\cdot g(x)}{x^4}=\frac{e^x-2g(x)}{x^3}.$$

令

$$h(x)=e^x-2g(x)\ (x>0),\quad h'(x)=e^x-2g'(x)=\frac{x-2}{x}\cdot e^x,$$

当 $0<x<2$ 时，$h'(x)<0$；当 $x>2$ 时，$h'(x)>0$. 于是 $h(x)\geqslant h(2)=e^2-2g(2)=0$. 即 $f'(x)\geqslant 0$，故 $f(x)$ 单调递增区间为 $(0,+\infty)$.

6. 114.

由于每种颜色至少染两盏灯，所以一定是某色染了 3 盏，另外两色染了两盏. 设三种颜色分别为 A、B、C，先挑一种颜色是染了三盏的有 C_3^1 种情况，不妨设为 C 染了三盏. 下面我们考虑同色不能相邻的情况. 利用容斥原理，先将两个 A、两个 B 排成一排，有 C_4^2 种排法，然后将 3 个 C 插空，有 C_5^3 种情况，然后减去两个 A 或两个 B 相邻的情况，再加上两个 A 且两个 B 相邻的情况即可.

于是总方法数为 $C_3^1\times(C_4^2C_5^3-2C_3^1C_4^3+C_2^1C_3^3)=114$ 种.

7. $\dfrac{5n^2-2}{6n}$.

记 $\overrightarrow{AB}=\overrightarrow{AP_0}$，$\overrightarrow{AC}=\overrightarrow{AP_n}$，则

$$\begin{aligned}\overrightarrow{AP_{k-1}}\cdot\overrightarrow{AP_k}&=\left(\overrightarrow{AB}+\frac{k-1}{n}\overrightarrow{BC}\right)\cdot\left(\overrightarrow{AB}+\frac{k}{n}\overrightarrow{BC}\right)\\&=\overrightarrow{AB}^2+\frac{2k-1}{n}\overrightarrow{AB}\cdot\overrightarrow{BC}+\frac{k(k-1)}{n^2}\overrightarrow{BC}^2\quad(k=1,2,\cdots,n).\end{aligned}$$

于是

$$S_n = n\overrightarrow{AB}^2 + n\overrightarrow{AB}\cdot\overrightarrow{BC} + \frac{n^2-1}{3n}\overrightarrow{BC}^2 = n - \frac{n}{2} + \frac{n^2-1}{3n} = \frac{5n^2-2}{6n}.$$

8. $x=\frac{1}{3},y=\frac{1}{2},z=1$ 或 $x=-\frac{1}{3},y=-\frac{1}{2},z=-1$.

由第一个式子知 x、y、z 同号,先考虑它们都是正数的情况.令 $x=\tan\frac{\alpha}{2},y=\tan\frac{\beta}{2},z=\tan\frac{\gamma}{2}$,$\alpha$、$\beta$、$\gamma\in(0,\pi)$,由

$$\tan\frac{\theta}{2}+\cot\frac{\theta}{2}=\frac{\sin\frac{\theta}{2}}{\cos\frac{\theta}{2}}+\frac{\cos\frac{\theta}{2}}{\sin\frac{\theta}{2}}=\frac{1}{\sin\frac{\theta}{2}\cos\frac{\theta}{2}}=\frac{2}{\sin\theta},$$

知

$$\frac{3}{\sin\alpha}=\frac{4}{\sin\beta}=\frac{5}{\sin\gamma}.$$

第二个式子为

$$\tan\frac{\alpha}{2}\tan\frac{\beta}{2}+\tan\frac{\beta}{2}\tan\frac{\gamma}{2}+\tan\frac{\gamma}{2}\tan\frac{\alpha}{2}=1$$

$$\Rightarrow\tan\frac{\gamma}{2}=\frac{1-\tan\frac{\alpha}{2}\tan\frac{\beta}{2}}{\tan\frac{\alpha}{2}+\tan\frac{\beta}{2}}=\cot\left(\frac{\alpha}{2}+\frac{\beta}{2}\right)=\tan\left(\frac{\pi}{2}-\left(\frac{\alpha}{2}+\frac{\beta}{2}\right)\right),$$

而$\frac{\gamma}{2}\in\left(0,\frac{\pi}{2}\right),\frac{\pi}{2}-\left(\frac{\alpha}{2}+\frac{\beta}{2}\right)\in\left(0,\frac{\pi}{2}\right)$,于是$\frac{\gamma}{2}=\frac{\pi}{2}-\left(\frac{\alpha}{2}+\frac{\beta}{2}\right)$,即 $\alpha+\beta+\gamma=\pi$.

所以,α、β、γ 是某三角形的三个内角,且三边之比为 3 : 4 : 5,于是 $\sin\alpha=\frac{3}{5},\sin\beta=\frac{4}{5},\sin\gamma=1$,所以 $x=\tan\frac{\alpha}{2}=\frac{1}{3},y=\tan\frac{\beta}{2}=\frac{1}{2},z=\tan\frac{\gamma}{2}=1$.若 x、y、z 均为负数,类似可得 $x=-\frac{1}{3},y=-\frac{1}{2},z=-1$.

即原方程组的解为 $x=\frac{1}{3},y=\frac{1}{2},z=1$ 或 $x=-\frac{1}{3},y=-\frac{1}{2},z=-1$.

二、解答题

9. 由柯西不等式得左边$\geqslant\frac{(a^{\frac{3}{2}}+b^{\frac{3}{2}}+c^{\frac{3}{2}})^2}{2(ca^2+bc^2+ab^2)}$.

又因为

$$(a^{\frac{3}{2}}+b^{\frac{3}{2}}+c^{\frac{3}{2}})^2$$

$= a^3+b^3+c^3+2a^{\frac{3}{2}}b^{\frac{3}{2}}+2b^{\frac{3}{2}}c^{\frac{3}{2}}+2c^{\frac{3}{2}}a^{\frac{3}{2}}$

$= (b^3+a^{\frac{3}{2}}b^{\frac{3}{2}}+a^{\frac{3}{2}}b^{\frac{3}{2}})+(c^3+b^{\frac{3}{2}}c^{\frac{3}{2}}+b^{\frac{3}{2}}c^{\frac{3}{2}})+(a^3+c^{\frac{3}{2}}a^{\frac{3}{2}}+c^{\frac{3}{2}}a^{\frac{3}{2}})$

$\geqslant 3\sqrt[3]{b^3\cdot a^{\frac{3}{2}}b^{\frac{3}{2}}\cdot a^{\frac{3}{2}}b^{\frac{3}{2}}}+3\sqrt[3]{c^3\cdot b^{\frac{3}{2}}c^{\frac{3}{2}}\cdot b^{\frac{3}{2}}c^{\frac{3}{2}}}+3\sqrt[3]{a^3\cdot c^{\frac{3}{2}}a^{\frac{3}{2}}\cdot c^{\frac{3}{2}}a^{\frac{3}{2}}}$

$= 3(ab^2+bc^2+ca^2)$.

当 $a=b=c$ 时，等号成立.

所以原式的最小值为$\frac{3}{2}$.

10. 令 $C=\pi-A-B$，则已知变为 $\cos A+\cos B+\cos C=\frac{3}{2}$，$A$、$B\in(0,\pi)$，$C\in(-\pi,\pi)$. 于是

$$\begin{aligned}\frac{3}{2}&=\cos A+\cos B+\cos C\\&=2\cos\frac{A+B}{2}\cos\frac{A-B}{2}-\cos(A+B)\\&=2\cos\frac{A+B}{2}\cos\frac{A-B}{2}-2\cos^2\frac{(A+B)}{2}+1\\&=2\cos\frac{A+B}{2}\left(\cos\frac{A-B}{2}-\cos\frac{(A+B)}{2}\right)+1\\&=4\sin\frac{A}{2}\sin\frac{B}{2}\sin\frac{C}{2}+1\end{aligned}$$

$$\Rightarrow \sin\frac{A}{2}\sin\frac{B}{2}\sin\frac{C}{2}=\frac{1}{8}.$$

于是 $C\in(0,\pi)$.

令 $f(x)=\ln\sin x$，$x\in\left(0,\frac{\pi}{2}\right)$，则 $f''(x)\leqslant 0$，$f(x)$为上凸函数. 由琴生不等式可得

$$\frac{\ln\sin\frac{A}{2}+\ln\sin\frac{B}{2}+\ln\sin\frac{C}{2}}{3}\leqslant \ln\sin\frac{\frac{A}{2}+\frac{B}{2}+\frac{C}{2}}{3}=\ln\sin\frac{\pi}{6}=\ln\frac{1}{2}$$

$$\Rightarrow \ln\sin\frac{A}{2}\sin\frac{B}{2}\sin\frac{C}{2}\leqslant \ln\left(\frac{1}{2}\right)^3$$

$$\Rightarrow \frac{1}{8}=\sin\frac{A}{2}\sin\frac{B}{2}\sin\frac{C}{2}\leqslant\frac{1}{8}$$

$$\Rightarrow A=B=C=\frac{\pi}{3}.$$

11. 如果取这两条对称轴为新坐标轴 x'轴、y'轴，令

$$\begin{cases} x' = \dfrac{x+y+2}{\sqrt{2}}, \\ y' = \dfrac{x-y+2}{-\sqrt{2}}. \end{cases} \quad ①$$

则二次曲线在新的坐标系下有形如 $lx'^2+my'^2=1$，于是利用式①可得所求的二次曲线方程可设为

$$\lambda(x+y+2)^2+\mu(x-y+2)^2=1.$$

将$(-1,-2)$与$(0,2)$代入，解得 $\lambda=\dfrac{1}{16}$，$\mu=\dfrac{5}{48}$. 即

$$2x^2-xy+2y^2+8x-2y-4=0.$$

加　　试

一、如果 m 为偶数，则 $3^m+1\equiv 2 \pmod 4$. 若 m、n 均为偶数，则 3^m+1 能被 4 整除，矛盾. 于是 m、n 中至少有一个是奇数.

不妨设 m 为奇数，且 $m\neq 1$. 设 p 为整除 m 的最小素数，且 $m=pk$. 易知 $p\geqslant 5$. 于是由费马小定理，得 $3^{p-1}\equiv 1 \pmod p$. 由题设有 $3^{2pk}\equiv 1 \pmod p$.

由素数 p 的定义有$(2pk,p-1)=2$. 所以，$3^2\equiv 1 \pmod p$. 矛盾. 因此，m 和 n 中至少有一个是 1.

从而满足条件的(m,n)为$(1,1)$、$(1,2)$、$(2,1)$.

二、如图 4，设圆 O 与圆 O' 切于 S，延长 AS 交圆 O 于 C，延长 BS 交圆 O 于 D. 联结 CD. 由两圆位似的性质易知 $CD /\!/ AB$，$OC /\!/ AO'$. 此时 $OC\perp PA$. 联结 PO'交 MN 于 K，交 AB 于 L，交圆 O 于 Q.

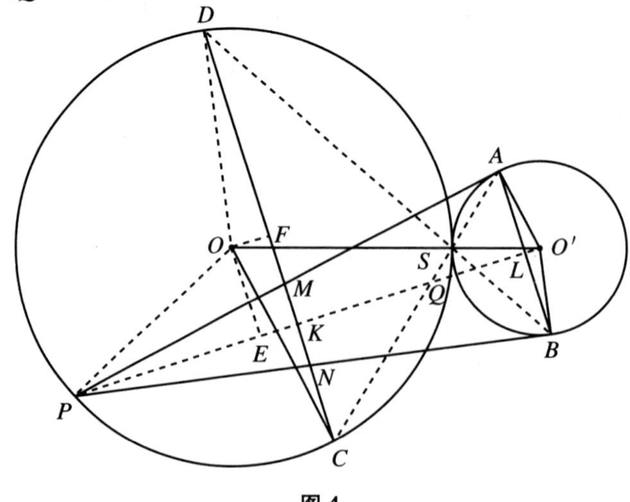

图 4

下证 M 为 PA 中点，N 为 PB 中点．即证 K 为 PL 中点．

过 O 作 $OF\perp DC$ 于 F，$OE\perp PQ$ 于 E．则 E 为 PQ 中点．设圆 O 半径为 R，圆 O' 半径为 r．则

$$O'Q\cdot O'P=r(r+2R),\ O'L\cdot O'P=r^2$$

$$\Rightarrow\frac{O'Q}{O'L}=\frac{r+2R}{r}$$

$$\Rightarrow\frac{QL}{O'L}=\frac{2R}{r}$$

$$\Rightarrow\frac{QL}{2R}=\frac{O'L}{r}=\frac{OF}{R}$$

$$\Rightarrow QL=2OF$$

$$\Rightarrow PL=PQ+QL=2PE+2OF=2PK$$

$\Rightarrow K$ 为 PL 中点．

于是，原图中 $OC\perp PA$ 成立．

三、考虑每一个元素计算的次数，由于 n 是 S 中最大的数，它只要出现在某子集 A 中，便是正值，于是 n 一共计算了 2^{n-1}次，共计 $n\cdot 2^{n-1}$．

对于每一个 $j(1\leqslant j<n,j\in\mathbf{N})$，在某一个包含 j 的子集中，那些比 j 大的数出现的个数，决定了 j 的正负，选好比 j 大的数之后，再问问那些比 j 小的数是否愿意出现在此子集中，由于只有排序中奇数位的数才进行计算，所以 j 一共计算了 $2^{j-1}\times(\mathrm{C}_{n-j}^0-\mathrm{C}_{n-j}^2+\mathrm{C}_{n-j}^4-\mathrm{C}_{n-j}^6+\cdots)$次，而

$$\mathrm{C}_{n-j}^2-\mathrm{C}_{n-j}^4+\mathrm{C}_{n-j}^6-\cdots=\frac{(1+\mathrm{i})^{n-j}+(1-\mathrm{i})^{n-j}}{2},$$

其中 i 为虚数单位，从而

$$\sum_{A\subseteq S}f(A)=\sum_{j=1}^{n-1}j\times 2^{j-2}\times((1+i)^{n-j}+(1-i)^{n-j})+n\cdot 2^{n-1},$$

对 $\sum\limits_{j=1}^{n-1}j\times 2^{j-2}\times(1+i)^{n-j}$、$\sum\limits_{j=1}^{n-1}j\times 2^{j-2}\times(1-i)^{n-j}$ 分别使用错位相减法可算得

$$\sum_{A\subseteq S}f(A)=-\frac{1}{2}((1+\mathrm{i})^{n-1}+(1-\mathrm{i})^{n-1})+(n+1)\cdot 2^{n-1}.$$

四、(1) 用数学归纳法证明：r 的最大值为 $n-1$．

当 $n=3$ 时，易知 $r=2$，结论成立．

假设结论对于小于 $n(n>3)$的正整数成立．

对 n 边形 P，首先说明，所有的点均发出至少一条标 r 的边，因为必有标 r 的边 AB，如

果有一个点 C 发出的所有边标数均小于 r,则 $\triangle ABC$ 不满足题目要求.若将所有标数为 r 以下的边都删掉,则会形成一个二部图.于是可以将顶点分成两组,不妨设第一组中有 k 个顶点,第二组中有 $n-k$ 个顶点.由归纳假设,第一组中的 k 个顶点构成的 k 边形 P_1 的每条边上标的数最多有 $k-1$ 个(不一定是从 1 到 $k-1$).

同理,第二组中的 $n-k$ 个顶点构成的 $n-k$ 边形 P_2 的每条边上标的数最多有 $n-k-1$ 个(不一定是从 1 到 $n-k-1$).而第一组与第二组的点之间所连的边上标的数都相同,且是最大值,所以,最多有 $(k-1)+(n-k-1)+1=n-1$ 个不同的数.例如,若 $n-1$ 边形有满足题目条件的标法, r 的最大值为 $n-2$,则将 n 边形的第 n 个顶点与 $n-1$ 边形中的每个顶点所连的边上都标上 $n-1$,即为满足题目条件的标法.

当 $r=n-1$ 时,我们先考虑此完全图 K_n 中标数为 1 的边.若从同一个顶点处出发的边中有多条标 1,任选其中两条,以此两条边构成的三角形必不满足"两边标数相等且大于第三边所标数",所以同一个顶点处出发的边中至多有一条标 1.

若此 K_n 中标数为 1 的边有多条,则这些边无公用顶点,设边 $t_1,t_2,\cdots,t_m$ $(1<m<n)$ 上标数 1.则保持 t_1 不变,其他所有边上所标数加 1,此时仍符合题目要求.但所标的数的最大值为 $(n-1)+1=n$,矛盾.

于是,符合题目要求的标数方法中,标数为 1 的边有且只有一条.

注意到 1 为标数中最小值.则其他点与此边两点构成的三角形中,另两边上标数相等.则可将这两顶点合并成一个大顶点,其他点与此大顶点连线上所标数即为与此两顶点连线上所标数.此时,构成的完全图 K_{n-1} 边上标的所有数减 1,即对应了一个满足题目要求的 $n-1$ 边形的标法.

所以,设对 K_n 符合题意的标法有 a_n 种,则对上述有大顶点的 K_{n-1} 的标数方法为 a_{n-1}.

而 K_n 中选择标数 1 的边有 C_n^2 种选法,于是 $a_n=C_n^2\cdot a_{n-1}$.

又因为 $a_3=3$ 显然成立,所以 $a_n=3\cdot C_4^2\cdot C_5^2\cdot\cdots\cdot C_{n-1}^2\cdot C_n^2=\dfrac{n!\ (n-1)!}{2^{n-1}}$.

张　甲　编拟
河南省郑州一中

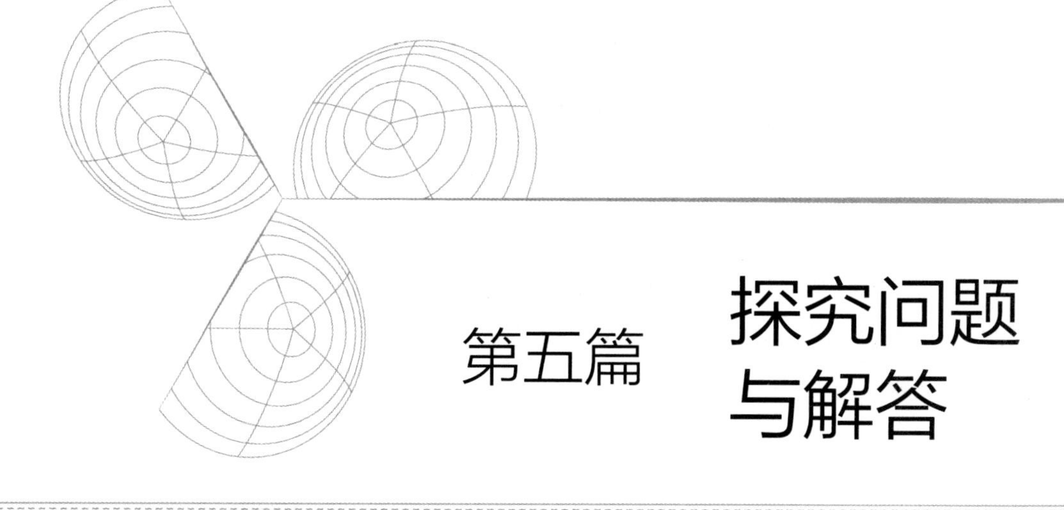

第五篇 探究问题与解答

自2015年起,《学数学》将以丛书的形式，由中国科学技术大学出版社正式出版发行，仍为每季度一册。为顺应这一变化，自2015年起，数学贴吧问题将在每季度初通过网络发布，解答将公布在当季的《学数学》中。欢迎读者提供解答，请将解答发送邮件至xsx@omaths.com，我们将择优发表。

《学数学》数学贴吧探究问题 2015 年第二季

1. 设 x、y、z、$w \geqslant 0$，$x^2+y^2+z^2+w^2 \leqslant 4$. 证明：

$$(x^2+2)(y^2+2)(z^2+2)(w^2+2) \geqslant \frac{81}{8}(x+y+z+w-2)^3.$$

（北京大学数学科学学院　韩京俊　供题）

2. 在 $\triangle ABC$ 中，CD、BE 分别是 $\angle ACB$、$\angle ABC$ 的角平分线，直线 DE 与 $\triangle ABC$ 的外接圆交于 P、Q 两点，其中点 P 在 $\overset{\frown}{AB}$ 上，点 Q 在 $\overset{\frown}{AC}$ 上. 求证：

$$\frac{1}{PA}+\frac{1}{PC}=\frac{1}{PB},\quad \frac{1}{QA}+\frac{1}{QB}=\frac{1}{QC}.$$

（安徽省合肥市第一中学　茆　凯　供题）

3. 设方程 $x^2-x-1=0$ 的两个根为 x_1、x_2，令 $a_n=\dfrac{x_1^n-x_2^n}{x_1-x_2}$，$n\in\mathbf{N}^*$.

(1) 证明：对任意的正整数 n，有 $a_{n+2}=a_{n+1}+a_n$；

(2) 证明：对任意的正整数 m $(m \geqslant 2)$，总存在一个正整数 k，使得 $a_k^4-2a_k \equiv 3 \pmod{m}$.

（西北师大附中　张嘉良　供题）

4. 设 $a_i\in\mathbf{R}^+$，$i=1,2,\cdots,n$. 记

$$D_k(a)=\frac{k}{\mathrm{C}_n^k}\sum\frac{1}{a_{i_1}+a_{i_2}+\cdots+a_{i_k}},$$

其中求和是对 $1,2,\cdots,n$ 的所有 C_n^k 个 k 元组合 $i_1,i_2,\cdots,i_k$ 进行. 求证：

$$D_k(a) \geqslant D_{k+1}(a),$$

其中，$k=1,2,\cdots,n-1$.

（湖南理工学院期刊社　萧振纲　供题）

5. 如图 1，$\triangle ABC$ 的面积为 S，其内切圆、A-旁切圆、B-旁切圆、C-旁切圆的切点三角形分别为 $\triangle DEF$、$\triangle XYZ$、$\triangle PQR$、$\triangle LMN$. 证明：

$$S_{\triangle XYZ}+S_{\triangle PQR}+S_{\triangle LMN}-S_{\triangle DEF}=2S.$$

（广西钦州市新兴街 30 号祥和景都 2 栋 2 单元　卢　圣　供题）

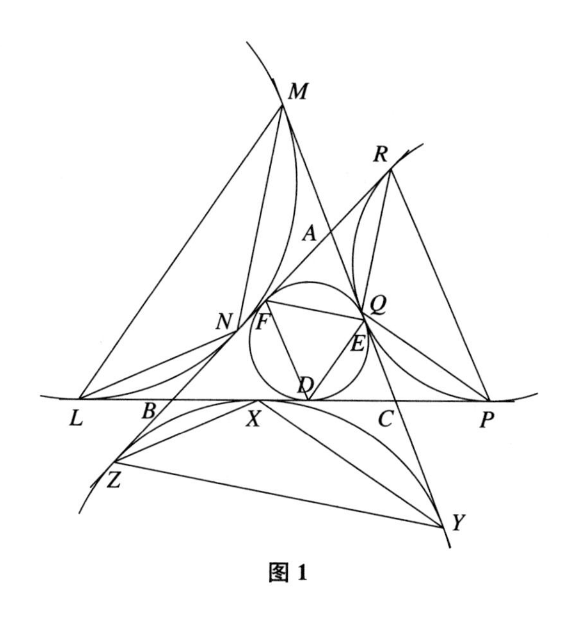

图 1

6. 设矩阵

$$A=\begin{pmatrix} a_{11} & a_{12} & \cdots & a_{1n} \\ a_{21} & a_{22} & \cdots & a_{2n} \\ \vdots & \vdots & \cdots & \vdots \\ a_{m1} & a_{m2} & \cdots & a_{mn} \end{pmatrix}$$

中的每一个数 a_{ij}（$i=1,2,\cdots,m$；$j=1,2,\cdots,n$）都是整数，其中 $m=112$，$n=168$. 求证：存在一组不全为零的整数$(x_1,x_2,\cdots,x_n)$，其中$|x_j|\leqslant n$（$1\leqslant j\leqslant n$），使矩阵 $\boldsymbol{A}$ 与列矩阵$\begin{pmatrix} x_1 \\ x_2 \\ \vdots \\ x_n \end{pmatrix}$相乘得到的列矩阵中的每一个数都是 2015 的倍数，即 $a_{11}x_1+a_{12}x_2+\cdots+a_{1n}x_n$，$a_{21}x_1+a_{22}x_2+\cdots+a_{2n}x_n$，$\cdots$，$a_{m1}x_1+a_{m2}x_2+\cdots+a_{mn}x_n$ 都是 2015 的倍数.

（广东省深圳高级中学　冯跃峰　供题）

探究问题解答

1. 以下解答由宁波大学数学系陈计提供. 上海市晋元高级中学李不凡也给出了类似解答.

解答　当 x、y、z、w 中有一个为 2 时，其余全部为零，此时结论显然成立. 以下假设 $0\leqslant x$、y、z、$w<2$. 令

$$f(x)=\ln\frac{x^2+2}{3}-\frac{2}{3}(x-1)\ (0\leqslant x<2),$$

则

$$f'(x)=\frac{2(2-x)(x-1)}{3(x^2+2)}.$$

令 $f'(x)=0$，得 $x=1$. 当 $0\leqslant x<1$ 时，$f'(x)<0$，$f(x)$单调递减；当 $1<x<2$ 时，$f'(x)>0$，$f(x)$ 单调递增. 故 $f(x)\geqslant f(1)=0$.

令

$$g(x)=\frac{2}{3}(x-4)-3\ln\frac{x-2}{2}\quad(2<x\leqslant 4),$$

则

$$g'(x)=\frac{2x-13}{3(x-2)}<0,$$

故 $g(x)\geqslant g(4)=0$.

从而，

$$\prod(x^2+2)=\mathrm{e}^{\sum\ln(x^2+2)}\geqslant\mathrm{e}^{\sum\left(\ln 3+\frac{2}{3}(x-1)\right)}=81\mathrm{e}^{\frac{2}{3}\left(\sum x-4\right)}\geqslant\frac{81}{8}\left(\sum x-2\right)^3.$$

其中，最后一步用到了算术平均-平方平均不等式.

以下解答由郑州外国语学校龚固提供.

解答 先证明一个引理.

引理 若 $x^2+y^2\leqslant 4$，则

$$(x^2+2)(y^2+2)\geqslant\left(\left(\frac{x+y}{2}\right)^2+2\right)^2.$$

引理的证明 结论等价于

$$(x-y)^2\left(\left(\frac{x+y}{2}\right)^2+xy-4\right)\leqslant 0,$$

而

$$\left(\frac{x+y}{2}\right)^2+xy\leqslant\frac{x^2+y^2}{2}+\frac{x^2+y^2}{2}\leqslant 4,$$

从而引理成立.

回到原题.

由于 $a^2+b^2\leqslant 4$，$c^2+d^2\leqslant 4$，因此，

$$\left(\frac{a+b}{2}\right)^2+\left(\frac{c^2+d^2}{2}\right)^2\leqslant\frac{a^2+b^2}{2}+\frac{c^2+d^2}{2}\leqslant 4.$$

连续 3 次使用引理，得

$$(a^2+2)(b^2+2)(c^2+2)(d^2+2)\geqslant\left(\left(\frac{a+b}{2}\right)^2+2\right)^2\left(\left(\frac{c+d}{2}\right)^2+2\right)^2$$

$$\geqslant \left(\left(\frac{a+b+c+d}{4}\right)^2+2\right)^4.$$

令 $a+b+c+d=4x$，从而只需证明

$$(x^2+2)^4 \geqslant 81(2x-1)^3.$$

事实上，由柯西不等式，得

$$(4x)^2 \leqslant (1+1+1+1)(a^2+b^2+c^2+d^2) \leqslant 16,$$

即 $x \leqslant 1$，从而

$$(x^2+2)^4 = (x^2+1+1)^4 \geqslant (3\sqrt[3]{x^2})^4 = 81x^{\frac{8}{3}} \geqslant 81x^3 \geqslant 81(2x-1)^3,$$

因此结论成立.

2. 以下解答由湖北省武汉外国语学校高一(1)班张睿桐、福建师大附中高一(1)班林挺提供.

解答 如图2,设$\triangle ABC$的内心为I,延长AI、BI、CI、PI、QI分别交$\triangle ABC$的外接圆ω于F、G、H、K、L.由FA、KP、GB共点于I,GB、HC、LQ共点于I,CA、BG、PQ共点于E,根据角元塞瓦定理,得

$$\frac{FK}{KG}\cdot\frac{GA}{AP}\cdot\frac{PB}{BF}=1,$$

$$\frac{GH}{HL}\cdot\frac{LB}{BC}\cdot\frac{CQ}{QG}=1,$$

$$\frac{CB}{BP}\cdot\frac{PA}{AG}\cdot\frac{GQ}{QC}=1,$$

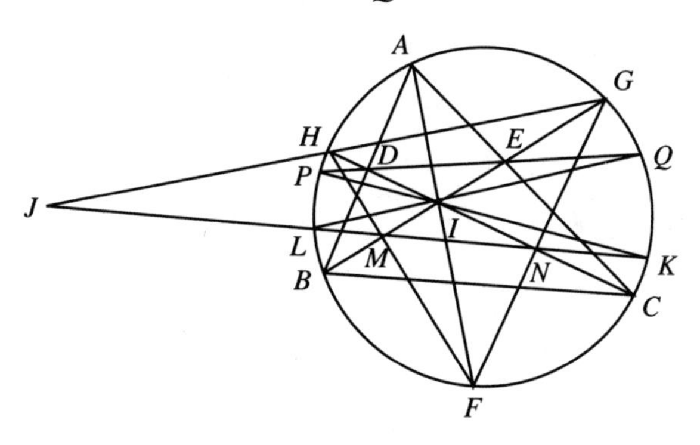

图2

三式相乘,得

$$\frac{GH}{HL}\cdot\frac{LB}{BF}\cdot\frac{FK}{KG}=1.$$

由角元塞瓦定理的逆定理,知FH、BG、LK三线共点.

又由内心的性质,知$FB=FI$,$HB=HI$,故FH和BI的交点M是BI中点.同理,FG和

CI 交点 N 是 CI 中点.

于是,$\angle FMI=\angle FNI=90^\circ$,故 H、M、N、G 四点共圆,故 K、L、M 三点共线.同理,K、L、N 三点共线,故 K、L、M、N 四点共线.

又 $LK/\!/BC$,故 $BL=KC$.

延长 GH、KL 交于 J,设圆 ω 的半径为 R,四边形 $HMNG$ 的外接圆半径为 r.注意到

$$\frac{PI}{PB}=\frac{GI}{GK}=\frac{GA}{GK}=\frac{2R\sin\dfrac{B}{2}}{GK},$$

同理,有

$$\frac{PI}{PA}=\frac{2R\sin\dfrac{A}{2}}{KF},\quad \frac{PI}{PC}=\frac{2R\sin\dfrac{C}{2}}{KH},$$

故

$$\begin{aligned}
&\frac{1}{PB}=\frac{1}{PA}+\frac{1}{PC}\\
\Leftrightarrow&\frac{\sin\dfrac{B}{2}}{GK}=\frac{\sin\dfrac{A}{2}}{KF}+\frac{\sin\dfrac{C}{2}}{KH}\\
\Leftrightarrow&\frac{2r\sin\dfrac{B}{2}}{GK}=\frac{2r\sin\dfrac{A}{2}}{KF}+\frac{2r\sin\dfrac{C}{2}}{KH}\\
\Leftrightarrow&\frac{GN}{GK}=\frac{MN}{KF}+\frac{HM}{KH}\\
\Leftrightarrow&\frac{GN}{GK}+\frac{NK}{KF}=\frac{MK}{KF}+\frac{HM}{KH}.
\end{aligned}$$

而

$$\angle GKL+GLK=180^\circ-\angle LGK=180^\circ-\angle LHK=\angle HKL+\angle HLK,$$

且

$$\frac{\angle GKL-\angle GLK}{2}=\frac{1}{2}\left(\angle GFH+\frac{1}{2}\angle C-\angle LKB-\left(\frac{\angle B}{2}-\angle CLK\right)\right)=\frac{1}{2}\angle C.$$

类似地,有

$$\frac{\angle HLK-\angle HKL}{2}=\frac{1}{2}\angle B,$$

故

$$\frac{\dfrac{GN}{GK}+\dfrac{NK}{KF}}{\dfrac{MK}{KF}+\dfrac{HM}{KH}}=\frac{\cos\dfrac{B}{2}}{\cos\dfrac{C}{2}}\cdot\frac{\sin\angle GKL+\sin\angle GLK}{\sin\angle HKL+\sin\angle HLK}$$

$$= \frac{\cos\frac{B}{2}}{\cos\frac{C}{2}} \cdot \frac{\sin\frac{\angle GKL + GLK}{2}\cos\frac{\angle GKL - \angle GLK}{2}}{\sin\frac{\angle HKL + \angle HLK}{2}\cos\frac{\angle HLK - \angle HKL}{2}}$$

$$= \frac{\cos\frac{B}{2}}{\cos\frac{C}{2}} \cdot \frac{\cos\frac{C}{2}}{\cos\frac{B}{2}}$$

$$= 1.$$

即得$\frac{1}{PB} = \frac{1}{PA} + \frac{1}{PC}$，同理可得$\frac{1}{QC} = \frac{1}{QA} + \frac{1}{QB}$.

以下解答由浙江省杭州学军中学高二(1)班郑书涵提供.

解答 如图3，分别过点 P、D、E 作 BC 的垂线，垂足分别为 P_1、D_1、E_1. 过点 E 作 BC 的平行线，分别与 PP_1、DD_1 交于点 P_2、D_2. 则

$$EP_2 \perp DD_2,\quad EP_2 \perp PP_2,\quad DD_1 \parallel EE_1 \parallel PP_1,$$

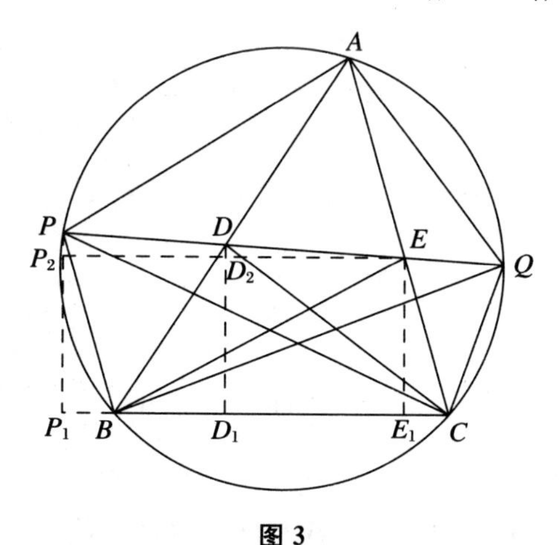

图 3

从而四边形 $P_1D_1D_2P_2$、$P_1E_1EP_2$、$D_2D_1E_1E$ 都是平行四边形，故 $P_1P_2 = D_1D_2 = E_1E$，且有$\triangle DD_2E \backsim \triangle PP_2E$. 故

$$\frac{DD_2}{PP_2} = \frac{DE}{PE} \Rightarrow DD_2 = \frac{PP_2 \cdot DE}{PE}.$$

从而

$$\frac{PP_1 \cdot DE + EE_1 \cdot DP}{EP} = \frac{P_1P_2 \cdot DE + EE_1 \cdot DP}{EP} + PP_2 \cdot \frac{DE}{PE}$$

$$= D_1D_2 \cdot \frac{DE}{EP} + D_1D_2 \cdot \frac{DP}{EP} + DD_2 = DD_1$$

$$\Rightarrow S_{\triangle PBC} \cdot \frac{DE}{EP} + S_{\triangle EBC} \cdot \frac{DP}{EP} = \frac{1}{2}BC \cdot \frac{PP_1 \cdot DE + EE_1 \cdot DP}{EP}$$

$$= \frac{1}{2} BC \cdot DD_1 = S_{\triangle DBC}$$

$$\Rightarrow S_{\triangle PBC} = \frac{S_{\triangle DBC} \cdot EP - S_{\triangle EBC} \cdot DP}{DE}.$$

结合$\angle BPC = \angle BAC$，可得

$$\frac{PB \cdot PC}{AB \cdot AC} = \frac{\frac{1}{2} PB \cdot PC \cdot \sin\angle BPC}{\frac{1}{2} AB \cdot AC \cdot \sin\angle BAC} = \frac{S_{\triangle BPC}}{S_{\triangle BAC}}$$

$$= \frac{S_{\triangle DBC}}{S_{\triangle ABC}} \cdot \frac{EP}{DE} - \frac{S_{\triangle EBC}}{S_{\triangle ABC}} \cdot \frac{DP}{DE}$$

$$= \frac{DB}{AB} \cdot \frac{EP}{DE} - \frac{EC}{AC} \cdot \frac{DP}{DE}.$$

设$BC = a$，$CA = b$，$AB = c$，则由CD平分$\angle ACB$，知$\frac{DB}{AB} = \frac{a}{a+b}$，同理，$\frac{CE}{AC} = \frac{a}{a+c}$.

故

$$PB \cdot PC = bc \cdot \frac{DB}{AB} \cdot \frac{EP}{DE} - bc \cdot \frac{EC}{AC} \cdot \frac{DP}{DE} = \frac{abc}{a+b} \cdot \frac{EP}{DE} - \frac{abc}{a+c} \cdot \frac{DP}{DE}. \qquad ①$$

又由$\frac{AD}{AB} = \frac{b}{a+b}$，$\frac{AE}{AC} = \frac{a}{a+c}$，结合$\angle APB + \angle ACB = 180^\circ$，$\angle APC = \angle ABC$，则

$$\frac{PB \cdot PA}{CB \cdot CA} = \frac{S_{\triangle APB}}{S_{\triangle ACB}} = \frac{S_{\triangle APB}}{S_{\triangle AEB}} \cdot \frac{AE}{AC} = \frac{DP}{DE} \cdot \frac{c}{a+c} \Rightarrow PB \cdot PA = \frac{abc}{a+c} \cdot \frac{DP}{DE}, \qquad ②$$

$$\frac{PA \cdot PC}{AB \cdot BC} = \frac{S_{\triangle APC}}{S_{\triangle ABC}} = \frac{S_{\triangle APC}}{S_{\triangle ADC}} \cdot \frac{AD}{AB} = \frac{EP}{DE} \cdot \frac{b}{a+b} \Rightarrow PA \cdot PC = \frac{abc}{a+b} \cdot \frac{EP}{DE}. \qquad ③$$

将式②、式③代入式①，得

$$PB \cdot PC = PA \cdot PC - PA \cdot PB,$$

即

$$\frac{1}{PB} = \frac{1}{PA} + \frac{1}{PC}.$$

同理，$\frac{1}{QC} = \frac{1}{QA} + \frac{1}{QB}$.

3. 以下解答由上海市晋元高级中学李不凡提供.浙江省杭州学军中学高二(1)班郑书涵也给出了类似解答.

解答 (1)对任意正整数n，

$$a_{n+1} + a_n = \frac{(x_1^{n+1} + x_1^n) - (x_2^{n+1} + x_2^n)}{x_1 - x_2} = \frac{x_1^{n+2} - x_2^{n+2}}{x_1 - x_2} = a_{n+2}.$$

(2)令$b_n \equiv a_n \pmod m$($0 \leqslant b_n \leqslant m-1$)，观察数列$\{b_n\}$中相邻两项所构成的数

组.由于数组中的每项都有 m 种可能,因此共有 m^2 个不同的数组.但是$\{b_n\}$中相邻两项所构成的数组有无穷多组,因此必然存在两个数组相等,设$(b_i,b_{i+1})=(b_j,b_{j+1})(i<j)$.显然,根据递推式我们可以得知 $b_{i+1}=b_{j+1},b_{i+2}=b_{j+2},\cdots$,即$\{b_n\}$是一个周期数列.

由题:$b_1=1,b_2=1$,所以必然存在 $b_u=1,b_{u+1}=1(u\geqslant 4)$,则

$$b_{u-1}=0,\quad b_{u-2}=1,\quad b_{u-3}=m-1.$$

令 $k=u-3$,即存在 $a_k\equiv -1(\bmod m)$,此时 $a_k^4-2a_k\equiv 3(\bmod m)$.

4. 以下解答由供题者提供.

解答 任取 $a_{i_1},a_{i_2},\cdots,a_{i_{k+1}}$,由柯西不等式,有

$$\begin{aligned}&\sum_{j=1}^{k+1}\frac{1}{a_{i_1}+a_{i_2}+\cdots+a_{i_{k+1}}-a_{i_j}}\\ \geqslant&\frac{(k+1)^2}{(k+1)(a_{i_1}+a_{i_2}+\cdots+a_{i_{k+1}})-(a_{i_1}+a_{i_2}+\cdots+a_{i_{k+1}})}\\ =&\frac{(k+1)^2}{k}\cdot\frac{1}{a_{i_1}+a_{i_2}+\cdots+a_{i_{k+1}}}.\end{aligned}$$

所以

$$\sum\sum_{j=1}^{k+1}\frac{1}{a_{i_1}+a_{i_2}+\cdots+a_{i_{k+1}}-a_{i_j}}\geqslant\frac{(k+1)^2}{k}\sum\frac{1}{a_{i_1}+a_{i_2}+\cdots+a_{i_{k+1}}}.$$

其中求和对 $1,2,\cdots,n$ 的所有 C_n^{k+1} 个 $k+1$ 元组合进行.

上式左边实际上是一些 k 元组合的求和.因对任意 k 元组合 $a_{i_1},a_{i_2},\cdots,a_{i_k}$,选这 k 个数的 $k+1$ 元组合有 $n-k$ 个(余下的 $n-k$ 个数中任意一个数都与其构成一个 $k+1$ 元组合),故

$$\sum\sum_{j=1}^{k+1}\frac{1}{a_{i_1}+a_{i_2}+\cdots+a_{i_{k+1}}-a_{i_j}}=(n-k)\sum\frac{1}{a_{i_1}+a_{i_2}+\cdots+a_{i_k}}.$$

这样便有

$$(n-k)\sum\frac{1}{a_{i_1}+a_{i_2}+\cdots+a_{i_k}}\geqslant\frac{(k+1)^2}{k}\sum\frac{1}{a_{i_1}+a_{i_2}+\cdots+a_{i_{k+1}}},$$

所以

$$\frac{k}{C_n^k}\sum\frac{1}{a_{i_1}+a_{i_2}+\cdots+a_{i_k}}\geqslant\frac{(k+1)^2}{(n-k)C_n^k}\sum\frac{1}{a_{i_1}+a_{i_2}+\cdots+a_{i_{k+1}}}.$$

再注意$(n-k)C_n^k=(k+1)C_n^{k+1}$,即得

$$\frac{k}{C_n^k}\sum\frac{1}{a_{i_1}+a_{i_2}+\cdots+a_{i_k}}\geqslant\frac{k+1}{C_n^{k+1}}\sum\frac{1}{a_{i_1}+a_{i_2}+\cdots+a_{i_{k+1}}}.$$

这就证明了 $D_k(a)\geqslant D_{k+1}(a)$.其中 $k=1,2,\cdots,n$.即有

$$D_1(a)\geqslant D_2(a)\geqslant\cdots\geqslant D_k(a)\geqslant D_{k+1}(a)\geqslant\cdots\geqslant D_n(a).$$

5. 以下解答由上海市晋元高级中学李不凡提供.

解答 设 $p=\dfrac{a+b+c}{2}$.则

$$S_{\triangle XYZ}=S_{\triangle AZY}-S_{\triangle BZX}-S_{\triangle CXY}-S$$
$$=\frac{1}{2}p^2\sin A-\frac{1}{2}(p-c)^2\sin B-\frac{1}{2}(p-b)^2\sin C-S.$$

同理可得 $S_{\triangle PQR}$、$S_{\triangle LMN}$.而

$$S_{\triangle DEF}=S-S_{\triangle AFE}-S_{\triangle BFD}-S_{\triangle CDE}$$
$$=S-\frac{1}{2}(p-a)^2\sin A-\frac{1}{2}(p-b)^2\sin B-\frac{1}{2}(p-c)^2\sin C.$$

代入并化简,我们只需证明

$$\sum(p^2-(p-b)^2-(p-c)^2+(p-a)^2)\sin A=12S.$$

而 $(p^2-(p-b)^2-(p-c)^2+(p-a)^2)\sin A=2bc\sin A=4S$,因此命题得证.

6. 以下解答由供题者提供.

解答 我们的目标为,寻找整数组 $(x_1,x_2,\cdots,x_n)$,使其同时满足如下两个条件:

(1) $|x_j|\leqslant n(1\leqslant j\leqslant n)$,且 $x_1,x_2,\cdots,x_n$ 不全为 0;

(2) $a_{11}x_1+a_{12}x_2+\cdots+a_{1n}x_n,a_{21}x_1+a_{22}x_2+\cdots+a_{2n}x_n,\cdots,a_{m1}x_1+a_{m2}x_2+\cdots+a_{mn}x_n$ 都是 2015 的倍数.

其中(2)较难满足,我们先以满足(2)为目标来寻找整数组 $(x_1,x_2,\cdots,x_n)$.

为便于利用抽屉原理,将(2)改写为

$$(a_{11}x_1+\cdots+a_{1n}x_n,\cdots,a_{m1}x_1+\cdots+a_{mn}x_n)\equiv(0,0,\cdots,0)\pmod{2015},$$

再进行元素分解,将要找的数组 $(x_1,x_2,\cdots,x_n)$ 分解为 $(y_1-z_1,y_2-z_2,\cdots,y_n-z_n)$,则上式又变为

$$(a_{11}(y_1-z_1)+\cdots+a_{1n}(y_n-z_n),\cdots,a_{m1}(y_1-z_1)+\cdots+a_{mn}(y_n-z_n))$$
$$\equiv(0,0,\cdots,0)\pmod{2015},$$

即

$$(a_{11}y_1+\cdots+a_{1n}y_n,\cdots,a_{m1}y_1+\cdots+a_{mn}y_n)$$
$$\equiv(a_{11}z_1+\cdots+a_{1n}z_n,\cdots,a_{m1}z_1+\cdots+a_{mn}z_n)\pmod{2015}.$$

根据上述目标的特征,可定义数组 $(t_1,t_2,\cdots,t_n)$ 为元素,并定义数组 $(t_1,t_2,\cdots,t_n)$ 的特征值为

$$f(t_1,t_2,\cdots,t_n)=(a_{11}t_1+\cdots+a_{1n}t_n,a_{21}t_1+\cdots+a_{2n}t_n,\cdots,a_{m1}t_1+\cdots+a_{mn}t_n),$$

其中 $a_{11},a_{12},\cdots,a_{1n};a_{21},a_{22},\cdots,a_{2n};\cdots;a_{m1},a_{m2},\cdots,a_{mn}$ 是题中给定的正整数.

这样，目标(2)转化为寻找两个数组$(y_1,y_2,\cdots,y_n)$、$(z_1,z_2,\cdots,z_n)$，使其特征值模2015同余，即

$$f(y_1,y_2,\cdots,y_n)\equiv f(z_1,z_2,\cdots,z_n)\pmod{2015}.$$

现在我们来思考如何使数组$(y_1-z_1,y_2-z_2,\cdots,y_n-z_n)$满足条件(1)，即如何限定流动数组$(t_1,t_2,\cdots,t_n)$中各分量$t_1,t_2,\cdots,t_n$的取值，方能保证

$$|y_1-z_1|,|y_2-z_2|,\cdots,|y_n-z_n|\leqslant n.$$

这有两种方案，一是限定$0\leqslant t_j\leqslant n(1\leqslant j\leqslant n)$，二是限定$|t_j|\leqslant\frac{n}{2}(1\leqslant j\leqslant n)$，它们都是取$t_j$的范围为$x_j$的范围的一半，我们假定选择前一种方案.

下面估计元素个数与抽屉的个数.

其中易知元素个数为169^{168}，这是因为$0\leqslant t_j\leqslant 168(1\leqslant j\leqslant 168)$，即每个$t_j$都有169种取值，从而共有$169^{168}$个数组$(t_1,t_2,\cdots,t_{168})$，它对应$169^{168}$个特征值$f(t_1,t_2,\cdots,t_{168})$.

至于抽屉的个数，因为每个分量$a_{i1}t_1+a_{i2}t_2+\cdots+a_{in}t_n$关于模2015的余数有2015种可能值，而$i=1,2,\cdots,112$，从而不同的特征值共有$2015^{112}$个.

因为$169^{168}=(13^2)^{56\times3}=(13^3)^{56\times2}=2197^{112}>2015^{112}$，所以由抽屉原理，必有两个不同的数组，它们的特征值的每一个分量都关于模2015同余.

设这两个数组为$(y_1,y_2,\cdots,y_n)$、$(z_1,z_2,\cdots,z_n)$，其中$0\leqslant y_j$、$z_j\leqslant n$，则

$$\begin{aligned}&(a_{11}y_1+\cdots+a_{1n}y_n,\cdots,a_{m1}y_1+\cdots+a_{mn}y_n)\\\equiv&(a_{11}z_1+\cdots+a_{1n}z_n,\cdots,a_{m1}z_1+\cdots+a_{mn}z_n)\pmod{2015},\end{aligned}$$

即

$$\begin{aligned}&(a_{11}(y_1-z_1)+\cdots+a_{1n}(y_n-z_n),\cdots,a_{m1}(y_1-z_1)+\cdots+a_{mn}(y_n-z_n))\\\equiv&(0,0,\cdots,0)\pmod{2015}.\end{aligned}$$

令$x_j=y_j-z_j$，则

$$\begin{aligned}&(a_{11}x_1+\cdots+a_{1n}x_n,a_{21}x_1+\cdots+a_{2n}x_n,\cdots,a_{m1}x_1+\cdots+a_{mn}x_n)\\\equiv&(0,0,\cdots,0)\pmod{2015},\end{aligned}$$

且由$0\leqslant y_j$、$z_j\leqslant n$，知$|x_j|=|y_j-z_j|\leqslant n(1\leqslant j\leqslant n)$.

此外，由于$(y_1,y_2,\cdots,y_m)\neq(z_1,z_2,\cdots,z_m)$，可知$y_j-z_j(1\leqslant j\leqslant m)$不全为0.

所以$(y_1-z_1,y_2-z_2,\cdots,y_n-z_n)$是合乎条件的数组.

综上所述，命题获证.

忆 肖 刚

年龄小我近十岁　　才力胜我逾十倍
竟然先我去极乐　　能不令人长深悲
玄武湖上荡轻舟　　锡惠山前赏红梅
思想已存天地间　　莫嗟生命似芦苇

1977 年,复旦大学与中国科学技术大学分别被教育部与中国科学院批准提前招收研究生。科大招了三名,都在数学系.最早的一位就是肖刚,上半年就到了合肥.十月份,李克正与我一同被科大的常庚哲、彭家贵老师考核(笔试加面试)[1].此前李克正还参加了复旦的考试.结果复旦、科大都录取了李克正,他选择了科大.我由于种种原因,1978 年 4 月才去科大.全国正式招收研究生在 1978 年(杨劲根兄文中说查建国兄 1977 年读研,似应为 1978 年).

中科大在"文革"中被迫南迁.行到河南,河南不要.再到合肥,当时安徽革委会主任宋佩璋同意接收,将两所小的学校(合肥师范学院、银行干校)拨给科大安身.1977 年一招生,顿时觉得人多屋少.教学区、生活区混在一堆.我们住的那座楼,既有教室、办公室,又有学生宿舍、教工宿舍.肖刚、李克正和我三个人住在楼下进门的第一间.室内除了两张床(有上下铺),只能再在中间放一张办公桌当三人共用的书桌.夏天热,没有空调,只好把门开着.一天中午饭后,躺在床上,刚有睡意,进来一个小偷,偷了肖刚晾的衬衫.我与李克正奋力去追,在黄山路邮局前合力将小偷捉住送派出所.这位小偷年纪轻轻,已是惯犯,派出所的警察一见就认识.

肖、李两位是曾肯成先生的得意门生.当时有人送了曾先生两盆牡丹,一盆叫照粉,一盆叫洛阳红.曾先生很高兴,拟了一副对联:

肖刚李克正
照粉洛阳红

我见过不少聪明人.数学界不像政界,没有特别愚蠢的,但说到天才,恐怕只有肖刚才当得起.他小我八岁(原先以为他小我十岁),但才力的确超过我十倍.不用说他在代数几何方面的卓越贡献,就说初等数学吧.我"文革"前已在中学工作两年,可以算得上初等数学的解题高手.但肖、李二人常有非常独特、优雅的解法,令人赞佩.例如 Polya 的名著《数学的发现》中有一道题:证明

1　经编者跟常庚哲教授核实,当年考核肖刚的是徐森林教授.

$$11,111,1111,\cdots$$

中没有平方数.

原书的解法比较麻烦.肖刚张了一眼就说:“mod8”(后来我改为 mod4).这个解法现在广为流传,它就源自肖刚.

肖刚做题往往就是这样,话不多,一两句就击中要害.

肖刚与曾先生一样,平时考虑问题,几乎不用草稿.我问他:“遇到复杂的计算怎么办?”

他笑笑说:“我不会算.”但有一次我看他做一道四点共双曲线的问题,其中有多个正切,又有复杂的行列式,他算得很快,也拿了一张纸,但写得很少,大部分都用心算.可见他的算功非常之好,只是不屑做那些繁琐而无趣的计算.

他评论范德瓦尔登的《代数学》时说:“这书初版有很多的计算,后来删了.因为时尚变了,能不算的尽量不算.”

他还说:“代数是一种解释.”

他用下面同调代数中最常见的图解释解决问题的两种方式:

(从图中左下角到右上角)一种方式是先在平地上向前,然后艰难地向上攀登.另一种是先将理念(观点)上升到一定高度,然后在天上行走,如履平地.

肖刚的观点极高,所以做任何事情都很容易.

他看数学书就像读小说,非常之快.为什么能这么快呢?他说:“我先看这本书想要解决什么问题.再看作者为了解决这个问题,引入哪些工具、概念.然后就自己思考应当如何展开,得产生或需要哪些定理?再翻翻书验证一下,果然如此.”

我问他:“定理的证明看不看?”

他说:“一般不看,没有必要为作者做校对工作.有些定理,如果有趣,也会想一想如何去证明.”

“想不出来怎么办?”

“那就算了.”

肖刚对书与文章,有自己的评价.如说 Shafarevich 的《Basic Algebraic Geometry》“没有什么东西”,而 Hartshorne 的《Algebraic Geometry》“应当细读”.他做了后一本书的所有

习题,还写了不少自己的心得.

肖刚的学习效率极高.他说:“我看书的连续时间从不超过一小时.到一小时我就休息.否则头昏脑涨,没有效率.”

科大不少人认为肖刚聪明但不用功,甚至说他“老在校园里晃荡.”的确,他每隔一小时就在校园里晃荡一次.外面的人常看到他晃荡,而与他同一宿舍的我,总看到他在看书、想问题.

肖刚“文革”时只上到初一,后来插队.他的数学完全是自学的.他的英语也完全是自学的.虽然上了江苏师院(现在的苏州大学)外语系,课上念的都是外国人不说的 Chinese English,如什么“The foreign language is a weapon of the class struggle.”所以肖刚常常逃课,自己听 BBC,看原版的小说.到科大读研后,因为曾老师建议他与李克正分开,李去美国,肖去法国.所以肖刚又自学法语.他真的背字典.那时录音机还很罕见,而且是磁带绕在很大的盘子上.他一个字一个字地读,用录音机录下后,再反复回放给自己听.他说:“单词的遗忘率在三天内最高,所以得在三天内复习一次,抢在遗忘之前巩固.”

有人说肖刚把字典一页一页地撕掉,我没有看见,他的字典都是好好的.

肖刚是个很幽默的人.有一次在图书馆看书,他对我说:“你注意那边那个人吗?”我说:“没有啊.”“你过去看看他在看哪一页?”我看了回来告诉他.肖刚笑了:“那个人一早就在那里,正襟危坐,书放在桌上.我去看了一次,他一小时一页都未动过.你去看,又过了一小时,还是一页未动.思想不知开到哪里去了.”

肖刚也爱玩.合肥的景点,逍遥津、包公祠、城隍庙、教弩台,他全去过.他到过南京,和李克正、我三个人在玄武湖用木桨划船.他还邀李克正和我去无锡梅园.那天杨劲根兄也从上海来.杨兄的母亲大寿,他到无锡买寿桃.我第一次看到大如面盆的桃子.

肖刚很重友情.每次李克正或我离开合肥,他都送我们到火车站.1987 年,应陈省身先生之邀,我从加拿大去旧金山,他到机场接我.还驾车带我在旧金山沿海岸玩了整整一天.他的夫人陈馨也陪同,好像是她在海滩放风筝,人美如画(也可能是看别人放,记不清了).

肖刚在法国拿到国家博士学位回国后,决定在上海华东师范大学工作.科大方面听到消息很着急,派常庚哲老师去劝肖刚回合肥.行前系里头头想到找一个与肖刚有交情的一道去.当时李克正还在美国未回.于是就想到与肖刚同宿舍的我,要我也去游说.我问系里“能开出什么条件?”系里说:“准备给肖刚报副教授,并考虑给他分房.”我说:“听说华师大已给肖刚分了房,报了正教授.如果科大在上海,华师大在合肥,或许肖刚还可以考虑科大的条件.现在一切都是华师大的条件好,怎么可能把肖刚动员回来.”头头也只好说:“你们去试试看.”

我与常老师到了上海,在肖刚丈人家见到肖刚.他的岳父园林专家陈从周先生午睡刚起,也见到了.聊了一会,上面派的任务当然无法完成.不过,我跑了一趟,倒有收获.系里有人说:“你们许愿给肖刚分房,可单某在合肥,也不给他分房.”于是我也得到半套房子,可谓不虚此行.

肖刚的政治见解高而准，但不大发表．可能他认为结论都很显然，不必多作议论．有一次，学校放电影《玛丽黛传》．这是一部很老的前苏联片子，述说立陶宛女共产党玛丽黛如何奉苏共之命，策动将立陶宛并入前苏联．他看了一会便说“伪造历史”，站起来拂袖而去．

他曾说“某某某整知识分子是因为年轻时受过知识分子的气．”这一点现在已成为知识界的共识．但我第一次听到这个见解，就是肖刚说的．

在科大读研时，肖刚对数学的普及工作也饶有兴致．他和李克正支持我写通俗的小册子．给我出主意，提供材料．他还建议我们三人用一个共同的笔名轮流写普及的文章．这笔名一人提一个字，他提“肖”字，李克正提“韧”字，我提“吾”字，合成“肖韧吾（小人物）”．可惜我刚用这笔名写了第一篇文章——《生锈圆规的作图》，他二人就出国了．

读研时，肖刚、李克正、我三个人通过不少次信．后来，肖刚就改手写为电脑打字了．那时电脑刚刚出现，他用的是自创的汉字输入法，都是繁体字．肖刚到法国后，我没有与他直接联系．因为也没有什么事需要打扰他，而且他的研究越来越深，我觉得他走得越来越快，越来越远，完全跟不上．他的信息我大多从李克正那里间接获得．

我未见过肖刚锻炼身体．他的身体似乎也还可以．没想到一下就走进天国了，连个招呼也没跟我打．但这样的天才，他的思想一定永远存留在世间，供大家学习，研究．

第三届“学数学”数学奥林匹克邀请赛(春季赛)获奖名单

一等奖(69名)

学校	姓名	学校	姓名
江苏省启东中学	严淳译	西工大附中	武江铮
西工大附中	贾箫宇	浙江省瑞安中学	林一晨
浙江省瑞安中学	缪泽惠	广东省深圳中学	许哲豪
广东省深圳中学	李晟昊	陕西省西安铁一中	王佳安
陕西省西安铁一中	赵钰迪	广东省深圳中学	齐文轩
江苏省启东中学	陈泓宇	陕西省西安铁一中	杨子博
陕西省西安铁一中	孙东方	河南省郑州一中	张　钧
河南省郑州一中	王泽昊	吉林大学附中	孙茂容
吉林大学附中	王晨旭	吉林大学附中	郑泰日
浙江省温州中学	陈迪沛	广东省深圳中学	王浩翔
广东省深圳中学	吴天昊	浙江省瑞安中学	姜博仁
浙江省瑞安中学	邵一航	河北省石家庄二中	刘天乐
江苏省木渎高级中学	王子瑜	江苏省木渎高级中学	马安琦
江苏省天一中学	侯霁开	山东省东营市胜利一中	赵俊焱
广东省深圳中学	戴一民	广东省深圳中学	郑含之
浙江省杭州高级中学	顾浩楠	河北省石家庄二中	高瑞奇
江苏省木渎高级中学	马越纪	重庆市巴蜀中学	郑　洋
河北省唐山一中	回宇翔	河北省石家庄二中	于颖奇
四川省绵阳中学	马润杰	西工大附中	李淳雨
西工大附中	成嘉益	福建省福安一中	吴林义
山东省临沂一中	侯润泽	吉林大学附中	陈　阳
吉林大学附中	初炜康	河北省邯郸一中	徐子明
福建省厦门双十中学	叶子逸	湖北省襄阳四中	卓寅潇
广东省深圳中学	尹　航	浙江省富阳中学	谢　欢
甘肃省兰州一中	贺智桐	河南省郑州一中	张浩磊
河南省郑州一中	陈徐行	河南省郑州一中	夏　燚
福建省泉州五中	熊方宇	吉林大学附中	张天昊
吉林大学附中	于钟博	湖北省襄阳四中	刘雨萌

湖北省襄阳四中	郑云汉	浙江省永嘉中学	潘越峰
浙江省杭州学军中学	蔡元航	浙江省瑞安中学	蔡升阳
浙江省瑞安中学	周锦昊	河北省石家庄二中	倪行健
河北省石家庄二中	张朝前	河北省石家庄二中	赵欣然
河北省石家庄二中	聂雨彤	江苏省天一中学	陈智康
重庆市巴蜀中学	冯欣宇	重庆市巴蜀中学	覃移航
重庆市巴蜀中学	朱　可		

二等奖（106名）

学校	姓名	学校	姓名
河北省石家庄二中	白天泽	河北省石家庄二中	张　蕤
湖北省襄阳四中	宋英剑	江苏省天一中学	王羽亮
山东省东营市胜利一中	袁昊瑞	四川省绵阳东辰国际学校	何泓杰
浙江省杭州高级中学	梁珈源	浙江省杭州学军中学	庞格致
浙江省温州中学	谢　钠	浙江省温州中学	谢子槐
浙江省温州中学	骆思睐	浙江省永嘉中学	黄新盟
浙江省永嘉中学	王宗耀	浙江省永嘉中学	郑楚奇
重庆市巴蜀中学	宋金峰	甘肃省兰州一中	张宇宸
广东省深圳中学	张坤隆	广东省深圳中学	季一尘
广东省深圳中学	程佳文	广东省深圳中学	钟　瀚
广东省深圳中学	肖逸群	广东省深圳中学	李卓航
广东省深圳中学	钟培垚	哈师大附中	韩昊辰
河北省邯郸一中	韩明哲	河北省邯郸一中	杨宇轩
河北省邯郸一中	王浩宇	河北省石家庄二中	李高瞻
河北省唐山一中	兰　添	河南省郑州一中	张　超
河南省郑州一中	郑若楠	河南省郑州一中	黄珮伦
湖北省襄阳四中	吴俊琦	湖北省襄阳四中	谢虎成
湖北省襄阳四中	陈瀚墨	吉林大学附中	王竞然
吉林大学附中	朱奎霖	江苏省天一中学	袁清如
江苏省天一中学	徐钟韬	江苏省天一中学	孙昊炜
山东省东营市胜利一中	黄文欢	山东省临沂一中	张学顶
陕西省西安高新一中	刘溪恒	四川省绵阳东辰国际学校	王子恒
四川省绵阳中学	谢忱甫	西工大附中	杨承博
浙江省杭州学军中学	章煜海	浙江省杭州学军中学	郑书涵

学校	姓名	学校	姓名
浙江省瑞安中学	谢　鑫	浙江省温州中学	褚振悦
浙江省温州中学	吴林浩	浙江省温州中学	甘　甜
浙江省温州中学	林　可	浙江省温州中学	陈律舟
浙江省温州中学	刘卫斯	浙江省温州中学	吴依伦
浙江省温州中学	庄　钰	浙江省温州中学	张崇浩
浙江省永嘉中学	杨艳艳	重庆市巴蜀中学	王麒森
哈师大附中	孙　拓	河北省邯郸一中	李紫曦
河北省石家庄二中	陈正尧	江苏省天一中学	宋莹莹
江苏省天一中学	陈宇泽	江苏省天一中学	樊　箫
山东省东营市胜利一中	辛正则	陕西省西安高新一中	吉宇轩
陕西省西安高新一中	张　烨	四川省绵阳东辰国际学校	黄一轩
四川省绵阳中学	柳清泉	四川省绵阳中学	张　铭
浙江省杭州学军中学	徐佳璇	重庆市巴蜀中学	陶晏阳
重庆市巴蜀中学	苏星亮	重庆市巴蜀中学	余理诗
福建省泉州五中	陈智昊	福建省泉州五中	赖嘉琪
福建省厦门双十中学	陈宇凡	广东省深圳中学	朱恩廷
河北省石家庄二中	岳羽帆	河北省石家庄二中	甄嘉鹏
河北省石家庄二中	夏淑腾	河北省唐山一中	刘庭玮
河北省唐山一中	王世晟	吉林大学附中	房湛博
江苏省天一中学	张书卿	江苏省天一中学	张毅航
江苏省天一中学	高　忆	江苏省天一中学	沈嘉炜
江苏省天一中学	戴　焱	江苏省天一中学	蔡益东
山东省北镇中学	陈鸿旭	陕西省西安高新一中	郭泰鼎
陕西省西安高新一中	石易鑫	陕西省西安高新一中	王　睿
四川省绵阳东辰国际学校	冯昱杰	西工大附中	金泽晖
浙江省富阳中学	杨文青	浙江省富阳中学	黄昊中
浙江省富阳中学	黄　旭	浙江省杭州学军中学	黄承扬
浙江省杭州学军中学	施润叶	浙江省温州中学	黄泽人
浙江省温州中学	陈易泽	重庆市巴蜀中学	彭雅欣

三等奖(142名)

学校	姓名	学校	姓名
福建省厦门双十中学	张雨荷	广东省深圳中学	沈逸洋
广东省深圳中学	叶浩宇	河北省邯郸一中	李泓序

河北省邯郸一中	邹良辰	河北省石家庄二中	李江贝
河北省石家庄二中	郝亦凡	吉林大学附中	王璇皓
江苏省天一中学	张冼月	江苏省天一中学	卢久尧
江苏省天一中学	孙凯华	江苏省天一中学	李仕浩
江苏省天一中学	王　钡	江苏省天一中学	王奕韬
山东省北镇中学	姜博源	山东省临沂一中	刘　坤
陕西省西安高新一中	董行思	陕西省西安高新一中	侯明荣
陕西省西安高新一中	孙寻航	陕西省西安高新一中	唐家璇
陕西省西安铁一中	魏嘉琦	陕西省西安铁一中	郑　铎
四川省绵阳中学	李林峰	四川省绵阳中学	刘俊松
西工大附中	何翔宇	浙江省杭州高级中学	杨文恺
浙江省温州中学	吴章昊	浙江省温州中学	金杰皓
福建省厦门双十中学	高亦钊	福建省厦门双十中学	郭铭浩
福建省厦门双十中学	冯鼎然	广东省深圳中学	王之玺
哈师大附中	姜　岩	哈师大附中	王哲威
河北省邯郸一中	张浩淼	河北省石家庄二中	李玮彩
河北省唐山一中	朱立宸	河南省郑州一中	王译潇
江苏省天一中学	王嘉淳	陕西省西安高新一中	陈嘉昊
陕西省西安铁一中	侯榅韬	四川省绵阳东辰国际学校	李思捷
四川省绵阳中学	刘力源	四川省绵阳中学	周　洋
浙江省富阳中学	洪橹舟	浙江省富阳中学	王　涵
浙江省杭州高级中学	邱萧扬	浙江省杭州学军中学	金理泽
浙江省瑞安中学	彭丹妮	重庆市巴蜀中学	龙　利
福建省福安一中	占贺深	福建省福安一中	刘　强
福建省泉州五中	廖永亮	福建省泉州五中	康悠杰
福建省泉州五中	王治平	福建省厦门双十中学	陈瑞捷
甘肃省兰州一中	杨怡林	甘肃省兰州一中	王文韬
甘肃省兰州一中	詹　同	广东省深圳中学	贺　强
哈师大附中	范文骏	哈师大附中	郭文清
河北省邯郸一中	陈宣玮	河北省石家庄二中	李子长
河北省石家庄二中	刘　毅	河北省石家庄二中	刘亚轩
湖北省襄阳四中	朱黄祎	湖北省襄阳四中	潘　越
江苏省启东中学	徐蔡博	江苏省天一中学	居浩成
江苏省天一中学	张莹烨	江苏省天一中学	华子乾
江苏省天一中学	任语谦	江苏省天一中学	谢宇昊

江苏省天一中学	周竟成	江苏省天一中学	潘 齐
江苏省天一中学	葛文涵	江苏省天一中学	吴子瑞
江苏省天一中学	李佳卫	山东省东营市胜利一中	孙诗语
山东省东营市胜利一中	岳子钦	山东省临沂一中	孙 钰
陕西省西安高新一中	侯谷庚	四川省绵阳东辰国际学校	刘佳鑫
四川省绵阳中学	杜禹谋	四川省绵阳中学	周哲立
四川省绵阳中学	游 川	西工大附中	杨昊澄
西工大附中	张喆鹏	浙江省富阳中学	寿泽冰
浙江省瑞安中学	陈亮涵	浙江省温州中学	万雨秋
浙江省温州中学	倪协伦	重庆市巴蜀中学	余 成
重庆市巴蜀中学	陈 虹	江苏省木渎高级中学	袁家川
福建省福安一中	陈锐知	福建省厦门双十中学	陈逸林
哈师大附中	高 哲	河北省邯郸一中	张泽宇
河北省邯郸一中	李卓霏	河北省邯郸一中	张晓勇
河北省邯郸一中	赵清枝	河北省唐山一中	张秦源
江苏省天一中学	章启航	江苏省天一中学	陈鼎辉
江苏省天一中学	吴晔飞	江苏省天一中学	陈仲曦
山东省临沂一中	唐炜杰	山东省临沂一中	刘 昱
陕西省西安高新一中	韦翰宁	陕西省西安高新一中	汤之韫
四川省绵阳东辰国际学校	廖鸣霄	浙江省富阳中学	何杭佳
浙江省富阳中学	项 军	浙江省杭州学军中学	陈思原
浙江省杭州学军中学	康羽虹	浙江省温州中学	阙贵敏
江苏省木渎高级中学	周晓宇	福建省福安一中	陈志鑫
福建省厦门双十中学	陈 颎	广东省广雅中学	黄思远
河北省邯郸一中	李 崇	河北省邯郸一中	闫森浩
江苏省天一中学	蒋永鑫	江苏省天一中学	顾诚阳
江苏省天一中学	胡展翃	山东省北镇中学	孙 昕
山东省东营市胜利一中	王宇轩	四川省绵阳中学	钟镇骏
四川省绵阳中学	敬新奇	四川省绵阳中学	王博闻
浙江省富阳中学	毛晨恺	浙江省富阳中学	夏志奇
浙江省富阳中学	徐旌扬	浙江省杭州学军中学	胡雨奇
浙江省杭州学军中学	徐 汇	浙江省杭州学军中学	陈鑫源
浙江省瑞安中学	何康瑞	西安交大附中	吕步垚
西安交大附中	邵毅诚	云南省曲靖一中	王希萌

中国科学技术大学出版社中学数学用书

小升初数学题典(第 2 版)/姚景峰
初中数学千题解(6 册)/思美
初中数学进阶.七年级上册/陈荣华
初中数学进阶.七年级下册/陈荣华
初中数学进阶.八年级上册/徐胜林
初中数学进阶.八年级下册/徐胜林
初中数学进阶.九年级上册/陈荣华
初中数学进阶.九年级下册/陈荣华
全国中考数学压轴题分类释义/马传渔　陈荣华
平面几何的知识与问题/单墫
平面几何强化训练题集(初中分册)/万喜人　等

学数学(第 1－5 卷)/李潜
高中数学奥林匹克竞赛标准教材(上册、中册、下册)/周沛耕
平面几何强化训练题集(高中分册)/万喜人　等
全国高中数学联赛模拟试题精选/本书编委会
全国高中数学联赛模拟试题精选(第二辑)/本书编委会
高中数学竞赛教程(第 2 版)/严镇军　单墫　苏淳　等
第 51—76 届莫斯科数学奥林匹克/苏淳　申强
解析几何竞赛读本/蔡玉书
平面几何题的解题规律/周沛耕　刘建业
高中数学进阶与数学奥林匹克.上册/马传渔　张志朝　陈荣华
高中数学进阶与数学奥林匹克.下册/马传渔　杨运新
名牌大学学科营与自主招生考试绿卡·数学真题篇(第 2 版)/李广明　张剑
重点大学自主招生数学备考用书/甘志国
数学思维培训基础教程/俞海东
从初等数学到高等数学/彭翕成
亮剑高考数学压轴题/王文涛　薛玉财　刘彦永
理科数学高考模拟试卷(全国卷)/安振平

同中学生谈排列组合/苏淳
趣味的图论问题/单墫
有趣的染色方法/苏淳
组合恒等式/史济怀
不定方程/单墫　余红兵
概率与期望/单墫

组合几何/单墫
解析几何的技巧(第4版)/单墫
重要不等式/蔡玉书
有趣的差分方程(第2版)/李克正　李克大
同中学生谈博弈/盛立人
趣味数学100题/单墫
面积关系帮你解题(第3版)/张景中　彭翕成
周期数列(第2版)/曹鸿德
微微对偶不等式及其应用(第2版)/张运筹
递推数列/陈泽安
根与系数的关系及其应用(第2版)/毛鸿翔
怎样证明三角恒等式(第2版)/朱尧辰
向量、复数与质点/彭翕成
初等数论/王慧兴
漫话数学归纳法(第4版)/苏淳
从特殊性看问题(第4版)/苏淳
凸函数与琴生不等式/黄宣国
国际数学奥林匹克240真题巧解/张运筹
Fibonacci数列/肖果能
数学奥林匹克中的智巧/田廷彦
极值问题的初等解法/朱尧辰
巧用抽屉原理/冯跃峰
函数与函数思想/朱华伟　程汉波
美妙的曲线/肖果能
统计学漫话(第2版)/陈希孺　苏淳

研究特例/冯跃峰
考察极端/冯跃峰
更换角度/冯跃峰
改造命题/冯跃峰
逐步逼近/冯跃峰
巧妙分解/冯跃峰
充分条件/冯跃峰
引入参数/冯跃峰
图表转换/冯跃峰
建立对应/冯跃峰
借桥过河/冯跃峰
递归求解/冯跃峰